21世纪高等职业教育精品教材
人力资源管理专业

Yuangong Peixun
Zhishi Yu Jineng Xunlian

员工培训

知识与技能训练

（第四版）

谢伟宁 龙云兰 谢幸 编著

东北财经大学出版社
Dongbei University of Finance & Economics Press
大连

图书在版编目（CIP）数据

员工培训：知识与技能训练 / 谢伟宁，龙云兰，谢幸编著. —4版.
—大连：东北财经大学出版社，2023.1
（21世纪高等职业教育精品教材·人力资源管理专业）
ISBN 978-7-5654-4708-2

Ⅰ.员…　Ⅱ.①谢…②龙…③谢…　Ⅲ.企业管理-职工培训-高等
职业教育-教材　Ⅳ.F272.92

中国版本图书馆CIP数据核字（2022）第235506号

东北财经大学出版社出版
（大连市黑石礁尖山街217号　邮政编码　116025）
网　　址：http://www.dufep.cn
读者信箱：dufep@dufe.edu.cn
大连雪莲彩印有限公司印刷　东北财经大学出版社发行
幅面尺寸：185mm×260mm　字数：368千字　印张：16.25
2023年1月第4版　　　　　　2023年1月第1次印刷
责任编辑：郭海雷　周　晗　　　责任校对：惠恩乐
封面设计：张智波　　　　　　　版式设计：钟福建
定价：39.00元

第四版前言

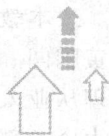

由于科学技术的迅速发展，企业的生存环境变得更加复杂和快速多变，企业需要持续保持和提高员工的适应能力以支撑企业的核心竞争力；企业从业人员的结构也发生了变化，知识型的员工比例越来越高，出于保持自己的职业竞争力的需要，员工也要求企业提供必要的培训；与此同时，互联网技术的发展使得培训及其管理的手段发生了深刻的变化。这些都对企业的人力资源培训与开发工作提出了新的要求。

以往的高职高专人力资源管理专业有关"培训与开发管理"类的教材存在两种比较极端的情况：一种是学科体系倾向，理论部分过多，学生可操作的内容太少，过分依赖案例教学，不符合高职学生的能力水平；另一种是经验主义色彩较浓，缺乏比较规范的系统性。

本教材从培训与开发的过程出发，最终阐述如何构建完整的企业人力资源培训与开发管理体系，并通过制度对持续改进体系的有效性提供保障。本教材的特点是：

1. 对标教育部《高等职业学校人力资源管理专业教学标准》

以培训专员或培训助理岗位胜任能力为培养目标，课程内容选择基于教育部《高等职业学校人力资源管理专业教学标准》中提出的素质、知识和能力培养要求及专业核心课程主要教学内容，将专业教学标准的要求作为本教材确定教学目标的依据，确保了本教材编写的基本依据与专业教学标准的一致性，避免了教材内容选择的经验主义，以利于教材在全国范围的推广使用。

2. 融入课程思政

根据教育部《高等学校课程思政建设指导纲要》的要求，因为本教材属于管理学类专业课程，所以在思政专栏部分指出培训管理中的马克思主义原理，另外，重点放在帮助学生了解培训领域的国家战略、法律法规和相关政策，培育学生经世济民、诚信服务、德法兼修的职业素养。

3. 适应1+X证书试点安排，推进书证融通、课证融通

本教材对接人力资源共享服务职业技能等级证书和人力资源管理师证书的知识要求，采用任务驱动的形式，每个教学单元都设计了训练任务，并说明了完成的过程；围绕训练任务的完成组织理论知识，克服了以往理论教材和实训教材分离的弊病，达到了做中学的要求。为了便于学生实训，配备了相关图片，使学习情境更加贴近工作实际。本教材使高职高专学生能在比较直观地理解和掌握理论知识的同时，实践企业人力资源培训与开发工作的具体内容。教材的体例风格新颖，可读性强。

4. 校企合作编写

本教材的参编人员，既有专业培训机构的负责人（如中国广西人才市场培训部经理黄鹏闯、南宁市瀚盟企业咨询管理有限责任公司总经理王文刚），也有企业人力资源管理从业人员（如广西金源置业集团有限公司人力资源部经理梁冬红、广西水电工程局人力资源部副经理何春艳），还有高职院校人力资源管理专业教学一线的专业教师（如广西电力职业技术学院龙云兰副教授、广西经济职业学院教师谢幸等）。他们运用多年积累的企业工作经验，并根据学生的实际能力设计各种实践训练。

本教材第四版由谢伟宁、龙云兰、谢幸编著。其中模块 1、3、4 由谢伟宁编写，模块 2 由谢幸编写，模块 5、6 及附录由龙云兰编写，全书由谢伟宁统稿。本教材的思政专栏由谢伟宁完成。

在本教材的编写过程中，编者参考了相关的教材、专著和网站，借鉴了同行的劳动成果，限于篇幅，资料来源未能一一列出，在此谨向有关作者表示深深的感谢和诚挚的歉意！

书中的观点难免有不足之处，欢迎读者批评指正，也希望与使用本教材的教师共同交流教学经验，以对本教材不断补充与完善。

联系方式：313824621@qq.com。

谢伟宁

2022 年 11 月

目录

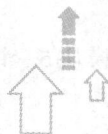

模块 1　理解岗位职责

　　如果你应聘培训专员职位，进入企业后，你的首要任务就是准确理解你的岗位职责，这应该看作是一个持续不断的过程，而不是一次就能完成的任务。为了生存，组织必须变革，每个岗位的职责也需要相应的改变。

任务 1　理解不同企业培训专员职责的差异

▮▮▮▮➡ 学习目标 ▮▮▮▮

知识目标
理解培训管理的方针和目标；了解培训与开发工作的过程和内容。

能力目标
能通过阅读职务说明书、招聘广告等正确理解培训专员的职责。

思政目标
理解加强员工培训是落实人才强国战略的具体措施。

▶▶ 情境和任务

一、课前任务

　　每个学生上网查找一家企业的培训专员的职务说明书和招聘广告，然后根据职务说明书和招聘广告分别列出培训专员的职责。

　　职务说明书的职责描述：_____

_____

　　招聘广告的职责描述：_____

_____

二、学习情境

　　任丽应聘到香露饮料公司担任培训专员。报到那天，她从人力资源部丁经理那里领到了培训专员的职务说明书。任丽翻看了一下，发现职务说明书中培训专员的职责和她之前在人才市场应聘时看到的招聘广告对该职位的职责描述并不完全一致。想起同学罗雪最近也是刚应聘到一家有几十年历史的大型国有企业担任培训专员，于是她打电话给罗雪了解是否她也遇到同样的情况。通话中她了解到罗雪没有遇到这种情况，而且罗雪所在的是培训部而不是人力资源部。

三、课后训练任务

你认为为什么会出现同一家公司在不同的情况下对培训专员岗位的职责描述不同以及不同企业的培训专员属于不同部门的情况？

四、企业实践参考

◆◆◆◆➡ 案例1-1

企业大学的三十年变迁

企业大学是指由企业出资，以企业高级管理人员、商学院教授及专业培训师为师资，通过实战模拟、案例研讨、互动教学等实效性教学手段，以培养企业内部中、高级管理人才和企业供销合作者为目的，满足人们终身学习需要的一种新型教育培训类型，也可直观地理解为是职业教育大体系下的一个分支。其最早发端于西方，至2022年，已在中国发展近30个年头。

20世纪30年代左右，美国通用汽车公司创办了"通用汽车技术和管理学院"，希望将培训和学习带到工作中来，这一时期即企业大学早期的酝酿阶段。1956年，通用电气公司进一步将该理念深入落地，建立了克顿维尔学院（现"韦尔奇领导力发展中心"），该学院普遍被认为是世界上第一所真正意义上的企业大学。自此，企业大学开始在全球尤其欧美国家铺展开来。

到了20世纪80—90年代，企业大学迎来蓬勃发展期。彼时，美洲、欧洲、澳大利亚、东南亚等国家和地区纷纷热衷企业大学的研究与创新实践。也正是在这一时期，企业大学的概念和运营模式传入了中国。1993年，中国境内最早的企业大学诞生——摩托罗拉中国区大学。由此，越来越多企业认识到企业大学的重要性，开始着手建立自己的大学和人才培养中心，整个行业呈现出空前高涨的姿态。

1997年，春兰投资6 000万元建成国内第一所企业大学——春兰学院，并于1998年正式开始运作，该学院也是我国首家企业自办高等学校；1998年5月，中国最早一批本土企业大学之一的海信学院成立，学校以"海纳百川、学以致用"为宗旨，率先迈出探索企业大学本土化的步伐；1999年12月，国内老牌家电制造企业海尔建立自己的大学，其占地面积12 000平方米，总建筑面积3 600平方米，可同时容纳近千人学习交流。

20世纪90年代至21世纪前十年，是企业大学发展的黄金时期。放眼世界，这一时期企业大学数量从400多所增加到2010年的3 700所，其中世界500强里有近80%的企业拥有或正在创建企业大学。除上述学校外，像华为、携程、平安等知名企业纷纷在21世纪初筹建办学，华为所办的大学更是素有商界"黄埔军校"之称。

总览这30年，我国企业大学的发展历程从西学东渐到自力更生的蜕变，赶上了近20年的高速发展红利期，但如今也须经受行业净化走向合规的磨炼。

结合近几年政策可以看出，国家对企业办学的态度——鼓励支持的同时也严加监管。2021年5月，教育部等八部门联合印发《关于规范"大学""学院"名称登记使用的意见》，按照规定，企业设立的、未获审批登记的内设培训机构，不得使用"大学"

"学院"字样的名称及简称开展任何形式的宣传等活动，中国企业大学随即进入了"更名整顿期"。

教育部等 14 部门印发的《职业院校全面开展职业培训促进就业创业行动计划》明确指出，支持职业院校与企业合作共建企业大学、职工培训中心、继续教育基地，目标到 2022 年，重点培育一批校企深度合作共建的高水平实训基地、创业孵化器和企业大学。为进一步落细落实该行动计划，教育部又确定 6 个领域的重点建设项目，其中建设"100 所校企深度共建的企业大学"赫然在列。

企业大学未来将以新姿态、新形式稳步发展，价值也将持续彰显。

资料来源　黑板洞察研究院. 企业大学的三十年变迁［EB/OL］.［2022-02-28］. https://edu.ifeng.com/c/8E0BXMfFfT5.

➤➤ 相关知识

培训是一个由组织有计划地帮助员工获取知识、规则、技能，改变观念和态度以提高员工绩效的学习过程。

人力资源开发是指为员工未来发展而开展的正规教育、在职实践、人际互动以及个性和能力的测评等活动。

可以把培训理解为狭义的人力资源开发。也就是说，培训是开发的一种具体形式，主要是以提高员工当前的工作业绩为目的的开发，而开发还包含了引导员工实现未来职业发展的活动。

实际工作中培训和开发很难截然分开，本教材不强调两者的差别，用"培训"一词统称培训与开发。

作为一名培训管理者（刚进入企业时一般是培训专员或者培训助理），在开展工作之前，应该先了解岗位职责。

一、了解岗位职责的途径

（一）通过招聘广告了解岗位职责

这个工作其实是在决定应聘该企业时就已经做了的，可以把记录下来的招聘广告中该岗位的职责描述核对一下。

招聘广告上的岗位职责描述有时是不准确的。这是因为有些公司难以准确描述该岗位的职责，就在互联网搜索，然后抄袭别的企业在招聘广告上对同一岗位的职责描述。

◆◆◆➤ 案例 1-2

珠海方正科技多层电路板有限公司富山分公司招聘培训专员时对该岗位职责的描述为：

能独立完成培训需求调查、拟订培训计划；搭建培训体系、制定培训制度、实施培训项目；日常培训的组织等。

（二）根据职务说明书中的工作描述理解岗位职责

仅仅根据职务说明书来理解岗位的职责也不完全准确，因为职务说明书中的职责描述往往存在两方面的缺陷：

1.职务说明书常常不能及时修改，存在内容落后于实际的情况。

2.职务说明书的编写者常常立足于现实又高于现实，所以存在内容超前于实际的情况。

（三）与上司沟通，了解他对你的期望

虽然职务说明书会列出对培训专员岗位的职责要求，但是为了更好地开展工作，还需要了解上司对该岗位的期望，而有些在职务说明书上是不会有的。

了解上司对该岗位的期望也是了解职务说明书与招聘广告对职责描述有差异的原因的途径，所以要去询问上司有何期望。下面是一些具体要问的问题举例：

1.您如何定义本岗位的主要职责？

2.您认为我应该优先考虑哪些问题？

3.您想从我这里得到什么信息？

4.您什么时候需要这些信息？

5.我工作中最主要的时间限制有哪些？

6.您对本岗位以前的表现是否满意？

7.有哪些方面需要提高？

二、了解培训专员在组织结构中的位置

一般来说，培训专员可能属于人力资源部，也可能属于培训部。这取决于所在企业的规模和培训职能的成熟状况。中小规模的企业是不设培训部的，只有很大规模的企业才有独立于人力资源部之外的培训部；而在培训组织的不同发展阶段，培训职能的设计也不同。

（一）培训文化淡薄期

这一阶段，各部门经理对培训的认可程度还不够高，各部门独立实施培训的能力还不够成熟，培训管理者扮演培训实施者的角色，培训部列入人力资源部门之内。

（二）培训文化发展期

这一阶段，培训职能仍属于人力资源部范畴，但各部门开始承担培训实施职能。

（三）培训文化成熟期

这一阶段，培训的管理制度比较完善，培训实施工作多数情况不再是培训管理者的职责，而是各部门经理的重要职责；培训管理者负责技术支持和信息管理以及外部顾问资源的管理。

三、了解你的客户和供应者

每一项工作都有它的上游和下游——我们称为供应者和客户（客户可以是内部的，也可以是外部的；培训专员的客户基本上都是内部的）。对于供应者，你要使他们明确，他们必须提供什么，你的工作才能得以顺利进行；对于客户，你首先要明确他们的确切需求是什么，还要了解他们喜欢或习惯什么样的方式。这两点同样重要。

四、理解培训管理的方针和目标

作为培训管理者，应该请最高管理者或上司明确培训管理的方针和目标，使培训管理工作有据可依。

（一）明确培训的方针

1.企业做任何一件事都是有目的的，不管直接目的表现为何种形式，如增强组织或个人的应变和适应能力等，企业实施培训的最终目的都是提高和保持员工的工作绩效以促进企业经营绩效的实现。培训目的实现的原理即员工培训作用模型如图1-1所示。

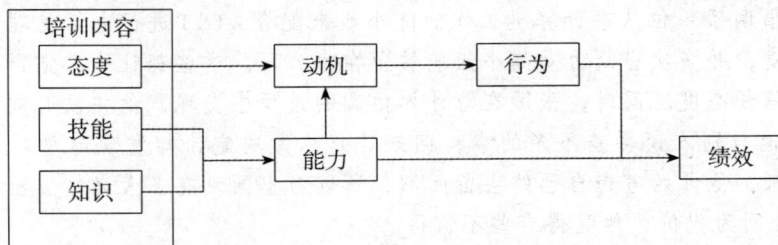

图1-1　员工培训作用模型

通过提高员工的知识和技能，可以提高员工完成工作任务的信心；通过影响员工的态度，可以改变员工对完成工作的价值判断；根据期望理论，期望值和效价都提高了，员工完成工作的动机必然增强，行动将会更加努力，最终将会提高员工的绩效。同时，根据员工工作中表现出来的动机、行为以及绩效，管理者可以分析应该为其提供哪些知识、技能、态度的培训。

2.员工参加培训的目的是想满足自身职业生涯发展对能力的需要。培训管理者必须力争实现企业的培训目的，在此基础上也要兼顾员工的培训需要。因为接受培训的是人，而人具有能动性，完全不考虑员工培训需求的培训是难以调动员工参与培训的积极性以及运用培训所学技能的主动性的，也就无法增强培训效果及员工对组织的认同感和归属感。

3.组织的培训方针是由组织的最高管理者正式发布的该组织总的培训宗旨和方向。它是实施和改进组织培训管理体系的动力，是评价培训管理体系有效性的基础。

◆◆◆◆➡ 案例1-3

宁都公司要派人去美国学习有关电话受理中心的新技术，需要确定4个候选人的名单。没想到参加会议的每个人，包括赵总意向中的4个人在内，都说出自己的理由来推辞这个非常难得的机会。

宁都公司注册成立已满1年。赵总估算了一下，如果经营状况理想，投资基本上可在3年之内收回。因此，他对公司的前景很有信心。

公司现有8名前一年毕业的应届大专或本科毕业生。他们对工资不甚满意，与原来一些同班同学比较，心里就会不平衡。唯一可以安慰的是马上就上手从事一些具体的甚至可以说是独当一面的实事，且以后公司形成规模，好歹自己也是"元老"了，会有许多提升的机会，但是如果公司发展不理想呢？这几年不就白费了？……大家始终处于徘徊的阶段。

赵总则觉得，公司在创业初期，大家应该艰苦一点，齐心协力渡过难关，把公司业务搞上去才是首要大事，等公司经营搞上去，待遇自然也会跟着上去。尽管他多次在大会小会上描述公司宏伟的发展前景，也为大家勾勒了一幅"各就其位"的组织结构图，但人终究还是要吃饭的，大家难免有些心猿意马。

技术主管张敏目前除了负责电话受理中心建立过程中需配合AT&T的一切技术及软硬设备支持外，似乎还担任了处理与电话受理中心有关的所有其他事务的角色。但是，赵总从外部借调了一位从事计算机工作的陈小姐来配合AT&T进行电话受理中心系统应用平台的开发，并多次当众力劝陈小姐能够留在本公司。这些都让张敏觉得，赵总对他的能力持不信任态度。同时，张敏在与外界协调的过程中发现，他并没有被授予任何权力，常常是他与别人谈得差不多的事，回来让赵总做决定，却发现赵总对此事另有打算。几次下来，他开始考虑自己的去留问题，所以对出国没有多大兴趣。出去两个星期要以签5年合同为代价，他觉得有些不值得。

施俊是前一年毕业的国际贸易专业本科生，从前一年2月开始就以实习生的身份到公司上班，因此属于8个应届生中资历较"老"的一个，参与了电话受理中心的整个建立工程，从规划、谈判、签约到具体实施。根据赵总的说法，他以后将负责管理公司招聘的坐席话务员及相关事务。在筹建过程中，他主要的分工是配合张敏和陈小姐的工作，以及安排协调话务员的面试、培训时间。

上个月公司安排了去甲骨文公司的技术培训，只有两个名额。施俊认为电话受理中心目前主要是他和张敏两个负责，应该由他俩去参加培训，但赵总安排了秘书小孟去参加培训，理由是小孟经常上网，对计算机操作和应用方面比较熟。施俊心里不大舒服。小孟以后的工作与电话受理中心没有多大关系，为什么会取他而舍自己呢？

更让他心中不舒服的是：他的女朋友在一家外资企业任职，月薪是他的3倍。这个公司将来发展到底如何看不出来，他是否能被重用也说不清。在这个节骨眼上，出国不但不是个机会，反倒是负担了。

学生6~7人为一组，讨论后派代表陈述：宁都公司员工不愿意接受出国培训的主要原因是什么？

我的分析：

_____

_____

_____

培训方针应：

（1）与组织的宗旨相适应。

（2）对满足组织和员工的成长要求以及持续改进培训管理体系有效性做出承诺。

处于不同生命周期的企业的培训方针会有所不同，但对于处在成熟期的大多数企业而言，正确的培训方针应该基本相似。本教材编著者根据确定培训方针的要求，提出以下适合大多数处在成熟期的企业的培训方针：

> **培训方针（示例）**
> 满足企业经营战略对员工能力与态度的要求，兼顾员工的职业生涯发展对能力和态度的要求；持续改进，增强培训效果；以优质的培训实现员工与企业的同步成长。

（二）设定培训管理目标

培训管理目标是"满足企业经营战略对员工能力与态度的要求，兼顾员工的职业生涯发展"的具体落实。

不同的企业在不同的阶段经营目标不同，也就有不同的培训管理目标，如任职资格符合率达到××%，员工培训满意度达到××%。

五、了解员工培训与开发的过程和内容

（一）培训过程

经过策划的、系统的培训过程如图1-2所示，一个阶段的输出将为下一个阶段提供输入。

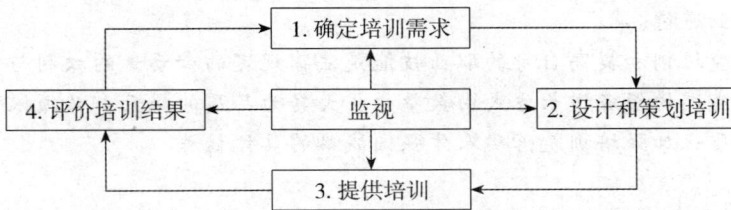

图1-2 培训过程

为了选择和实施培训，以弥补企业所要求的员工能力和态度与员工现有能力和态度之间的差距，管理者应监视下列阶段：

1.确定培训需求。

2.设计和策划培训。

3.提供培训。

4.评价培训结果。

（二）员工培训涉及的内容

图1-3所示的工作绩效模型列出了影响工作绩效的四种主要因素，即员工被激励的程度、知识和技能、环境、机会，其中前两者属于员工自身的、主观性影响因素，后两者则是客观性影响因素。

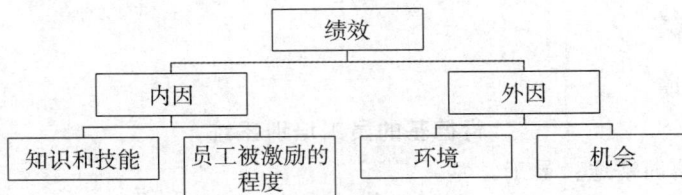

图1-3 工作绩效模型

只有属于员工自身的、主观性影响因素才能通过培训的途径加以改善。

客观性影响因素是无法通过培训改善的，但为了使培训对主观性影响因素的改善能实现提高员工绩效的目的，培训管理必须对客观性影响因素实施管理。

因此，员工培训的内容有三类：一是传授知识；二是训练技能；三是培养态度。

1.掌握一定的知识是员工承担工作的基础，也是上岗的必要条件。

2.技能是指员工运用所学的知识解决实际问题的技巧和能力。技能直接体现了员工

的工作效率。

3.态度是指员工对工作的想法，它是影响能力和工作效率发挥的重要因素。态度是否积极取决于员工的价值观及受到的激励程度。

思政园地 ▓▓▓▓

《中华人民共和国劳动法》第三条规定，劳动者享有平等就业和选择职业的权利、取得劳动报酬的权利、休息休假的权利、获得劳动安全卫生保护的权利、接受职业技能培训的权利、享受社会保险和福利的权利、提请劳动争议处理的权利以及法律规定的其他劳动权利。劳动者应当完成劳动任务，提高职业技能，执行劳动安全卫生规程，遵守劳动纪律和职业道德。

点评：接受培训和提高自身的职业技能是法律规定的劳动者的权利与义务。

现阶段，我国的经济增长方式由数量的扩大转为品质的提升，必须依靠科技进步和提高劳动者素质；加强培训是落实人才强国战略的具体措施。

任务2　选择合理的培训管理体系

▓▓▓▓▶ **学习目标** ▓▓▓▓

知识目标

了解防范培训风险的措施，理解以过程为基础的培训管理体系，掌握建立培训管理体系的步骤。

能力目标

能够根据组织的发展阶段和资源条件选择合理的培训管理体系。

思政目标

理解政府建立的终身职业技能培训体系的要素。

▶▶ **情境和任务**

一、学习情境

肯德基的员工培训系统

（一）教育培训基地：员工学堂

肯德基在中国特别建有适用于当地餐厅管理的专业训练系统及教育基地——教育发展中心，是专为餐厅管理人员设立的。该中心大约每两年会对原有教材进行重新审定和编写。培训课程包括品质管理、产品品质评估、服务沟通、有效管理时间、领导风格、人力成本管理和团队精神等。

管理人员的培训计划中有如何同心协力做好工作、基本管理、绩效管理、项目管理、七个好习惯、谈判技巧等科目。据了解，肯德基最初的培训课程来自于国际标准的范本，但现在主要来自当地资深员工的言传身教及对工作经验的总结。因此，教材的审定和重新编写主要是补充一线员工在实践中获得的新知识、新方法。每一位参加教育发展中心培训的员工都既是受训者，也是执教者。

（二）内部培训制度：分门别类

肯德基的内部培训体系分为职能部门专业培训、餐厅员工岗位基础培训以及餐厅管理技能培训。

1. 职能部门专业培训。集团设有专业职能部门，分别管理着肯德基的市场开发、营建、企划、技术品控、采购、配送物流系统等专业工作。

为配合公司整个系统的运作与发展，中国百胜餐饮集团建立了专门的培训与发展策略。每位职员进入公司之后要去肯德基餐厅实习7天，以了解餐厅营运和企业精神的内涵。职员接受相应的管理工作后，公司还为其开设了传递企业文化的培训课程，一方面提高了员工的工作能力，为企业培养了合适的管理人才；另一方面使员工对公司的企业文化有了深刻的了解，从而实现公司和员工的共同成长。

2. 餐厅员工岗位基础培训。作为直接面对顾客的"窗口"——餐厅员工，从进店的第一天开始，每个人都要严格学习工作站基本的操作技能。从不会到能够胜任每一项操作，新进员工会接受公司安排的平均近200个小时的培训，通过考试取得结业证书。从见习助理、二级助理、餐厅经理到区经理，随后每一段的晋升，都要进入教育发展中心修习5天的课程。根据粗略估计，光是训练一名经理，肯德基就要花上好几万元。

3. 餐厅管理技能培训。针对不同的管理职位，肯德基都配有不同的学习课程，学习与成长的相辅相成是肯德基管理技能培训的一个特点。

当一名新的见习助理进入餐厅，适合其每一阶段发展的全套培训课程就已在等待着他。最初他要学习进入肯德基每一个工作站所需要的基本操作技能、常识以及必要的人际关系管理技巧和智慧。随着他管理能力的增强和职位的升迁，公司会再次安排不同的培训课程。当一名普通的餐厅服务人员经过多年的努力成长为管理数家肯德基餐厅的区经理时，他不但要学习领导入门的分区管理手册，还要接受公司的高级知识技能培训，并获得被送往其他国家接受新观念培训以开拓思路的机会。除此之外，这些餐厅管理人员还要不定期地观摩录像资料，进行管理技能考核竞赛等。

（三）横纵向交流：传播肯德基理念

为了加强公司内部员工之间的密切关系，肯德基还举行不定期的餐厅竞赛和员工活动，进行内部横纵向交流。一位选择肯德基作为人生中第一份工作的餐厅服务员说，在肯德基的餐厅，她学到的最重要的东西就是团队合作精神和注重细节的习惯。当然，这些对思想深层次的影响今后会一直伴随着他们，无论是在哪里的工作岗位工作。

肯德基的"企业大学化"是指企业的经营活动也是创造知识的活动。现代知识型企业不光靠资本、土地赚钱，企业应该有其独特的知识才能够有竞争力，企业在深化知识后，还要经过有效的整理、积蓄，然后传播出去。肯德基已经在用行动努力把创造利润和创造知识结合在一起。

二、训练任务

请分析肯德基的员工培训系统由什么构成。

三、企业实践参考

◆◆◆◆➡ 案例1-4

××公司培训体系

（一）××公司三级培训体系

1.一级培训

（1）内容：具有共性的培训。

（2）具体任务：

①新员工进厂培训；

②整个公司计划进行的培训；

③二、三级培训做不了的培训；

④关键岗位培训。

（3）组织者：公司的人力资源部。

（4）师资：由人力资源部统一安排，比较规范。

2.二级培训

（1）内容：对本部门或本分厂所涉及的专业技术进行培训，包括岗前、岗中、岗后培训。

（2）具体任务：

①本部门系统的人员工艺、技术培训；

②公司下达的培训任务；

③职工的岗前培训。

（3）组织者：各分厂、各部门。

（4）师资：师资选择不是很规范，稳定性较差。

3.三级培训

（1）内容：重点是针对操作工人进行的培训。

（2）具体任务：

①一般人员的上岗培训；

②公司下达的培训任务。

（3）组织者：各分厂。

（4）师资：师带徒，规范性较差。

（二）种类

各级培训都有基础性培训与提高性培训，并进行不同形式的考试与考核。有些在公司内部做不了或者必须到国家规定的机构进行的培训，由公司派出员工参加。

（三）教材

关于教材，部分是公司自己编写的，部分是采用外部的。

对公司培训体系的说明：每年年底由各部门、各分厂及车间分别提交自己下一年度的培训计划，由人力资源部汇总，并根据公司整个培训的资源与发展需要进行一定的调整，从而制订出下一年度的培训计划。但在执行培训计划时，还会根据公司业务经营的需要进行适时的调整与改进。

➤➤ 相关知识

组织为了实现预定的培训目标，应将培训的各个过程（包括控制过程的活动）及其所需的资源作为系统加以管理，构造所需的培训管理体系。不是所有组织都需要同样完善的培训体系，处于不同发展阶段的组织应该根据自身条件构建适合自己的培训体系。对于不具备条件的组织，如果过于追求完善的培训体系，反而可能成为组织的负担，因此有必要研究构建科学的培训体系的方法。

一、确定培训体系的要素和结构

1.培训体系的定义

培训体系或者称为培训管理系统，是在培训方面指挥和控制组织的方针和目标，并实现这些目标的相互关联或相互作用的一组要素。

2.培训体系的根本特征

培训体系是人造的系统，除了具有一般系统的整体性、层次性、相关性和动态性特征以外，它还应该具有目的性和环境适应性。其中，目的性是培训体系的根本特征。培训体系的构成与环境（组织的资源及其他管理活动）密切相关。

3.确定培训体系的要素

由于培训体系具有目的性，因此培训体系的要素应该包括为实现培训目标所需的全部的相互关联或相互作用的要素。因此，培训体系包含哪些要素取决于实现组织的培训目标的要求。这些要素包括：培训管理主体及其职责划分、培训管理目标、培训过程及其所需的资源、衡量培训过程的有效性和效率的方法及降低培训风险的措施、持续改进培训体系的机制。

4.阐明培训体系的结构

培训体系的各个要素需要以一定的结构联结起来，才能产生培训体系整体的功能。本书作者构建的成熟期企业典型培训体系如图1-4所示。在不同的企业发展阶段，培训体系中培训过程及其所需的资源、培训管理主体及其职责划分等要素的具体构成会存在差异。

二、确定培训管理的方针和目标

1.要构建培训体系，管理者首先要确定培训的方针和目标，具体内容请回顾模块1的任务1。

例如，A公司的培训方针是：根据公司外界环境的变化及公司发展改革的思路和方针，对施工技术人员、经营管理人员等公司员工，采取请进来走出去、培训与自修相结合的基本形式，优化公司人员结构，提高公司整体素质，合理储备人才。同时，依据公司自身特点，更新培训手段，提高培训水平，使公司员工既有理论知识又具有实际操作能力，经营管理人员既懂专业知识又懂经营管理，造就出一批一专多能的复合型人才。

培训方针应符合组织所处发展阶段的战略需要。组织处于不同的生命周期时培训方针会有所不同，一般从关注组织的需要逐步变为兼顾组织和个人两方面的需要。下面以企业为例进行分析，见表1-1。

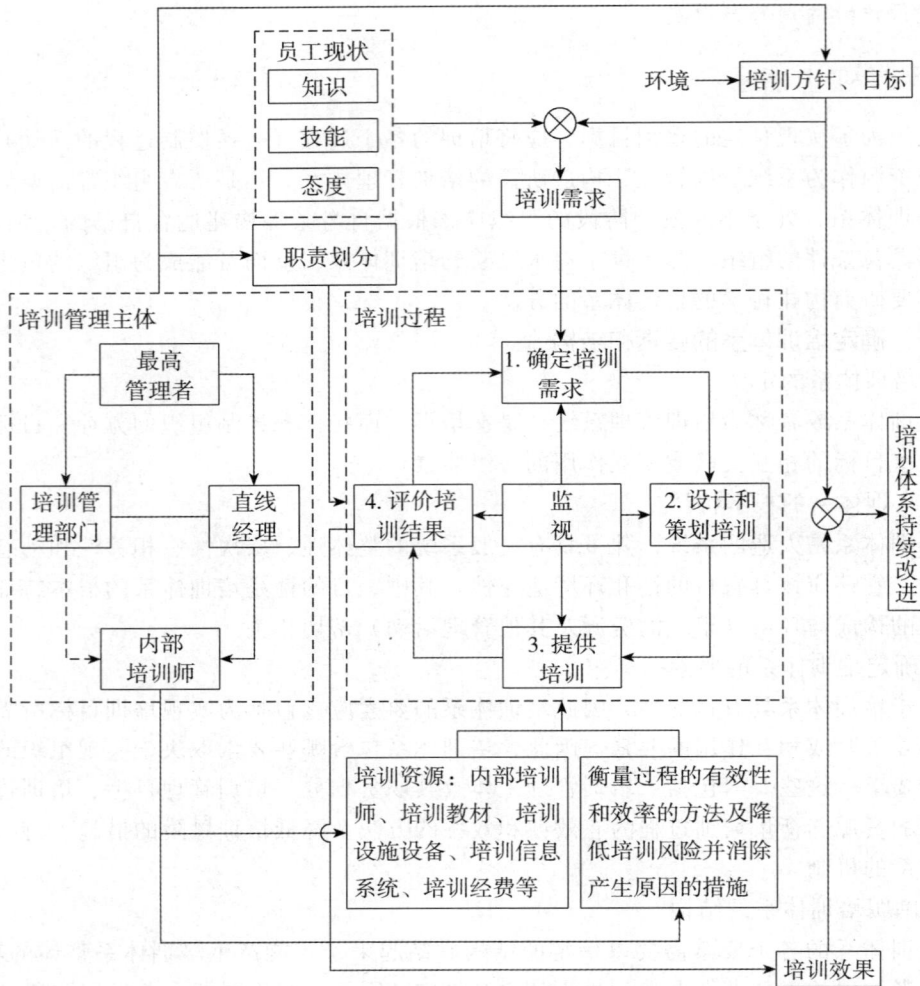

图1-4 成熟期企业典型培训体系

表1-1   **培训方针与企业战略的关系**

	企业所处生命周期			
	初创期	发展期前、中段	发展期后段及成熟期的初段	成熟期的持续阶段
企业战略	求得生存与发展，尽快度过创业期	获得持续、快速、稳定的发展，形成规模效益	推进内部变革，优化组织结构，提高运营效率	提倡创新和实施危机教育，塑造创新型企业文化
对员工的要求	需要数量少，但质量要求很高，最好能独当一面、愿意共同创业的员工	对员工数量的需求不断增长；需求急迫，要求拿来就能用；素质要求较高	空缺岗位很少；要求能适应岗位职责的变化	减少惰性；具有创新意识和创新技能
培训方针	形成认同创业理念的核心人才队伍	通过及时的补课和应急培训提高员工的工作效率及质量，满足业务扩张的需要	提升组织成员岗位胜任能力，为管理规范化提供能力保障	参照员工职业发展规划，培养具有创新意识和创新技能的人才队伍

2.培训目标是培训方针的具体落实。

不同的企业在不同的发展阶段经营目标不同，需要的员工就会有差异，也就有不同的培训目标，培训体系的要素应围绕目标形成合力，统筹运作。培训目标要求员工具有的知识、技能和态度与员工现有的知识、技能和态度之间的差距就形成了培训需求。

同样以A公司为例，其培训目标为：到××××年高素质计经人员达60～80人，工程技术、工程施工方案的组织、施工过程控制等高素质人员达70～80人，高素质质量管理人员达50～60人，高素质安全管理人员达40～50人。

3.培训方针和目标的制定者。

由于企业要把对员工的培训与企业发展目标、经营策略紧密联系起来，因此培训方针和目标应该由企业的最高管理者制定。但现实中，许多企业的最高管理者往往不做指示、不加重视，使培训工作缺乏明确方向和目标，这样难以保证培训体系的有效性。

三、确定培训过程

为了实现培训体系的目标，需要开展一系列的活动。培训需求是开展培训活动的输入，培训主体通过确认培训需求开始培训过程；培训效果是培训过程的输出，培训主体通过培训效果与培训目标的差距确定如何改进培训体系，这体现了培训体系的适应性。对培训的监控可以完成对培训不同阶段的评审以发现不符合要求的活动并采取纠正和预防措施。在不同的企业发展阶段，由于资源和条件的限制，企业的培训过程并不完全相同，具体差异见表1-2。

表1-2   **培训流程与企业发展阶段的关系**

	企业所处生命周期			
	初创期	发展期前、中段	发展期后段及成熟期的初段	成熟期的持续阶段
培训过程	一般只做培训需求分析和培训实施	除了培训需求分析和培训实施之外，开始设计和策划培训，培训效果评估还难以实施	确定培训需求、设计和策划培训、提供培训、评价培训结果以及对这四个阶段进行监控	培训循环的每一个过程都形成完整的活动体系

四、建设培训资源

培训资源是组织在开展培训过程中所使用的投入。企业的培训资源主要包括培训管理人员、内部培训师、培训教材、培训设施设备、培训信息系统、培训经费等。处于不同发展阶段的企业培训资源建设的主要任务见表1-3。

表1-3   **培训资源建设与企业发展阶段的关系**

	企业所处生命周期			
	初创期	发展期前、中段	发展期后段及成熟期的初段	成熟期的持续阶段
培训资源建设	缺少资金，基本不做资源建设	配备专职的培训管理人员；建立课程目录	开始培养内部培训师；建立课程体系；建立培训档案	内部培训师专业化；形成独特的培训课程；建立培训信息系统

专职培训管理人员和内部培训师均是培训管理的主体，但从高层管理者的角度，专职培训管理人员和内部培训师又都是培训的资源。从这个角度看，培训的资源和主体具有相对性。

五、明确培训管理主体及其职责分工

培训及其管理包含了一系列的过程，有的过程还需要不同的人员共同完成，所以培训体系必须进一步明确各个主体的职责，才能有效实施培训。职责体系应视为培训管理主体和培训过程发生联系的具体化。处于不同发展阶段的企业的培训管理主体及其职责分工见表1-4。图1-5说明了企业进入成熟期后培训管理主体的典型职责划分。

表1-4   **培训管理主体职责分工与企业发展阶段的关系**

	企业所处生命周期			
	初创期	发展期前、中段	发展期后段及成熟期的初段	成熟期的持续阶段
培训管理主体	主要管理者	主要管理者、专职培训管理人员	主要管理者、专职培训管理人员、直线管理者、内部培训师	主要管理者、专职培训管理人员、直线管理者、内部培训师
职责分工	由主要管理者临时负责	几乎由专职培训管理人员完全负责	专职培训管理人员和直线管理者、内部培训师的培训职责分工初步确定	专职培训管理人员、直线管理者、内部培训师的培训职责进一步确定

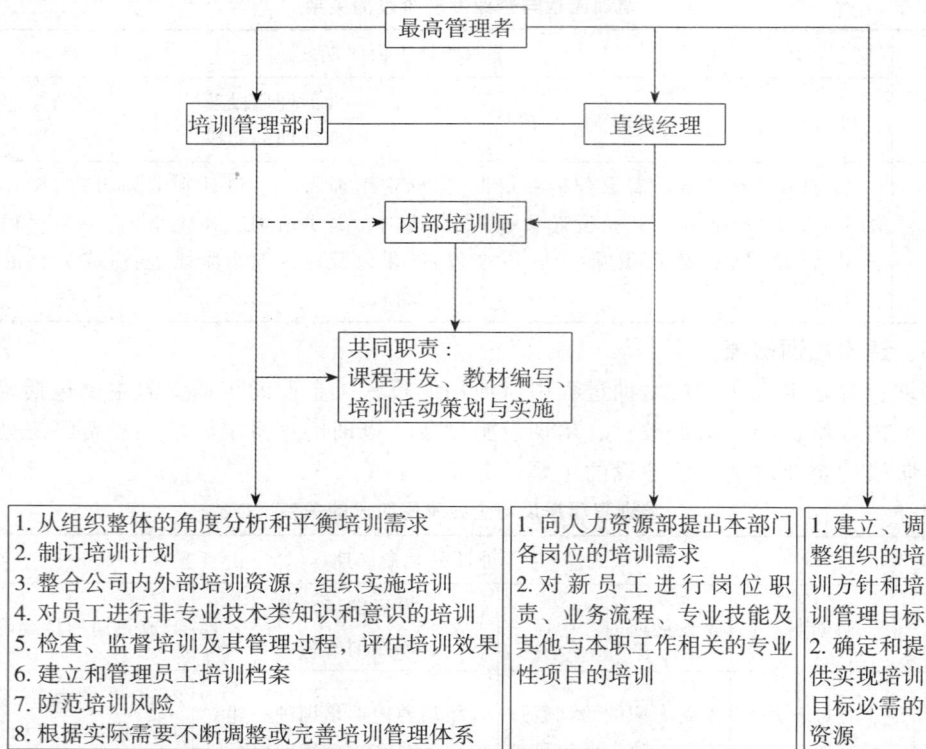

图1-5   成熟期企业培训管理主体的典型职责划分

企业内培训管理的主体（或称为组织系统）包括了最高管理者、培训管理部门、直线经理、内部培训师。图1-5中"培训管理部门"和"内部培训师"之间的连线为虚线是为了表达培训管理部门对内部培训师的领导是间接性的。

六、确定衡量培训过程有效性和效率的方法及防止培训风险的措施

为了保证培训过程能够实现培训目标，培训管理者还应该制定培训管理制度来规定、测量每个过程的有效性和效率的方法，并确定防止培训风险的措施。处于不同发展阶段的企业衡量培训过程有效性和效率及防止培训风险的措施见表1-5。

表1-5   不同发展阶段的企业衡量培训过程有效性和效率及防止培训风险的措施

	企业所处生命周期			
	初创期	发展期前、中段	发展期后段及成熟期的初段	成熟期的持续阶段
衡量培训过程有效性和效率及防止培训风险的措施	无时间和人力制定措施	难以评估培训效果，无法制定措施	为培训的每一个过程制定实施规范，明确其输入、活动和输出以及所需的资源；建立培训管理制度，保障培训过程有效性和效率	分析每一个过程具体的要求，不断修改和完善实施规范，提高培训过程的有效性和效率；完善培训管理制度

七、持续改进培训体系

持续改进培训体系的有效性应当是培训管理者永恒的目标。培训体系的有效性主要体现在实施培训活动之后培训目标的实现程度上，判断方法是衡量培训效果与培训目标之间的差距。培训管理者最好每年对培训体系进行一次评审，使组织能够不断提高培训体系的有效性；评审应该包括培训体系改进的机会和变更的需要，还包括培训方针和目标。培训体系有效性的持续改进本身也是一个过程，应该作为过程进行管理。处于不同发展阶段的企业持续改进培训体系的任务见表1-6。

表1-6   持续改进培训体系的任务与企业发展阶段的关系

	企业所处生命周期			
	初创期	发展期前、中段	发展期后段及成熟期的初段	成熟期的持续阶段
持续改进培训体系	无法评估培训效果，也就无法衡量培训体系有效性	定期评审培训体系的有效性，制订和实施改进方案		

思政专栏 ▮▮▮▮

《国务院关于推行终身职业技能培训制度的意见》提出：建立并推行覆盖城乡全体劳动者、贯穿劳动者学习工作终身、适应就业创业和人才成长需要以及经济社会发展需求的终身职业技能培训制度，实现培训对象普惠化、培训资源市场化、培训载体多元化、培训方式多样化、培训管理规范化，大规模开展高质量的职业技能培训，力争

2020年后基本满足劳动者培训需要，努力培养造就规模宏大的高技能人才队伍和数以亿计的高素质劳动者。

点评：这里的培训体系涉及了劳动者、培训制度、培训资源、培训载体（实施者）、培训方式等，这说明国家推行职业技能培训制度的思路是体系化的。

▶ 知识掌握

一、选择题

1.现代培训按其性质分为五个层次，依次为（　　　）。

A.知识培训、技能培训、观念培训、思维培训、心理培训

B.知识培训、技能培训、思维培训、观念培训、心理培训

C.知识培训、思维培训、技能培训、观念培训、心理培训

D.技能培训、知识培训、思维培训、观念培训、心理培训

2.科学有效的培训管理，需要在培训计划的实施与管理控制中体现（　　　）的指导思想。

A.经济、高效　　　　B.计划、有序　　　　C.经济、适用　　　　D.实用、有序

3.满足企业与学习者的需求是培训课程设计的（　　　）。

A.本质属性　　　　B.主要依据　　　　C.根本任务　　　　D.内在要求

4.职业培训制度规定了政府有关部门和用人单位在发展培训事业、开发劳动者职业技能方面的（　　　）。

A.规章规范　　　　　　B.管理权限　　　　　　C.通用标准

D.职业分类　　　　　　E.职业技能考核鉴定制度

二、简答题

1.了解岗位职责的途径有哪些？

2.什么是培训体系，它具有哪些特征？

（扫描二维码，查看模块1参考提示）

模块2　确定培训需求

▶▶▶▶ 引导任务 ◀◀◀◀

新人力资源部部长的"第一把火"

　　王先生是某国有企业新上任的人力资源部部长，在一次研讨会上，他了解到一些企业的培训搞得有声有色。回来后，他兴致勃勃地向企业总裁提交了一份全员培训计划书，以展现人力资源部的新面貌。企业总裁很开明，批准了王先生的全员培训计划。王先生深受鼓舞，踌躇满志地对企业全体人员——上至总经理，下至一线生产员工，进行为期一个星期的脱产计算机培训。为此，企业还专门拨出十几万元的培训费。培训的效果怎么样呢？据说，除了办公室的几名人员和45岁以上的几名中层干部有所收获外，其他人员要么收效甚微，要么学而无用，十几万元的培训费只买来了一时的"轰动效应"。一些员工认为，新官上任所点的"这把火"和以前的培训没有什么差别，甚至有小道消息称此次培训是王先生做给领导看的"政绩工程"，是在花单位的钱往自己脸上贴金！王先生对于此番议论感到非常委屈：在一个有着传统观念的老国企，给员工灌输一些新知识效果怎么会不理想呢？在当今的竞争环境下，每人学点计算机知识应该是很有用的呀！

　　学生6~7人为一组，讨论然后派代表陈述：王先生组织实施的培训为什么效果不佳？

　　我的感悟：

_____

_____

_____

▶▶ 教师点评

　　培训要建立在培训需求分析的基础上，即以科学的培训需求分析为先导。培训需求分析，是指确定是否需要培训、什么人需要培训及培训什么内容的过程。

　　目前，企业对培训越来越重视，投入也越来越大，然而培训效果往往不尽如人意。一些企业选择培训课程很盲目，常常"流行什么学什么，别的企业学什么我就学什么"。出现上述问题的原因主要是企业缺乏有效的培训需求分析。

不是所有的企业都需要同一种培训，也不是所有的人都需要同一种培训；同时，由于绩效的多因性，培训也不能解决所有员工绩效不佳的问题，所以，培训管理者在实施培训之前必须对培训需求进行分析。

培训需求既是确定培训目标、设计培训方案的前提，也是进行培训评估的基础，因而成为培训活动的首要环节。

1.形成培训需求的主要原因：

（1）环境（技术手段）变化；

（2）人员变化；

（3）工作任务变化；

（4）现状与愿望的差距；

（5）与同行的绩效差距。

2.培训需求分析的目的：

（1）确定培训是否是解决绩效问题的有效途径；

（2）分析组织中任职者的知识、技能需求与现实状况的差距，确定培训的内容；

（3）了解管理者和员工对培训的态度，争取他们的支持与参与；

（4）估算培训成本，减少时间和金钱的浪费；

（5）寻找评估培训效果的依据。

任务1　掌握分析培训需求的程序和内容

▶ 学习目标

知识目标：理解培训需求分析的作用；了解培训需求的组织分析、任务分析、个人分析的相应分析内容。

能力目标：能选择正确的培训需求分析方法分析企业的培训需求。

思政目标：了解政府在培训需求分析方面的指导意见。

▶ 情境和任务

一、学习情境

某年，波音公司准备在其商用零部件部门安装公司有史以来最大的计算机系统。安装这个计算机系统的目的是要使该部门的许多工作任务自动化，如更新库存报表、回答顾客询问以及定价等。

这个新计算机系统的安装要求对雇员进行广泛的再培训，雇员必须掌握使用这个新计算机系统的技术知识。除了保证使用这个新系统的雇员在系统投入运行时能够独立操作系统，提供本零部件部门同事或顾客所需要的信息外，还必须开发雇员沟通和判断的技能，以便在他们需要从该计算机系统中得到数据输入员目前不能提供的特殊信息时，能够让有关人员了解他们的需求。

培训协调人在实施培训计划时体会到:"我们认识到仅提供技术培训不能保证新系统的成功运行。" 由于每个雇员相信别人准确输入计算机的信息,人际关系会变得更加相互依赖。雇员们必须理解,突然间他们拥有了许多依赖他们的"顾客",这些"顾客"就是零部件部门的其他雇员。他们想让每一个使用新系统的雇员成为"以顾客为中心"的雇员。培训小组想做到,通过培训将系统运行可能引起的压力和混乱降到不会使业务发生瘫痪的程度。

该部门人员职能多种多样。这些人中有一半人在货栈工作,负责部件的装运、收货和仓储,另一半人则在30英里开外的一间办公室里工作,而且这些人的受教育程度也参差不齐。在确定培训计划时,波音公司面临多种选择。一方面,由于其已有一个完整的公司内部培训部,可以由内部培训部来实施培训;另一方面,要在很短的时间内对700名雇员进行培训可能需要一个适应这个培训计划运作要求的咨询、培训、开发公司的服务,培训部还必须考虑要采用的各种培训方式,如研讨班、视频教学、讲座以及书籍等。波音公司考虑请一家总部设在旧金山的咨询公司来设计培训,该公司在迅速设计大规模培训计划方面享有盛誉,其培训开发方式主要是利用书面资料和视频资料组织研讨、参与式练习、示范以及讲座等。

但是,在决定究竟是由公司内部还是让咨询公司来组织实施培训计划之前,波音公司认为必须使实际培训目标更明确。

二、训练任务

请你分析波音公司商用零部件部门雇员的培训需求。

三、企业实践参考

◆◆◆◆➡ **案例2-1**

2018年11月,内部客户突然找到我们,说要对一线直面消费者的零售骨干人员进行技能培训,原因是领导之前在一个内部讲话中专门提到,要赶在春节消费旺季来临之前对一线零售人员进行销售和服务技能的训战,提供有温度的服务。

我们赶紧找了当时的会议纪要来看,原文是:"当前培训重点为接触消费者的最末端群体,要通过培训提升体验店店长助理、体验店片区经理、导购员和督导的战斗力,提升消费者的感知,提升华为品牌温度,需尽快建立能力培训体系。"

这是一个典型的高层对培训工作的指示,短小精悍却信息量巨大,虽然有大方向,但是缺乏明晰的聚焦点。于是,我们试图联系领导,从源头做一些澄清和确认。但不巧,这段时间他特别忙,没有时间,他把这个项目直接授权委托给内部客户负责人马总(化名)。马总也无法给出更多的信息。于是我们向马总请教,领导之所以提出这样的培训要求,是不是因为最近有什么事情触发了他的这个想法。马总给出的回复是,没有什么特别的事情,这些是领导一直在强调的方向,要有的话,2019年的业务策略与消费者感知这两块可能是他考虑这个问题的重要着眼点。

从源头获得的信息有限,那我们只有按照训战项目的惯常思路,去盘点业务背景和诉求。2019年,华为销售终端的策略方向是"高""深""全",意味着发力高端、下沉乡县、拓展品类,但目前谈到的培训重点是接触消费者的末端群体,而下沉乡县的重点是渠道建设，这两者似乎相距较远。但发力高端和拓展品类两个点是有关联的，因为销售高端机和拓展新的智能产品的第一阵地就是门店，尤其是空间宽敞、产品齐全、形象良好的体验店。

这样看来，对于训战赋能人群的第一优先选择，应该为体验店店长助理和体验店片区经理。到底选前者还是后者呢？我们又对华为近两年的业务发展态势进行了分析，这两年公司总的趋势是店越开越多，也越开越大，从最早的柜台店到综合店，再到现在的体验店甚至类似 Apple Store 的智能生活馆；另一个趋势是从委托渠道经营，到逐步介入自己运营，体验店店长助理这个岗位就是这种尝试的一个集中体现。体验店店长助理是2017年才设立的新岗位，每个体验店配置1~2人，代表华为协助合作伙伴店长对门店进行管理，工作重心是打造华为品牌和提升消费者服务满意度。如果开店和自营两大趋势不变，就意味着公司会需要越来越多的懂得零售门店店面经营管理的人才，体验店店长助理很可能成为公司零售阵地建设的人才种子库。盘点到这里，我们的思路清晰了，第一优先人群显然应该是体验店店长助理，而且针对这个人群，既要考虑当下的培训需求，也要结合长远的人才培养规划建立一个阶段性的培养体系。我们把这些想法跟马总做了汇报，他非常认同，至此，业务需求分析的部分算是告一段落了。

接下来是锁定近在眼前的这次赋能，赋什么能，涵盖哪些要点？一方面，我们带领项目组对店长助理的岗位职责进行分解，拆出了店长助理面向的四大关键打交道对象（消费者、合作伙伴、店员、公司内部）和13个重点工作任务；另一方面，我们在南昌、石家庄两地花了一周时间走访相关人员，在店面和办公室与目标学员、学员上级、客户都进行了深度访谈，也实地观摩了店长助理给消费者提供的服务，如体验式销售的过程，以及门店消费者教育的实际情形。在这个基础上，我们整理了一份完整和清晰的需求调研和高阶分析报告。

2018年11月底，在北京，应我们要求，内部客户专门召集了一个工作会。20多位各层级各职能的业务专家与会，在会上我们分享了前期对于业务分析的思考和基于一线深度调研的洞察，建议对体验店店长助理的赋能分当前和长远规划两个部分展开。整场会议大家十分专注而投入，唯一的分歧点在于两位领导都希望集训内容更加完整和全面，在有限的时间里包含更多内容，而我们经过前期的分析和实地调研，发现很多课题比如如何给店员赋能、如何开展消费者教育等，其根本瓶颈不在于技能而在于环境和机制，所以希望能更加精简和聚焦。于是，我们在现场临时策划了一个简短的团队共创，综合专家意见，最终把重点赋能课程确定为"全场景销售""提升服务体验""高效的华为店内消费者教育"等几门课，这就为后续更加精准的赋能和演练铺平了道路。

资料来源　charles 伯爵．华为是怎么做培训需求分析的？［EB/OL］．［2021-01-18］．https：//zhuanlan.zhihu.com/p/345077349.

➤➤ 相关知识

一、培训需求分析的实施程序

为便于理解，图2-1中给出了培训需求分析的实施程序。

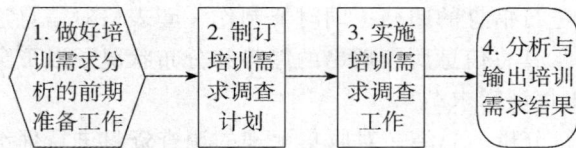

图2-1 培训需求分析的实施程序

（一）做好培训需求分析的前期准备工作

1.建立员工背景档案。培训部门应建立员工的背景档案，背景档案应注重员工素质、员工工作变动情况以及培训历史等方面内容的记载。

2.同各部门人员保持密切联系。培训工作的性质决定了培训部门应该和其他部门保持更密切的合作联系，随时了解企业生产经营活动、人员配置、企业发展方向等方面的变动，使培训活动开展起来更能满足企业发展需要，更有效果。

3.向主管领导反映情况。培训部门应建立一种途径，使员工可以随时反映个人的培训要求，可以借鉴投稿信箱的方式，或者安排专门人员负责这一工作。培训部门了解到员工需要培训的要求后要向上级汇报，并汇报下一步的工作。如果这项要求是书面的，在与上级联系之后，最好也以书面形式作答。如果得到的是一项口头要求，培训者可以口头作答，但应把主要内容以书面形式向上级汇报。

4.准备培训需求调查。培训者通过某种途径意识到有培训的必要时，在得到领导认可的情况下，就要开始调查的准备工作。

（二）制订培训需求调查计划

培训需求调查计划应包括以下几项内容：

1.确定培训需求调查工作的目标。培训需求调查工作应达到一个什么目标，一般来说，是完全出于某种培训的需要。

2.选择合适的培训需求调查方法。对于大型培训活动，可以数种方法并施，如将问卷调查和个别会谈结合使用，扬长避短，但会增加成本费用。

3.确定培训需求调查的内容。首先要分析这次培训调查应得到哪些资料，然后除去手中已有的资料，就是需要调查的内容。培训需求调查的内容不要过于宽泛，这样会浪费时间和费用；对于某一项内容可以从多角度进行调查，这样易于取证。

4.培训需求调查工作的行动计划。安排活动中各项工作的时间进度以及各项工作应注意的一些问题，这对调查工作的实施很有必要，特别是对于重要的、大规模的需求评估，有必要制订行动计划。

（三）实施培训需求调查工作

在制订了培训需求调查计划以后，就要按规定的行动计划依次开展工作。实施培训需求调查工作主要包括以下步骤：

1.提出培训需求愿望。由培训部门发出通知，请各部门责任人针对相应岗位工作需要提出培训愿望。

2.调查、收集、汇总需求愿望。相关人员调查、收集需求信息，汇总来源于不同部门和个人的各类培训愿望，并报告培训管理部门或负责人。

3.对培训需求调查信息进行归类、整理。对收集到的信息进行分类，并根据不同的培训调查内容的需要进行信息的归档，同时要制作一套表格对信息进行统计，并利用直方图、分布曲线图等工具将信息所表现出的趋势和分布状况予以形象的处理。

（四）分析与输出培训需求结果

1.对培训需求进行分析、总结。对收集上来的调查资料进行仔细分析，从中找出培训需求，此时应注意个别需求和普遍需求、当前需求和未来需求之间的关系。培训管理者需要对申报的培训需求从组织层面、作业层面和个人层面进行分析，由企业的组织计划部门、培训组织管理部门以及其他相关岗位和部门协商确定。

2.汇总培训需求意见，确认培训需求。培训部门对汇总上来并加以确认的培训需求列出清单，参考有关部门的意见，根据重要程度和迫切程度排列培训需求，并依据所能收集到的培训资源制订初步的培训计划和预算方案。

3.撰写培训需求分析报告。对所有的信息进行分类处理、分析总结以后，就要根据处理结果撰写培训需求分析报告，报告结论要以调查的信息为依据，不能根据个人主观看法做出结论。

二、企业培训需求分析的基本原则

一般而言，企业培训首先要满足企业战略与经营要求，其次才是兼顾员工的个人职业发展。因此，"战略是主线，成本为条件，分析是关键"是做好培训需求分析的基本原则和指导思想。

（一）"战略是主线"

企业培训必须牢牢围绕战略系统进行，应该是战略系统的一个有机组成部分。只有在理解企业战略、目标的基础上，才能制订出符合实际的培训方案。企业培训应该从企业的人力资源规划出发，满足组织及员工两方面的要求，考虑企业资源条件与员工素质基础，考虑人才培养的超前性及培训效果的不确定性，确定培训的目标，选择培训内容及培训方式。

（二）"成本为条件"

企业运营受成本限制，尤其对资金紧张又想提高员工能力或素质的企业来说，需要提高培训经费的使用效率，让有限的培训预算产生最好的培训效用。同时，企业不同发展阶段和高层管理者的经营理念也是影响培训的重要因素。扩张期的企业或高层管理者不注重培训的企业，培训经费都会比较紧张。从这些角度看，成本问题是贯穿培训工作始终的约束条件。这是每个培训管理者都不能回避的现实问题。

（三）"分析是关键"

在培训工作开展之前必须进行大量科学、系统的分析，其结论将成为培训工作开展的主要依据。培训需求分析使培训工作能够有的放矢，并为后面的培训规划设计、组织与实施、评估和反馈等工作建立明确的目标和准则，因此它是搞好培训工作的关键。

三、培训需求分析的内容

培训需求分析一般从组织、任务、个人三个层次进行。培训需求的战略分析可以纳入组织分析的范围；培训需求的对象分析和阶段分析可以从组织分析、任务分析、个人分析的角度来理解。

（一）组织分析

组织分析指确定组织范围内的培训需求，以保证培训计划符合企业的整体目标与战略要求。在选择培训作为解决方案之前要考虑三个问题：企业战略目标、企业资源、管理者和学员对培训活动的态度。

1. 企业战略目标分析

明确、清晰的组织目标对培训规划的设计与执行起决定性作用，组织目标决定培训目标。比如，某上市发动机配件公司，产品专供发动机主机生产厂商，过去一直采用的是高层之间点对点的营销方式。最近，该公司准备向维修配件零售市场发展，过去点对点的高层营销方式不再适用，于是开始对有一定综合素质的人员进行营销培训，以配合公司战略调整的需要。假若组织目标模糊不清，培训规划的设计与执行就会变得无所适从。

培训管理者需要根据企业未来一段时间的发展目标以及采用的生产技术和手段，确定实现这些发展目标所需的人力资源的数量、类别和素质。

关系到组织的战略目标（包括人员能力需求）的组织未来需求的确定，可依据各种内外部资料，例如：

（1）影响工作过程或所提供产品的性能的组织或技术的变化；

（2）影响组织及组织的活动和资源的法律、规章、标准和制度；

（3）为完成具体的任务所需要的内部或外部认证；

（4）由于顾客抱怨或不合格报告引起的工作过程评审和纠正措施的结果；

（5）市场调查中识别或预测的新的顾客要求。

2. 企业资源分析

没有资源支持，培训目标就难以实现。企业资源分析包括培训经费、培训时间及与培训相关的专业知识分析。培训经费要在培训年度伊始提交完整的预算。在选择内部培训还是外部培训时，企业可根据自身拥有的人员和专业水平及预算约束进行确定。如果企业内部缺乏时间或能力，那么可选择从专业机构购买培训服务，选择对象可以是咨询公司、培训公司、科研机构和高校等。

3. 管理者和学员对培训活动的态度分析

实践证明，管理者和学员对培训的支持十分重要，培训成功的关键在于管理者和学员对培训活动的参与有正确的态度。管理者如果不愿意指导学员把培训中学到的知识、技能等运用到实际工作中，也不愿为学员提供实践机会，培训效果就会打折；学员的参与态度也很重要，如果学员只是消极地接受培训，不积极地学习运用，培训工作也很难真正产生效用。所以，管理者和学员对培训活动的态度分析非常必要，这使培训组织者能对培训涉及员工的心态有所把握。

人们在决定变化之前，往往要经历以下四个阶段（如图2-2所示）：

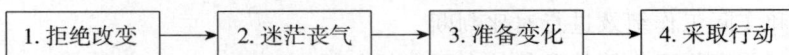

1. 拒绝改变 → 2. 迷茫丧气 → 3. 准备变化 → 4. 采取行动

图2-2 决定变化要经历的四个阶段

许多培训的效果欠佳是因为培训管理者认为学员都处于第三个阶段，而研究表明，一般的培训项目中，只有20%的人是做好准备的。培训管理者需要收集企业成员对其工作、福利待遇、同事等的态度和满意程度，确定学员处于哪个阶段，才能做出正确的培训规划。

（二）任务分析

工作任务分析法通过岗位资料分析和员工现状对比找出员工素质的差距。任务分析包括确定重要的任务及完成这些任务需要在培训中强调的知识、技能和行为方式，一般是以工作说明书、工作规范或工作任务分析记录表作为确定员工达到要求所必须掌握的知识、技能和态度的依据，将其与员工平时工作中的表现进行对比，以判定员工要完成工作任务的差距所在。它是一种非常正规的培训需求分析方法，结论可信度高，但这种培训需求调查方法需要花费大量的时间和费用来收集和分析数据，一般只是在一些非常重要的培训项目中才会运用。

任务分析的工作步骤如下：

1.根据组织的经营目标和部门职责选择有代表性的工作岗位。

2.根据该工作岗位的说明书列出初步的任务及完成这些任务所需要的知识、技能和能力清单。

3.对工作任务和所需技能的确认：

（1）反复观察员工的工作过程。

（2）对有经验的员工、部门主管以及制定工作说明书的部门负责人进行访谈，以对工作任务和所需技能进行进一步确认。

（3）向专家或组织顾问委员会再次求证，以确定各项工作的重要性、任务的执行频率，完成每一项任务所需的时间、质量标准，以及完成任务所需的技能要求和规范的操作程序等。

4.为该工作岗位制定针对培训需要分析的任务分析表。工作任务分析表通常包括主要任务和子任务、各项工作的重要性、执行频率、绩效标准、所需的技能和知识，以及学习技能的场所等。

5.请参与调查的上述人员对任务分析表上的项目打分。

6.负责培训的人员根据以上信息确定各项培训活动的先后次序。

（三）个人分析

个人分析主要是通过分析工作人员个体现有状况与应有状况之间的差距，来确定谁需要和应该接受什么培训。个人分析的重点是评价工作人员实际工作绩效及工作能力，确定培训的必要性和培训的内容。一般来说，培训需求的确定应从以下几点来论证：

1.员工工作绩效差异是否存在

工作绩效差异是指实际工作绩效和期望的工作绩效之间的差异。企业可通过员工工作绩效标准和实际工作绩效进行对比判断。

对员工目前实际工作绩效评估的主要分析包括：

（1）个人绩效考核记录。其主要包括员工的工作能力、平时表现（请假、怠工、抱怨）、意外事件、参加培训的记录、离（调）职访谈记录等。

（2）员工自我评价。自我评价是以员工的工作清单为基础，由员工针对每一单元的工作成就、相关知识和相关技能真实地进行自我评量。

（3）知识技能测验。知识技能测验以实际操作或笔试的方式测验工作人员真实的工作表现。

（4）员工态度评价（运用定向测验或态度量表）。员工对工作的态度不仅影响其知识技能的学习和发挥，还影响与同事的关系及与客户的关系，这些又直接影响其工作表现。

2.绩效差异产生的原因

绩效如有差异，则应该进一步分析差异产生的原因。绩效差异产生的原因比较多，可能是：绩效标准制定得不合理，员工尽力也无法完成；员工自身欠缺适当的知识技能；生产、工作环境的限制；缺乏适当的激励手段；员工的身心健康状况不佳等。这些都可能成为影响绩效的因素。上述因素需要企业人力资源经理和业务部门主管来共同分析，并确认哪些是主要原因。

在分析绩效过程中要注意不能将培训当成解决员工绩效问题的唯一手段，应将员工绩效与组织的评价系统、薪酬系统、惩罚系统及其他问题进行联合分析。前面已经分析过，只有属于员工自身能力不足、主观认识偏差等影响因素造成的绩效差异，才能通过培训加以改善。通过培训来提高员工的知识和技能是有效的，但要改变员工的工作态度，除了培训之外，还需通过薪酬管理、工作设计及其他激励办法来实现。

3.绩效差异的重要性

只有绩效差异对组织有负面影响时才值得重视。绩效差异的重要性由组织的目标和发展方向而定。当绩效差异影响到组织目标实现与组织未来发展时，就必须进行调整。

4.培训员工是否是改进绩效的最佳途径

培训不仅能提高员工的知识和技能水平，还能影响员工的工作态度和观念。但是，培训是否为解决问题的有效途径，还应考虑培训成本和绩效差异所造成损失的比较，如果不经过这种比较，将会导致培训边际效用的减少，从而使最终效用受到影响。这应该由高级管理人员进行判断。

培训需求的绩效分析模型可以更详细地说明培训需求个人分析的过程（如图2-3所示）。培训的绩效评估主要是考察员工的目前实际绩效与理想的目标绩效之间是否存在偏差，然后决定是否可以通过培训来矫正偏差。如果员工缺乏完成工作任务所应具备的知识和技能，或者是因为态度出问题，在达到一定严重程度，影响员工绩效的情况下，就应该安排相应培训。在这一过程中需要完成以下几项工作：

（1）开展绩效评估，发现绩效偏差；

（2）找出到底是员工的知识问题、技能问题，还是态度问题；

（3）进行成本价值分析，即确定努力来弥补这一绩效偏差是否值得。

通过培训需求的组织分析、任务分析和个人分析三个环节，我们已经清晰了解培训需求分析的技术性问题。培训需求分析使我们得到是否需要培训、谁需要培训及学员需要学什么等结论。

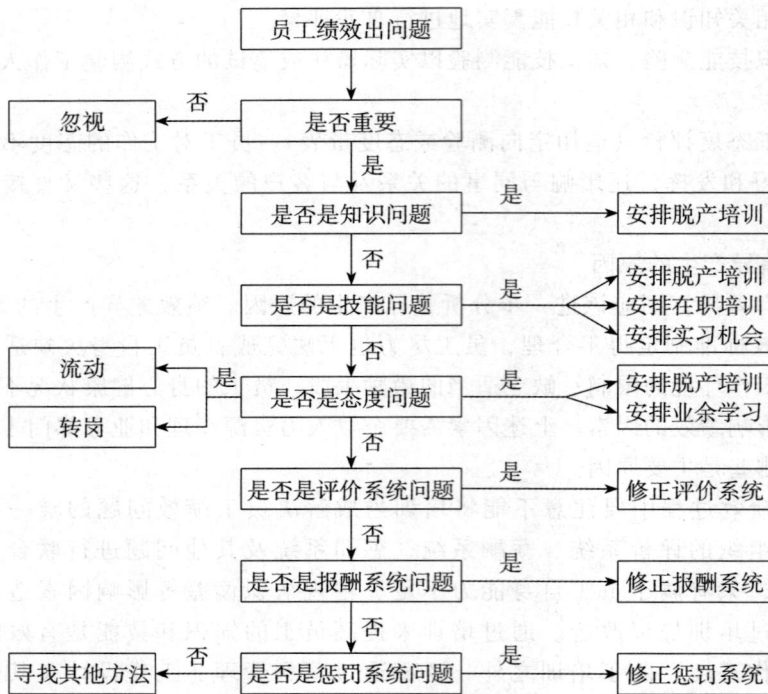

图2-3 培训需求的绩效分析模型

思政专栏

《国务院关于加强职业培训促进就业的意见》中提出："要结合技术进步和产业升级对职工技能水平的要求……加快提升企业在岗职工的技能水平……结合企业技术创新、技术改造和技术项目引进，大力培养高技能人才。"

点评：《国务院关于加强职业培训促进就业的意见》中提到的培训需求分析应该关注企业（或组织）经营的技术环境变化的要求就属于组织层培训需求分析。

任务2 选择收集培训需求信息的方法

➡ 学习目标

知识目标：了解各种收集培训需求信息的方法的优缺点；理解选择收集培训需求信息方法的依据。

能力目标：能够根据工作需要和条件设计收集培训需求信息的方案。

思政目标：理解矛盾具有普遍性；形成正确对待矛盾的态度。

➤➤ 情境和任务

一、学习情境

年底，香露饮料公司又到了制订下一年度培训计划的时候，人力资源部对此高度重视，按照公司培训管理制度中的"培训需求确定控制程序"和"培训计划形成与确定控制程序"两个子流程，计划用三周的时间进行明年的培训需求调查工作。培训需求信息的收集工作主要由任丽承担，全公司有近千名员工，既要按时完成任务，又要保证完成的质量，这对任丽来说是一个不小的挑战。

二、训练任务

任丽应该运用哪些收集培训需求信息的方法来完成工作？

三、企业实践参考

◆◆◆◆➡ **案例2-2**

D公司人力资源部制订的年度培训需求分析方案，通过三种方式来获得需求：

1.全体员工问卷调查。动员全员参与培训计划制订工作。经过动员，全体员工在填写"员工培训需求表"时积极性较高，感觉到自己的需求被重视，经统计汇总分析后形成"××××年度员工培训需求调查问卷报告"。

2.高管需求访谈。设计访谈提纲，对高管和部门经理进行访谈，访谈内容包括对公司战略的理解、对员工能力的要求、培训课程的重点、对培训的期望等，访谈记录整理分析后形成"××××年度高管培训需求访谈报告"。

3.集体研讨。在前面的工作完成后，人力资源部结合公司××××年度的工作重点、绩效情况等确定初步的培训需求，召集部门经理和高管召开年度培训计划研讨会，对培训草案进行讨论，会后修正，最终形成D公司年度培训计划。

D公司人力资源部在制订年度培训计划后，总结分析在做培训需求调查工作中的经验教训，发现存在以下问题：

一是运用工具获取培训需求的来源有困难。比如，从企业战略目标、绩效考核、胜任素质、个人发展与生涯规划等来源获取需求时，这些来源基本上都很清晰，可是在实际应用进行需求来源筛选分析时还缺乏相应的可量化工具，对重要的、紧迫的需求不能准确把握，各部门上报的培训需求太多、太散。

二是人力资源部严格按《员工培训流程指导手册》中的规定，花了很多精力和时间填报、汇总的全体员工培训需求，其价值并不是很大，无法较好地转化为培训计划；而对高管和部门经理进行访谈的结果，在制订培训计划时却起到了重要作用。

◆◆◆◆➡ **案例2-3**

A公司的培训需求分析工作流程主要包括培训需求调查、培训需求详表初步成形和培训需求详表完善这三个环节。

1.A公司的培训需求调查工作分两个步骤进行：培训需求沟通和培训需求信息的收集与汇总，具体工作流程如下：

第一步：培训需求沟通。

在培训需求调查之初，A公司HR指导部门直线经理就培训需求做了两方面的沟通工作，既包括各部门经理与所属部门员工就培训需求问题的沟通，也包括人力资源部门与各部门经理的沟通。经此过程，直线经理全面了解了所属部门员工的岗位任职资格标准以及员工的绩效评价结果，然后根据部门业务发展需要和员工个人的职业发展需要，与员工共同确定培训需求，并填写员工培训需求调查表，表中信息包括员工基本情况、员工绩效达成、业务技能提升以及员工职业发展所需培训等。

第二步：培训需求信息的收集与汇总。

在部门直线经理完成员工培训需求调查表之后，A公司HR要求各部门培训管理人员完成本部门所有表单的收集汇总工作，形成培训需求表。表中信息包括培训类型、填表人信息、部门和主管信息、培训内容、培训目标、培训对象和人数等。

2.整理、访谈、分析——形成培训需求详表。在收集到培训需求表之后，便进入培训需求详表的成形环节。此阶段的目的是由HR对部门培训需求进行汇总分类与补充完善，以形成培训需求详表，具体包括三个步骤：分类整理部门培训需求；进行培训需求访谈；详细分析形成培训需求详表。具体工作流程如下：

第一步：分类整理部门培训需求。

在培训需求调查工作结束后的一周内，各部门培训管理人员需要按照培训需求类别将已收集汇总的培训需求表进行分类整理。在此过程中，工作关键点是通过合并筛选各部门的培训需求，区分出通用类和专业类两种培训需求，上交部门主管审批通过后，将培训需求表提交主管培训的部门。

第二步：进行培训需求访谈。

为了获取战略性培训需求与领导班子方面的培训需求信息，A公司HR在收集到员工的需求信息后，没有忽视对相关领导进行培训需求访谈工作。他们将通过访谈所得到的培训需求做好记录，为接下来培训需求详表的成形工作提供相关参考信息，这一任务在培训需求调查后的第二周内完成。

第三步：详细分析形成培训需求详表。

根据访谈结果与已分类的培训需求表，A公司人力资源部培训人员依据培训需求深入分析控制程序，由通用与专用两类培训需求表确定培训需求详表包含哪些信息，如培训班责任人、时间、时长、经费预算等，形成确定的培训需求详表。此项工作是在访谈结束后的两周之内完成。

3.一切从实际出发——完善培训需求详表。

制定好培训需求详表之后，A公司HR在接下来的两天内需要完成相关项目的设计工作，主要涉及两方面内容：一是选择培训形式；二是规划培训课程。

▶▶ 相关知识

分析培训需求，首先需要收集培训需求信息。实施培训需求调查需要关注以下问题：

（1）潜在培训对象的现状。在调查开始之前就要明确潜在培训对象的工作情况，了解他们在组织中的位置，以及以前受过什么样的培训等问题。

（2）潜在培训对象存在的问题。员工在工作中存在的问题并不是每个员工自己都能发现的，培训管理者应该要求部门经理帮助潜在培训对象分析工作中存在问题的原因是什么，这样有利于员工采取更为合作的态度配合培训需求调查。

（3）潜在培训对象的期望和真实想法。在调查中应确定潜在培训对象期望能够达到的培训效果。要让员工知道说出自己对培训的期望和真实想法，可能会对培训内容有所影响。如果不能满足其期望，应向员工解释原因。

一、组织层面培训需求信息的收集方法

（一）与高管和部门经理面谈

与高管和部门经理面谈的内容包括对公司战略的理解、对员工能力的要求、培训课程的重点、对培训的期望等。在实施访谈之前应该设计好访谈提纲（参见表2-1）。

表2-1   培训需求高层访谈提纲

被访问者姓名：		职务：		时间：
访问者姓名：				地点：
编号	问题			回答记录要点
1	请您分析一下公司的战略有没有特别的情况，比如，新工厂的建立或者准备处理非营利业务，或推出新产品、服务，公司准备如何做			战略目标： 特别的情况： 准备如何做：
2	公司现在有哪些培训需求？什么原因促使公司开展这方面的工作			需求： 原因：
3	您做出的培训需求分析中是否存在培训需求的信号？比如，销售额激增或顾客抱怨增多。在此基础上会促成什么决定吗			培训需求的信号： 促成的决定：
4	在高层中谁在拥护这项工作的进展？为什么			拥护者： 原因：
5	期望培训结果什么时候达成？为什么是那个时间			期望培训结果达成时间： 原因：
6	培训的对象是谁？培训应该覆盖整个公司和所有的业务单元，还是侧重于最需要的部门			培训对象：
7	您认为何种形式或方法可以最快、最有效地达成期望的培训效果？何种形式或方法会使培训最困难、最没有效果			最快、最有效的形式或方法： 最困难、最没有效果的形式或方法：
8	可用于培训的预算是多少？什么因素制约着培训预算			培训预算： 制约因素：
9	是强制进行培训还是劝说员工参与			
10	其他需要说明的情况			

（二）关键事件法

关键事件法是指通过分析企业内外部对员工或者客户产生较大影响的事件，以及其暴露出来的问题，确定培训需求的一种方法，常见的典型事件如顾客投诉、重大事故等。表2-2给出了关键事件法的工具示例。

表2-2　　　　　　　　　　　　　关键事件收集例表

员工姓名：		部门：	岗位：
访问者：		访问时间：	访问地点：
访问背景陈述：			
访问内容及其描述	工作中遇到哪些重要事件		
	事件发生的情境		
	采取了怎样的应对行动		
	事件结果		
	经验教训		
分析及评价	导致事件发生的原因和背景		
	员工的特别有效或多余的行为		
	关键行为的后果		
	员工能否支配或控制上述后果		
	员工事件处理欠缺的方面		
备注：			
制表人：		日期：	

（三）查阅组织文件法

利用现有的企业发展规划、人力资源规划等对培训需求进行综合分析。

二、岗位任务层面培训需求信息的收集方法

对岗位任务进行分析，最好有工作经验丰富的员工参与，以提供完整的工作信息。

（一）岗位资料分析法

1.工作说明书、工作规范或工作任务分析记录表，这些是对岗位工作任务进行详细描述的依据。

2.绩效考核结果，这是判断潜在培训对象在关键工作任务方面的绩效是否存在差距的依据。

3.绩效评价的标准，这是确定员工胜任岗位必须掌握的知识、技能标准的依据。

（二）测试法

测试法用于对一个群体成员的技术知识、熟练程度、观念方法、素质、素养等进行评价。实施测试需要高度专门化的知识，往往使用一套标准的统计分析量表，以便使测试结果容易量化和比较。

（三）重点团队分析（小组讨论）法

重点团队分析法是指培训管理者在培训对象中选出一批熟悉问题的员工作为代表参加讨论，以调查培训需求信息。重点小组成员不宜太多，通常由8~12人组成1个小组，其中有1~2名协调员，1人组织讨论，1人负责记录。

这些人员的选取要符合两个条件：一是他们的意见能代表培训对象的培训需求，一般是从每个部门、每个层次中选取数个代表参加；二是选取的成员要熟悉需求调查中讨论的问题，他们一般在其岗位中有比较丰富的工作经历，对岗位各方面的要求、其他员工的工作情况等都比较了解。

这种需求调查方法是面谈法的改进，优点在于：不必和每个员工逐个面谈，花费的时间和费用比面谈法要少得多。各类培训对象代表汇聚一堂，各抒己见，可以发挥头脑风暴法的作用，各种观点意见在小组中经过充分讨论以后，得到的培训需求信息更有价值，而且这种需求调查方法易激发出小组中各成员对企业培训的使命感和责任感。

这种方法的局限性在于：对协调员和讨论组织者要求高，由于一些主客观方面的原因，可能会导致小组讨论时大家不会说出自己的真实想法，不敢反映本部门的真实情况，某些问题的讨论可能会限于形式。

重点团队分析法的实际操作步骤：

1.培训对象分类。培训对象的培训需求在一定程度上有共性，我们可以依据这种共性将其分为几类，要求各类培训对象的培训需求有类似性。确定了培训对象的类别以后，我们就要在各类培训对象中选出数个代表成员。代表成员可以是这个类别中较高层次的管理人员，也可以是普通员工，两者各有优劣。部门管理人员在会议发言中可能会顾及自己部门的声誉或担心自己的领导能力受到怀疑而不讲实话，但其优点在于对本部门员工比较了解。普通员工敢于发言，但可能对实际情况又不是很了解。最好选取那些工作经历较丰富，同时又不是部门管理人员的员工参加。

2.安排会议时间及会议讨论内容。要根据所有选中小组成员的情况，安排妥当的时间进行小组会议，尽量避免影响小组成员的工作。

3.培训需求结果的整理。会议之后，要对会议记录进行整理，对有争议的问题要进行讨论。

三、个人层面培训需求信息的收集方法（人力资源共享服务1+X职业技能连通）

（一）与特定对象面谈

培训管理者为了了解潜在培训对象在哪些方面需要培训，可以与潜在培训对象进行面谈，了解潜在培训对象对工作或对自己的未来抱有什么样的期望、是否有什么具体的计划，分析由此产生的相关工作技能、知识、态度或观念等方面的培训需求。

1.个人层面面谈法的分类

面谈法有个人面谈法和集体会谈法两种具体操作方法。个人面谈是指分别和每一个培训对象进行一对一的交流，可以采用正式或非正式的方式进行。个人面谈得到的相关资料可以采取会谈中记录概要、事后整理的办法进行整理。集体面谈是以会议的方式，培训管理者和培训对象在会议室集体参加讨论，但会议中不涉及有关人员的缺点和隐私问题。在会议讨论过程中，培训管理者可以采用专门人员进行会议记录的方式整理调查资料。

2.个人层面面谈法的优缺点

培训管理者和培训对象面对面进行交流，可以充分了解相关方面的信息。通过面谈，培训管理者可以推心置腹地和培训对象交谈其工作情况以及个人发展计划，对工作中存在的问题进行双向交流，这样有利于培训双方相互了解，建立信任关系，从而使培训工作得到员工的支持，而且面谈中通过培训管理者的引导提问，能使培训对象更深刻地认识到工作中存在的问题和自己的不足，激发其学习的动力和参加培训的热情。

但是面谈法也有缺点：培训管理者和培训对象对各问题的探讨需要较长的时间，这在一定程度上可能会影响员工的工作，而且会占用培训管理者大量的时间；面谈法对培训管理者的面谈技巧要求高，一般培训对象不会轻易吐露自己在工作中遇到的问题和自己的不足，培训对象在没有了解培训管理者真实意图的时候，不会将其个人发展计划告知培训管理者。

3.选择访谈人员

选择的访谈人员需要具备一定的代表性，可以从如下几个维度进行选择：

（1）相关经验丰富者；

（2）相关经验缺失者；

（3）参加过同类培训者；

（4）首次参加同类培训者。

4.预先制定访谈提纲

访谈提纲可以分为简明式和剧本式两种。简明式提纲一般只提供与访谈主题或关注内容相关的大纲，比较简短；剧本式提纲会提供比较详细的问题，会有详细的追问问题。

无论是哪一种方式的面谈，培训管理者在面谈之前都要进行面谈内容的详细准备，并在面谈中加以引导。面谈中应包括（但不局限于）以下这些问题：

（1）你对组织状况了解多少？

（2）你认为目前组织存在的问题有哪些？

（3）你对这些问题有什么看法？

（4）你目前的工作对你有什么要求？

（5）你认为自己在工作中的表现有哪些不足之处？主要表现在什么地方？

（6）你觉得这些不足是什么导致的？

（7）你对自己以后的发展有什么计划？

（8）你个人现在面临的主要问题是什么？

（9）你需要我们在哪些方面给予帮助？

5.访谈步骤

（1）开场白：介绍访谈背景和目的。说明本次访谈是无恶意、无威胁性的，消除对方的担忧。

（2）主题相关问题：可以简单了解与访谈目的相关的背景，目的是让学员快速进入状态。

（3）核心问题：深入访谈的指导内容，需要深入探讨。

（4）补充型问题：深入访谈中对主导内容做次要说明的内容。

（5）结束问题：了解是否有需要补充的内容。

6.访谈过程中的注意事项

（1）事先跟访谈对象沟通好时间、地点和访谈目的可以提高访谈效果。

（2）访谈过程中多采用开放式问题，引导受访者表达个人意见。

（3）问题通俗易懂，以便学员可以回答。避免出现专业名词；无法避免、一定会出现时，需要加以说明和解释。

（4）不要完全按访谈提纲的顺序进行提问，适时根据受访者的回答来调整访谈提纲顺序。

（5）不要批判对方的观点、想法和意见。

（6）不要代替受访者说话，抢先发表观点。

（7）不要打断受访者，尽量在对方描述完一件事情后再进行提问。适当地记录受访者的回答，如果受访者在讨论与主题无关的内容，可以打断。

（8）注意倾听和观察，并适时地做出回应。注意受访者的表情、用词、语气、动作停顿等，往往需要通过这些来判断受访者的态度。肢体语言互动要适当，如目光交流和微笑、点头，或者其他的回应，如"真的？"。

（9）一次问一个问题，不要一连串地发问。

（10）适当追问与适可而止。追问问题或行为背后的原因和想法，与核心目的不相关的问题不要再追问。

（二）现场取样法

现场取样法一般较多用于服务性行业（如饭店、卖场等）的培训需求调查，是通过选取培训对象现场实际工作的部分片段进行分析，以确定培训需求的一种分析方法。现场取样法主要包括两种形式：拍摄和取样。

1.拍摄

拍摄是在培训对象的工作环境中安装监控录影机、摄像机等拍摄设备，对培训对象的现场工作过程进行实际拍摄，事后通过录影文件进行观察分析，得出培训需求结论。表2-3为拍摄样板的示例。

表2-3　　　　　　　　　　　　　　　　　拍摄样板例表

拍摄对象：	拍摄地点：		拍摄人：
拍摄时间：　　年　月　日—　年　月　日	是否隐蔽拍摄：　□是　　　□否		
分析项目	员工表现		
服务态度			
顾客反映			

必备工作实施情况	
沟通表现情况	
工作完成情况	
存在的问题	
拟改善的内容	
备注：	
制表人：	日期：
后期剪辑：	存档部门：

2.取样

取样分两种形式：一种是"神秘访客"，即由取样人乔装成顾客，在培训对象不知情的情况下与其进行沟通、合作或者买卖活动等，事后以取样人对取样对象工作表现的评价和分析为依据，确定培训需求；另一种是客户录音取样，即选取培训对象与顾客对话的录音作为需求分析的依据，总结培训需求的信息和数据。表2-4为取样法的基本工具——取样分析报告的样板。

表2-4　　　　　　　　　　　　　　取样分析报告例表

取样对象：		岗位：	取样人：
取样时间：		取样地点：	
取样形式（用"√"标出）	□神秘访客　　□客户录音取样		
分析项目	员工表现		
工作态度			
专业知识			
工作技能			
沟通能力			
工作完成情况			
存在的问题			
拟改善的内容			
备注：			
制表人：	日期：		

（三）观察法

观察法是指培训管理者亲自到员工身边了解员工的具体情况，通过与员工在一起工作，观察员工的工作技能、工作态度等，了解其在工作中遇到的困难，收集培训需求信息的方法。

观察法是最原始、最基本的需求调查工具之一，它比较适合生产作业和服务性工作人员，如砌砖工人，而对于技术人员和销售人员则不太适用。

这种方法的优点在于培训管理者与培训对象亲自接触，对他们的工作有直接的了解。但观察员工需要很长的时间，观察的效果也受培训管理者对工作熟悉程度的影响。另外，观察者的主观偏见也会对调查结论有影响。

为了提高观察效果，通常要设计一份观察记录表（见表2-5），用来核查各个要了解的细节。这样，才能保证观察不会流于形式，当观察结束时，可以掌握大量资料作为培训需求分析的依据。

表2-5　　　　　　　　　　　　　　　　　观察记录表

观察项目				
员工姓名				
时间安排				
工作完成情况				
存在问题				
拟改善的内容				
观察人		日期		编号

（四）问卷调查法

利用问卷调查员工的培训需求也是培训组织者较常采用的一种方法。培训部门首先要将一系列的问题编制成问卷，发放给培训对象填写之后再收回分析。

调查问卷发放简单，可节省培训管理者和培训对象双方的时间，同时其成本较低，又可针对许多人实施，所得资料来源广泛。但其缺点在于调查结果是间接取得的，无法断定其真实性，而且问卷设计、分析工作难度较大。调查问卷的具体设计方法将在下一个任务详细介绍。

培训组织者要对回收的问卷进行细致整理，挑选符合要求的有效问卷，淘汰回答不正确、不完整的无效问卷，以提高需求调查信息的可靠性和准确性，为问卷资料的分析和最后确定培训目标奠定基础。

表2-6是培训需求信息收集方法比较表。

表2-6   培训需求信息收集方法比较表

方法	优点	缺点	适用情况
观察法	(1) 可以得到有关工作环境的信息 (2) 所得的资料与实际培训需求之间相关性较高	(1) 观察者个人成见对结果的影响较大 (2) 在进行观察时，如果被观察对象意识到自己被观察，可能故意做出种种假象，这会加大观察结果的误差	(1) 观察者十分熟悉被观察对象所从事的工作程序及工作内容 (2) 适用于生产作业和服务性工作的人员，具有规范的操作标准
岗位资料分析法	(1) 耗时少、成本低 (2) 信息质量高	不能显示解决办法	拥有分析专家
面谈法	(1) 方式灵活，有利于发现培训需求的具体问题及问题的原因和解决办法 (2) 为调查对象提供最多的自由表达意见的机会	(1) 耗时较多 (2) 多为定性资料，整理任务繁重，分析难度大 (3) 需要水平较高的访问者，否则易使访谈对象紧张或心生警惕，出现被访者不敢据实相告的情形，以致影响所得信息的可靠性	(1) 对信息的真实性要求较高 (2) 访问者的水平较高
重点团队分析法	(1) 允许当场发表不同的观点 (2) 全面分析，利于最终形成决策	(1) 费时、费钱 (2) 公开场合部分人可能不愿表达自己的观点和看法 (3) 得到的数据很难综合和分析，特别是在讨论缺少结构性的时候	(1) 调查员的水平较高 (2) 代表成员了解情况
关键事件法	易于分析和总结	许多事件具有偶然性，容易以偏概全	关键事件有演化成普遍现象的趋势
问卷调查法	(1) 可在短时间内收集到大量的反馈信息 (2) 省时省钱，来源广泛 (3) 如为无记名方式可使调查对象畅所欲言 (4) 所得的信息资料比较规范，容易分类汇总整理 (5) 在标准条件下进行，相对较客观	(1) 由于是间接取得信息，故信息的真实性无法保证 (2) 针对性太强，无法获得问卷之外的内容 (3) 问卷设计的难度大，需要大量的时间和特定的技术，如问卷设计技术和统计分析技术 (4) 易造成低回收率、夸大性回答、无关性回答和不适当回答等问题 (5) 很难收集到问题产生的原因和解决问题的方法的准确信息，因为很多人不愿意提供太具体的回答	(1) 调查的对象数量较大 (2) 具有较强的统计分析能力
现场取样法	资料直观、真实	(1) 实施所需设备成本高 (2) 耗时较多 (3) 可能以偏概全	调查服务性岗位人员培训需求

四、培训需求信息收集方法的选择

（一）收集培训需求信息的建议

在收集培训需求信息时，必须依据自身的具体条件和可利用的资源以及各种培训需求信息收集方法的适用条件选择适合的方法。下面是一些建议：

1.进行组合适用（如图2-4所示），在可以使用两种方法的时候绝不用一种。挑选两种或者多种方法，以某种方法的优点弥补另一种方法的缺点。如果使用得当，将提高所得资料的可靠性。

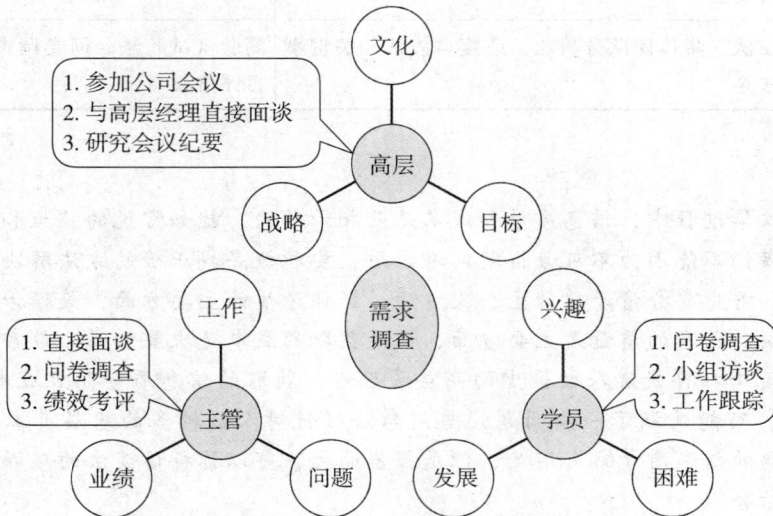

图2-4　培训需求信息收集的对象、内容和方法

2.各种方法都会对被调查对象造成某种程度的控制，故应当降低控制程度，提高使用各种方法的自由度，允许被调查对象就他们认为重要的问题发表意见。

3.做好充分准备。那些得不到反应的需求评价工作毫无用处，应当清楚在培训需求调查中谁是决策人。在收集数据之前，应当知道哪些数据是重要的，然后集中收集。

（二）选择收集培训需求信息方法主要考虑的因素

1.评估培训需求信息的目的，是在组织、任务还是人员的层次上确定培训需求。

2.目标人群的特点、规模以及在组织运营中的重要程度。大规模和重要的人群就需要多花些时间和财力进行较为详细的需求评估。

3.对培训的抵触程度。通过小组讨论或面谈等形式使目标人群和他们的管理者确实参与到培训中来，有助于克服对培训的抵触情绪。

4.所需资料的类型。"硬资料"是指从生产、销售等部门得到的报告中反映的事实和信息。这些资料都可以计量、进行统计分析。硬资料还可以通过对工作的调查和对任务的分析取得，这些资料有助于确定一项工作的频繁程度、重要性和关键步骤。"软资料"是指通过小组讨论、会谈或问卷等方式得到的资料。软资料带有主观性，但可以通过对硬资料的分析确定其可靠程度。

总的来看，培训需求信息收集方法的选择主要取决于培训本身的要求。在决定培训

需求信息收集方法时，首先可将培训需求分为一般需求和特殊需求，然后考虑培训需求分析对需求信息的精度要求，结合各种培训需求信息收集方法的优点和缺点，最后进行方法或方法组合选择（见表2-7）。

表2-7   培训需求信息收集方法选择表

项目	需求信息的精度要求较低	需求信息的精度要求较高
一般需求	观察法、岗位资料分析法、顾问委员研讨法、趋势研究法等	绩效考核法、关键事件法
特殊需求	面谈法、集体团队分析法、态度调查法、关键事件法等	测验（试）法、问卷调查法、以前项目评估法

思政专栏 ▮▮▮▮

在信息收集过程中，信息质量和成本是互相矛盾的，就如常说的"鱼和熊掌不可兼得"一样。我们不能因为不可兼得就回避矛盾，要积极寻找正确的方法解决矛盾。解决矛盾的方法，首先要分清矛盾的主、次方面，抓住矛盾的主要方面，兼顾矛盾的次要方面。一般来说，信息的质量是主要方面，信息获取的成本是次要方面。最常用的就是访谈法（针对员工抽样或者人数很少的高层管理者，获取的信息质量高且成本可以承受，但覆盖面小，可能疏漏了一些问题）与问卷法（针对人数较多的基层员工和基层管理者，虽然获取的信息质量略有不足，但是覆盖面大，可以弥补访谈法的疏漏且增加的成本很少）的结合。

任务3   设计培训需求调查问卷并实施调查

▮▮▮▮➤ **学习目标** ▮▮▮▮

知识目标

掌握设计不同层面培训需求调查问卷的要点。

能力目标

能够设计培训需求调查问卷，对所在学校学生职业资格证书考试的培训需求进行调查。

思政目标

理解工匠精神对做好培训需求调查问卷设计的影响。

➤➤ **情境和任务**

一、学习情境

职业资格证书的种类有很多，选择考取哪种职业资格证书多由学生自己决定。学生要想通过职业资格的认证考试，一般需要参加相应的培训班。为了更好地服务于学生的考证需求以及引导学生们将职业资格认证考试与所学专业结合，某高职院校对该校人力资源管理专业的学生进行一次培训需求调查。

二、训练任务

请你设计一份培训需求调查问卷，并对所在学校50名学生的职业资格证书考试的培训需求进行抽样调查。

三、企业实践参考

◆◆◆◆➡ **案例2-4**

中消研公司员工培训需求调查问卷

说明：本问卷旨在了解同事们对培训（内容、方式等）的需求情况，您可以根据所在岗位对工作技能的要求、自我发展计划及公司发展对自身素质提升的要求等方面情况填写本问卷。您的宝贵意见及需求将有助于公司的培训安排更为完整。完成这份问卷需要15～20分钟的时间，并请您务必在×月×日前填写完毕并 E-mail 反馈给人力资源部。培训现状了解与需求调查见表2-8。感谢大家的支持和参与！

表2-8　　　　　　　　　　　　　　　培训现状了解与需求调查

姓名：		部门：
岗位：		入职时间：

（请在您认可的答案"□"内打"√"，如选择"其他"请在空格内简要描述）

1	您认为目前公司对培训的重视程度	□很重视　□比较重视　□一般　□有待加强
2	您认为目前影响培训效果的因素是什么	□时间安排是否合适　□课程内容对工作有无太大帮助 □培训师的授课水平　□员工培训意识是否跟上
3	您认为通过培训自己提升最大的是什么	□观念　□技能　□态度　□知识
4	您认为公司的培训重点应该是	□企业文化　□入职教育　□规章制度　□专业技能 □核心管理技能　□营销战略　□梯队与后备人才培养 □HR　□其他
5	您认为公司培训的讲师来源最好是	□公司内部　□管理咨询公司 □行业专家　□其他＿＿＿＿＿＿＿＿＿＿＿＿＿＿＿
6	您最喜欢的培训方式是	□课堂讲授　□案例分析　□模拟操作　□音像多媒体 □游戏竞赛　□研讨会　　□其他＿＿＿＿＿＿
7	您希望培训师的风格是	□知识丰富　□口才好　□生动幽默　□理性
8	您希望培训时间安排在	□晚上　□周末　□其他
9	您希望通过培训解决自己工作中遇到的哪些困难或困惑？	

10	您认为自己在中消研公司核心技能项目中，目前最为薄弱的三项是	
11	针对您目前工作中的困难，您希望今后举办或参加哪些培训项目？（每大类限选最需要的3项）	

□职场礼仪	□绩效管理	□公司文化建设
□非财务人员的财务管理	□辅导下属技能	□高效会议组织
□有效沟通技巧	□员工职业生涯规划	□企业战略和决策
□压力管理	□高绩效团队建设	□目标管理技术
□职业呈现与演讲技巧	□经理人的问题解决和决策	□管理心理学
□有效处理冲突技巧	□激励技术	□六西格玛管理
□商务谈判技巧	□领导行为与艺术	□高级培训师培训
□卓越的客户服务技巧	□有效授权管理	□项目管理知识
□公文写作技巧	□赢在执行	□非HR经理的人力资源管理
□商务英语（写作或口语）	□个人影响力	□其他__
□其他__	□其他__	

12	您觉得个人最需要公司资助的培训项目：（限选两项）
□英语　□计算机　□财会　□法律　□自学考试（请注明：_____）	
13	您认为公司开展培训，其培训结果是否应与晋升、绩效考核等挂钩？
□是　□否　□其他意见：_____	
14	您是否愿意成为公司内部讲师队伍成员？
□愿意　□不愿意　□其他意见：_____	
15	您对公司改进培训工作（如培训内容、重点、规模、时间安排、频率、费用、方式等）有何建议：

注：以上备选培训项目不含"专业技能培训课程"。

非常感谢您的积极参与！请填写完毕后尽快E-mail至人力资源部。人力资源部将做进一步汇总分析，并将分析结果作为制订××××年度公司培训计划的重要依据。再次感谢您的合作和支持！

◆◆◆◆➡ 案例2-5

某房地产公司员工培训需求调查问卷

为了提高您的专业技能和职业素养，更好地为公司服务，使我们的培训有的放矢，充分满足您学习的愿望，我们特别编制了本调查问卷。（本调查为不记名调查，只需在认可的选项○内打"√"，或者在空格内简要描述）

希望您能根据自己的工作实际回答，现在我们开始吧！

1.您目前在公司的职位是：

○职员　○主管　○部门经理　○高层管理

2. 您具体从事的工作是：

○工程技术　○营销策划　○行政管理　○财务管理　○装饰设计　○高层管理

3. 您感觉在工作中缺乏什么？（可多选）

○专业知识技能　○人际交往技巧　○管理方法和技巧　○有效沟通方法

○营销策划理念

4. 您感兴趣的培训内容是什么？（可多选）

○房地产开发培训　○团队建设培训　○管理知识培训　○营销策划培训

○工程设计技术培训

5. 您比较喜欢的培训方式是什么？（可多选）

○课堂教授　○座谈研讨　○拓展训练　○聘请讲师　○外派培训

6. 您工作中耗用时间最长的是什么？

○文档写作　○参加会议　○策划方案　○人际交往和沟通

7. 就公司的管理和发展而言，您认为哪些还不是很清楚？（可多选）

○行政管理　○财务报销　○薪酬政策　○福利休假　○企业发展远景

8. 您认为每次培训时间控制在多长时间内比较合适？（单位：小时）

○0.5~1　○1~1.5　○1.5~2　○2~2.5　○2.5~3　○3~8

9. 除了本职工作需要的专业知识外，您还渴望学习哪些知识？（可多选）

○行政人事管理　○地产物业管理　○电脑操作技能　○商务谈判技巧

○法律财务知识

10. 您认为培训（主要指课堂、研讨式培训）安排在什么时间比较合适？

○利用休息日进行　○利用工作日下班前进行　○利用周一至周四下班后进行

11. 您觉得我们和其他您接触过的公司主要差距在哪里？（可多选）您有何建议？

○企业管理水平　○员工职业素养　○领导管理方式　○员工工作能力　○团队凝聚力

您的建议：

12. 根据您工作的压力程度，您能接受的培训频率是多少？

○每周一次　○每月两次　○每月一次　○每季度两次　○每季度一次

13. 对去年的培训，您记忆最深的培训是什么？培训的主题是什么？

记忆最深的培训是：

培训的主题是：

14. 您对今年培训工作还有什么期望和建议，请写在下面：

_____

_____

　　好了，您圆满完成了我们的问卷，非常感谢您对我们工作的支持和帮助！真诚希望我们在新的一年里积极合作，共同参与，使培训工作落到实处，达到提高您的能力和公司核心竞争力的目的！

➤➤ 相关知识

目前大多数公司的培训需求调查问卷，通常是在问卷中罗列了一大批课程名称，让大家选择，然后就确定培训什么课程了。这样的培训需求调查仅是个人兴趣的调查，没有将公司发展战略和人力资源长远规划结合在一起，其危害是相当大的。这样进行培训，在培训之后有可能产生人才流失或培训之后绩效反而下降的现象。因此，培训需求调查问卷也要根据组织分析、任务分析、个人分析的需要进行设计。

一、设计调查问卷的基本要求

调查问卷的设计看似是一个简单的工作，但是要设计出一份高水平的问卷，并不是一件很容易的事。在设计调查问卷时，设计者应该注意遵循以下基本要求：

1. 问卷不宜过长，问题不能过多，一般控制在 15～20 分钟回答完毕。

题目过多会导致填写者不耐烦，越到后面的问题越不准确。如果是学术研究，通常题目数量标准是测量变量的 5 倍左右，比如测量变量有 10 个，每个测量变量通常对应 4～7 个题，那么加起来共有 50 个题左右，除此之外再加上一些基本的个人信息题和一些样本行为特征题即可。

2. 问卷开头应设计标准化的指导语，就调查的目的、意义、答题方式等内容做清楚、简洁的介绍，避免误答、漏答。

3. 问卷题目的顺序安排尽可能先易后难、先熟悉后生疏。

4. 同一类问题应放在一起，这样既便于被调查者回答，也便于统计分析。

5. 题型应以选择题为主，主观型的问题为辅（即被调查者可自由发挥的问题）。

（1）选择题的优点是被调查者回答标准化，可比较性强，容易分析和处理，回答者对问题的回答比较方便。其缺点是容易使没有看法或不知如何回答的人猜着答，难以弄清被调查人在填写问卷时的内心真实感受。例如，"作为新入职员工，您是否对岗前培训感到满意？"这里所指的"满意"却有不同的含义。

（2）主观型问题的优点是可以帮助调查人员开阔思路，发现亟须调查和了解的问题，有时还能收集到一些培训调查者事先未曾预料到的问题。其缺点是被调查员工有可能填写许多与调查无关的意见，资料不标准化，难以进行定量分析。例如，"您对本次主讲导师的印象如何？""您认为主讲导师存在的主要问题是什么？"

6. 选择题每个题目只问一个问题，所列选项要互斥、穷尽。

（1）一个选择题不能出现两个问题。例如，"您需要管理知识和岗位技能培训吗？A.需要；B.不需要。"有的员工可能需要岗位技能培训，但不需要管理知识培训，有这种问题的员工就不知道如何回答。

（2）选择题所列项目不要出现包容现象。例如，"您认为这种课程最适合谁？A.男员工；B.女员工；C.部门经理；D.客服人员……"而在现实工作中，客服人员有男也有女，部门经理中，也有在客服部门任负责人的，这让员工无法回答。

（3）选择题所列选项不能全部列举的可加一项"其他"，不能让员工找不到应填的位置。例如，文化程度，除了中专、大专、大学本科外，还应包括中技、职高和大学以上——硕士研究生、博士研究生等状况。

7.要为主观型问题的回答留下足够填写空间。

问题间隙不能太小，应预留填写空间便于受测员工作为评论之用。

8.语言简洁，措辞要恰当，避免产生歧义。

问卷设计时措辞表达应简洁易懂，问卷结构清晰简单，需要站在问卷填写人的角度进行思考，设计出结构清晰、简单易懂的问卷，他们才会更加愿意填写。

（1）问题要少用形容词和副词加以修饰。例如，"您是否特别爱学习？"而在实际工作中，许多人"爱"学习，但并不"特别爱"，选择答案时就拿不准了。

（2）问题要明确。例如，"您是经常，还是偶尔参加培训？"对于"经常""偶尔"这类副词，每个员工的理解就可能不一样。改为"您每个季度能接受2～4次的培训吗？"这样，员工就较易理解和回答了。

9.提问不能有任何暗示。

例如，"您愿意为利企利人的企业大学捐款吗？"对这样的问题，被调查的员工就不可能做否定性的回答。

10.尽量避免使用专业术语，使被调查者能完全了解问题并做有效回答。

（1）不要用员工感到陌生的词语或专业术语。例如，"您觉得我们企业的培训投资回报率达到多少为宜？"这样提问就显得过于专业化。

（2）正式实施之前，可通过小组试验检验，即选择一组代表或在目标人群中对问卷进行预测试（一般在3～10人范围内做预测试）。观察他们的完成过程，有哪些困难和疑问，需要多长时间，有些问题是否使用了太专业的术语。让参与者对回答过程和可能的答案进行讨论，并据此修改问卷，这种方法可增强问卷的可操作性。

11.为保证回收率，可对问卷进行编号处理，以便及时核查与追索。

二、设计培训需求的个人分析调查问卷

（一）设计培训需求的个人分析调查问卷涉及的问题

设计培训需求的个人分析调查问卷，主要询问被调查者以下问题：

1.你怎样描述你的工作？

2.你当前的努力目标是什么？

3.你工作的中心活动是什么？

4.你完成任务时遇到的主要问题是什么？

5.为了更好地工作，你认为你需要学些什么？

6.你预计在未来一年中工作将会怎样变化？

（二）提高个人培训需求问卷所获信息真实性的方法

为了克服真实性较差的缺点，可采取以下几种方法来减少问卷调查结果的失实：

1.要对答题者的自尊和个性给予理解和维护，不要过于直露和鲁莽，不要增加其心理压力。例如，"当领导讲课枯燥时，您会不会以发短信、玩游戏来打发时间？"对于这样的问题员工一般不会给出真实的回答。

2.涉及某些敏感问题时，要采用迂回策略，使被调查员工在不知不觉中道出真实想法。例如，企业想了解××事业部的凝聚力情况，直接发问未必能得到真实的答案。但如果问"您来到××事业部感到自豪吗?"或者"您的亲友是否知道您在什么单位工作?"等问题,就有可能从侧面了解到更真实的情况。

3.封闭式问题往往要通过数个问题才能确定真实想法,可以在同一调查问卷中对同一问题设置不同的问法。

4.在调查问卷中明确填写真实情况对其的好处。

5.调查以不记名的形式进行。

6.让接受调查者的领导对其填写的调查问卷进行必要的复核,检查是否有填写失实的情况。

三、设计培训需求的任务分析调查问卷

(一)任务分析中涉及的概念

1.岗位职责。设置岗位的目的是要求任职的人承担相应的职责,具有相同目的的相关联的数个任务就构成了一项工作的职责,在岗位职责中会包括多项任务。比如,某市场专员的职责中有一项是维护客户关系,这一职责通过几项任务达成:选择性地拜访客户、电话回访客户、举办客户交流会等。

2.任务。任务是能够交付一个有意义的工作结果的一组相关联的工作要素的集合,工作要素是工作中不能再分解的最小动作单位。比如,复印文件是一项任务,它包括打开复印机电源、掀开复印机顶盖、放入原件、压下复印机顶盖、启动复印按钮等工作要素。

(二)任务分析问卷的调查内容

调查内容首先从三个方面为每一项任务打分,包括任务对工作绩效的重要性、任务执行的频率和任务执行的难度,然后描述员工完成工作任务所需知识、技术和能力。进行需求分析的人员或委员会要给不同指标确定一个得分标准。要对完成那些重要的、经常执行的和难度较大的任务所需的知识与技能进行培训,对完成那些不重要的又不经常执行的任务所需的知识与技能则无需进行培训。

设计培训需求的任务分析调查问卷之前,要先确定需要分析的工作岗位。表2-9给出了培训需求任务分析调查问卷的范例。表中罗列的岗位所需执行的各项任务主要通过该岗位任职人员(也可包括该岗位曾任职人员)及其上司获得。

表2-9   **培训需求任务分析调查问卷范例**

姓名	职位	日期

请从三个方面为每一项任务打分,包括任务对工作绩效的重要性、任务执行的频率和任务执行的难度。在评分的时候请参照下列尺度

重要性	4=任务对绩效至关重要 3=任务比较重要但对绩效并非至关重要 2=任务一般重要 1=不重要 0=没有执行过这项任务	频率	4=每天执行一次任务 3=每周执行一次任务 2=每月执行一次任务 1=每年执行一次任务 0=没有执行过这项任务

难度	4=有效执行这项任务需要有丰富的工作经验或培训经历（12～18个月或更长）
	3=有效执行这项任务需要有一般的工作经验或培训经历（6～12个月）
	2=有效执行这项任务需要有少量的工作经验或短期的培训经历（1～6个月）
	1=有效执行这项任务不需要以前有过特定的培训经历或工作经验
	0=没有执行过这项任务

请用简练的语言描述该 岗位需要完成的任务	重要性	频率	难度	完成该任务需要什么 知识和技能
1.……				
2.……				
3.……				
4.……				

对于培训管理者来说，难点在于要判断哪些任务非常重要，不经常发生，也不难掌握，却应包括在培训内容之中。为了解决这个问题，建议调查者在设计培训需求的任务分析调查问卷时不要使用5分评分法，改用百分制评分，这样能够更好地区分重要性的差距。

四、运用互联网实施问卷调查

下面以 "问卷星" 网站为例说明如何应用互联网实施问卷调查。

（一）使用问卷星做问卷调查的流程

步骤一：登录问卷星网站后，点击左上角 "创建问卷" 开始创建一份问卷，如图2-5所示。

图2-5 创建问卷

步骤二：选择创建方式。

网站的 "调查" 功能提供四种问卷创建方式，包括：

A.复制模板问卷：可以搜索其他用户公开的问卷，关键词越多，结果越精确。

B.文本导入：将已准备好的问卷文档复制粘贴到网站上。

C.从空白创建：问卷的所有内容都要在网站上输入，每一个问题都需要选择相应的题型。

　　D.人工录入服务：由客服协助录入。

　　步骤三：添加和编辑完所有的题目之后，点击"完成编辑"，如图2-6-1所示。点击"完成编辑"之后，点击"发布此问卷"，如图2-6-2所示。

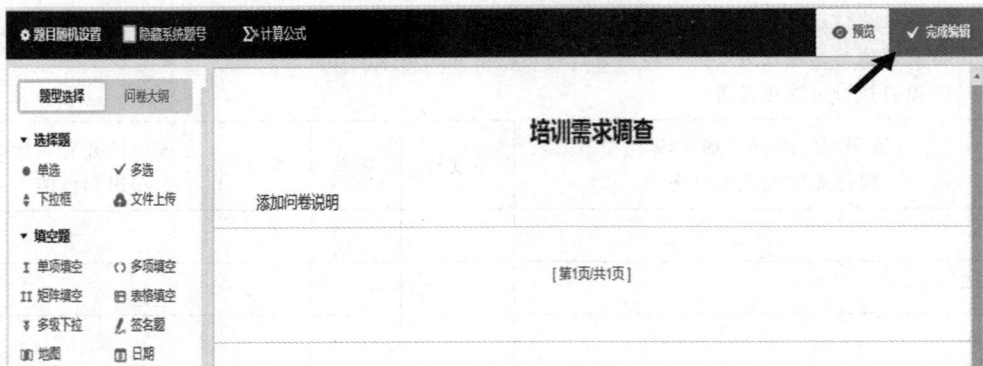

图2-6-1　添加和编辑题目

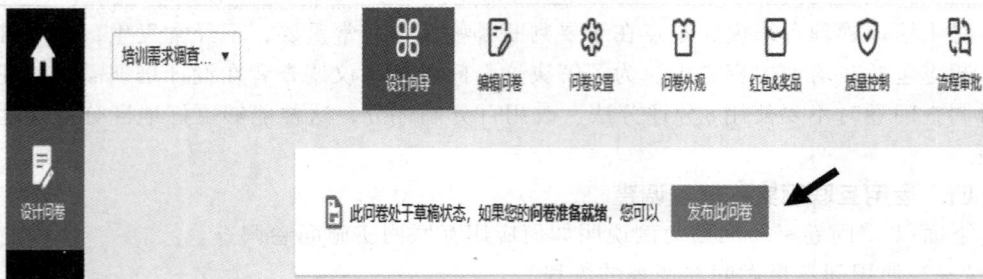

图2-6-2　发布问卷

　　步骤四：发布之后生成问卷链接，将链接复制给填写者作答，如图2-7所示。

图2-7　复制问卷链接

　　步骤五：有了答卷之后到"分析＆下载"里面查看结果，如图2-8-1所示。选"统计＆分析"，可以看到答题情况的统计分析结果，如图2-8-2所示；选"查看下载答卷"可下载提交的问卷。

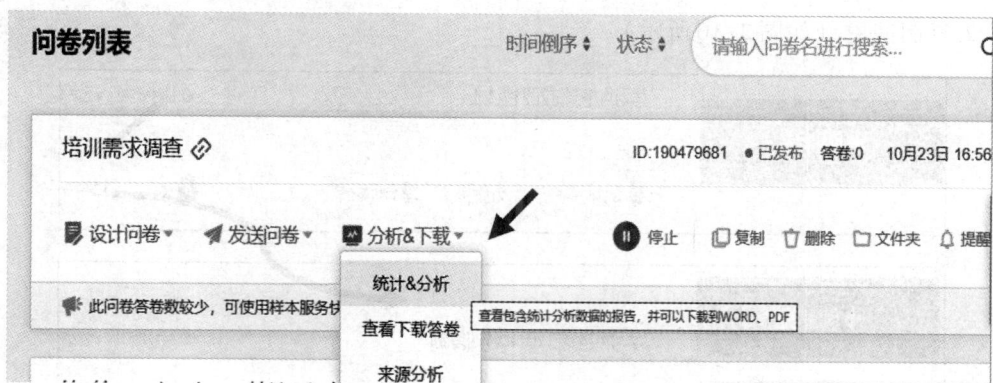

图2-8-1　问卷列表

第3题：如果你和另一人（假设和你同性别）发生了冲突，结果那个人来挑衅你，你会怎么做？　[单选题]

本题平均分： 0

选项⇕	小计⇕	比例
首先道歉，还是以和为贵比较好	11	12.5%
和对方讲道理，如果你认定对方是错的，那就一定不会低头	46	52.27%
和气的告诉对方，你们这就是误会	27	30.68%
赶紧撤退，跑路	4	4.55%
本题有效填写人次	**88**	

⊞表格　◔饼状　◎圆环　⊞柱状　Ｆ条形　∿折线

图2-8-2　统计 & 分析

（二）问卷管理功能介绍

1.停止问卷（如图2-9所示）

图2-9　停止问卷

2.复制问卷（如图2-10所示）

图2-10　复制问卷

3.删除问卷（如图2-11所示）

图2-11　删除问卷

4.恢复已删除问卷（如图2-12所示）

进入回收站，在已经删除的问卷列表找到想要恢复的问卷，点击该问卷的恢复按钮，可以恢复这个已被删除的问卷。

图2-12　恢复已删除问卷

五、提高问卷收集的数据质量的方法

在用问卷收集数据时，难免会出现填写者乱填或者不知道如何填写等情况，最终导致收集数据不准确、调查结论不可靠等问题，下面是一些常用的解决方法。

（一）设置测谎题

问卷设计时可加入测谎题，此种做法的好处是可以在后续处理时很好地识别出无效样本，快速地检查出样本是否真实回答问卷。

1.员工在回答问题的时候可能会受到社会期许效应的影响，他们倾向于根据社会的期许来调整自己的答案。

测谎题通常是由一些自述题组成，这些题目陈述是一般人偶尔会犯，并且也愿意承认的小瑕疵。一个诚实的受访者会在"是"和"否"中选择相应的答案，来表明自己并非一个连任何小瑕疵也没有的完美的人；否则，就说明受访者在测验中存在戒备心理而没有如实回答。

设计测谎题需要符合以下两个前提条件：

（1）普遍肯定性前提，自述题所陈述的行为是大多数正常人都偶尔会犯，并且愿意承认的行为。

（2）公认小缺点前提，自述题所陈述的行为是大家公认的一种小缺点。

在测谎题上的得分越高，越表明它存在一种为赢得赞许而不如实回答的倾向，越需要剔除该受访者的答卷，以避免影响问卷的效度。

2.一些员工在填问卷时随意填写。

为了避免出现这种问题，可以对同一个调查内容从不同角度设置多道调查题，测试一下员工的回答是否前后矛盾。比如说，饮品质量维度的三个题目分别是：饮品的味道、饮品新鲜程度、饮品的品质。对应的选项为五级量表，分别为1、2、3、4、5，代表的是非常不符合、有些不符合、不能确定、有些符合、非常符合。

如果问卷填写人认真填写，他在这些题目的选择上就应该不会存在太大差异，因为这些题目都是采用不同方法对同一个问题的问法。

（二）设置问题逻辑，让答案数据更准确

有些时候，我们需要问被调查者较多问题，但是，不同类型的受调查者，需要回答的问题会有差异。如果不做区分，那么不需要回答的受调查者看到他不该回答的题目，就只能随意作答，那么出来的数据自然是不准的。因此，需要设置问题逻辑，让不同的人去回答不同的题目。

在问卷网站，可以通过每道题目的"逻辑设置"功能来实现这个目的。有两种不同方式的逻辑设置：跳转逻辑和显示逻辑。

跳转逻辑的功能是答完某道题目之后，让选到某些选项的被访者跳答特定题目，而剩余的人可以继续接着作答，或者也跳转到另一些题目。

显示逻辑的功能是让符合某些条件（比如某几道题选到某些选项组合）的被访者才能看到某些题目。这样，答题的人会更精准，也不会让答题者感到奇怪。

（三）设置选项关联

题目选项之间的关联设置，一般适用于前后题目的选项有逻辑关系的情况。比如，

前面问了"你认识哪些品牌?",后面问"你用过哪些品牌?"后者包含于前者,那么就可以通过选项关联的功能,在后面品牌使用的题目中,直接关联前面品牌认知题目的选项,只有被选到的认识的品牌,才会出现在后面使用品牌的选项列表中。

这么做的好处,一方面减轻了答题者的阅读压力,尤其是选项多的时候,不容易漏选;另一方面也避免了前后出现逻辑矛盾的数据质量问题,比如,用过的品牌前面的认知题目却没有选到。

(四)信效度分析

1.信度是采用同样的方法对同一对象重复测量时所得到结果的一致性程度。

信度反映了测量中的随机误差大小,信度高,那么针对同一事物进行多次测量的结果可以保持一致,说明该测量工具可靠、稳定。

2.效度是指测量工具或手段能够准确测出所需测量的事物的程度,即反映事物的客观真实性程度。

信效度分析可通过SPSSUA软件进行信度和效度测量。信效度分析主要针对量表题。量表题就是测试被调查者的态度或者看法的题目。根据答项数量可分为四级量表、五级量表、七级量表和九级量表。例如,五级量表可以分为:非常不满意、比较不满意、中立、满意和非常满意五个选项,通常赋予分值1、2、3、4、5。

如果信度系数小于0.6,一般说明信度存在问题,可能需要重新设计问卷。

思政专栏 ▮▮▮▮

工匠精神

　　　　　　　　设计培训需求调查问卷并实施调查,是一个既复杂又烦琐的工作。有时需要对同一个问题设计几道测试题,通过答案的一致性来判断被调查者是否真实回答;有时需要经过几次预测试,多次修改问卷。为了提高问卷调查获取信息的真实性,同学们需要培养工匠精神,包括严谨细致的工作态度、精益求精的工作理念以及对职业的责任感,这也是国家职业技能标准的要求。《国家职业技能标准编制技术规程(2018年版)》将工匠精神和敬业精神内涵融入国家职业技能标准中,作为职业道德要求的重要内容。

任务4　统计分析培训需求信息

▮▮▮▮➡ **学习目标** ▮▮▮▮

知识目标

掌握任务分析的操作步骤;理解工作职责与任务的区别;了解撰写培训需求分析报告的要求。

能力目标

能够用任务分析的方法分析报考三级企业人力资源管理师的培训需求。

思政目标

理解定性分析与量化分析之间的辩证关系。

▶▶ 情境和任务

一、学习情境

许多人力资源管理专业的学生报考三级企业人力资源管理师的国家职业资格考试，但有些同学对职业资格鉴定的要求不太熟悉，无法明确自己的培训需求。表2-10是三级企业人力资源管理师的国家职业资格标准中对培训与开发内容的要求。

表2-10　　　三级企业人力资源管理师的国家职业资格标准中对培训与开发内容的要求

任务	所需相关知识
1.运用各种方法收集培训需求信息 2.进行培训需求分析，撰写培训需求分析报告	1.培训需求信息的分类和要求 2.培训需求分析的内容和作用 3.撰写需求分析报告的要求
3.根据培训的对象、范围和内容，确定培训目标 4.根据培训目标和要求选择应用培训方法	各种员工培训方法及其特点
5.提出培训制度的草案 6.检查培训制度的执行情况，发现问题，提出改进建议	1.员工培训制度的基本内容 2.起草修订培训制度的要求

二、训练任务

请同学们根据已有的知识和技能，运用任务分析方法对表2-11的相关知识进行培训需求排序。

三、企业实践参考

◆◆◆◆▶ 案例2-6

表2-11中所列示的任务仅是电工职务的一部分，它给出了电工所担负的一些任务。这些信息被用来确定在培训项目中需要强调哪些任务。

表2-11　　　　　　　　对电工进行的任务分析调查问卷中的样题

岗位：电工

	任务执行等级评定		
任务描述	执行频率（权重30%）	重要性（权重50%）	难度（权重20%）
换灯泡	100	80	20
换插座	60	90	70
装灯座	40	60	60
换电灯开关	50	80	50
安装新的断路开关	40	100	100

假设完成表2-11中的几项任务所需的知识与技能并不是学习另一项知识与技能的前提的情况下，可以按以下计算确定各项培训需求的优先次序：

（1）安装新的断路开关：$40 \times 0.3 + 100 \times 0.5 + 100 \times 0.2 = 82$

（2）换插座：$60 \times 0.3 + 90 \times 0.5 + 70 \times 0.2 = 77$

（3）换灯泡：$100 \times 0.3 + 80 \times 0.5 + 20 \times 0.2 = 74$

（4）换电灯开关：$50 \times 0.3 + 80 \times 0.5 + 50 \times 0.2 = 65$

（5）装灯座：$40 \times 0.3 + 60 \times 0.5 + 60 \times 0.2 = 54$

➤➤ 相关知识

一、培训需求信息分析的原则

对培训需求信息进行分析需遵守以下几个原则：

（一）审查一致性和准确性

必须进行审查，以确保信息的准确性和一致性，要尽可能消除不正确的、不充分的或极端的数据。此外，准确性是最重要的问题，因为只有数据本身具有较高的可靠性，信息数据的分析和解释才会可靠。如果不能确保数据的准确性，那么整个过程中的其他步骤也就毫无意义。

（二）使用所有相关信息和数据

在多数分析活动中，改进是进行分析的人员渴望得到的结果，但是分析本身可能存在偏差。改进并非总是能实现的事情，而有些数据既有正面作用又有负面作用。人们通常希望消除那些不能支持所期望效果的数据，但是仍然应该使用所有相关的数据。如果没有使用某项数据，那么就应该解释清楚为什么将其删除。

（三）保守个人信息和数据秘密

所收集的数据通常包括每个员工的绩效情况。在对数据进行分析和解释并报告结果时，应该将对数据来源保密视作一个重要问题，除非有某些条件可以防止数据被公开。在收集数据的过程中所采用的保密制度，也应该用在分析和报告阶段。此外，还应该在评估开始之前将这个问题的细节明确告知员工。

（四）尽量使用最简单的统计方法

对数据进行分析可以采用很多种统计方法。分析过程应该尽可能简单，并且不超过从数据中获得所需结论的必要限度，应该尽量避免不能提高效益的额外分析。

二、统计分析的工具与方法

下面以"问卷星"网站的应用为例介绍调查数据的统计分析方法。

（一）数据清洗

1. 通过问卷设计中的甄别题，可以有效筛选出不符合标准的受访者，这类人群可以直接通过问卷答案快速排除。

2. 通过系统识别和人工复核结合的方式，对数据中明显不合理的部分进行筛查，去除不合格问卷。例如，答题时间远低于平均答题时间；所有选项均为极端值；在开放性问题中"胡言乱语"等。

（二）分类统计

"问卷星"网站可以以问卷中任何一道或多道选择题的选项、填写者 IP 所在省份或城市、答卷来源渠道为依据进行分类从而得到每一类答卷的统计报告。比如：

1. 以性别为自变量进行分类统计可以得到：女性员工满意度报表、男性员工满意度报表。

2. 以部门为自变量进行分类统计可以得到：市场部员工满意度报表、销售部员工满意度报表。

3. 以性别和部门为自变量进行分类统计可以得到：市场部女性员工满意度报表、销售部男性员工满意度报表。

（三）交叉分析

"问卷星"网站可以设定一个或多个自变量（一般为样本属性，如性别、年龄等）和因变量（您要分析的目标题目），从而得到自变量取不同值时因变量的数据，并以数据表格或折线图、柱状图等方式呈现。比如：

1. 以部门为自变量、满意度为因变量进行交叉分析可以得到：各部门员工满意度对比情况报表。

2. 以部门和性别为自变量、满意度为因变量进行交叉分析可以得到：各部门男性员工和女性员工满意度对比情况报表。

3. 以年龄和性别为自变量、购房意愿和购车意愿为因变量进行交叉分析可以得到：不同年龄和性别的人群的购房和购车意愿报表。

（四）文字主观题自动归类分析

对于文字形式的主观题，问卷星可以自动提取所有答案中包含的关键词并统计，然后可以以饼状图、柱状图、条形图、折线图来呈现。

（五）使用问卷星来录入数据

可以通过问卷星把回收到的纸质答卷手动录入为 Excel 和 SPSS 格式的数据。这样做相比于直接在 Excel 和 SPSS 中录入数据的优势是：

1. 可以多人同时录入，且保持数据格式一致；

2. 可以在不同设备（电脑、PAD 和手机）上录入；

3. 实时云保存，不怕丢失。

实施步骤如下：

1. 在问卷星上创建一份与线下调查相同的问卷。具体的编辑问卷步骤，可以参看其他帮助文档。

2. 获取问卷的链接，开始录入。

注意：

1. 为更加快速地录入数据，可以把问卷的链接放在问卷结束后呈现的感谢信息中（如图 2-13 所示）。这样录完一份数据后，就可以立即录入下一份。

图 2-13 设计问卷

2. 因为纸质问卷可能会出现缺失数据的情况，建议在编辑问卷时，设置所有题目为非必答题。

三、撰写员工培训需求分析报告

撰写培训需求分析报告的目的在于，对各部门申报、汇总上来的培训期望、培训需求做出解释并提供分析结论，以最终确定是否需要培训及培训什么。需求分析结果是确定培训目标、设计培训课程的依据和前提。培训需求分析报告可为培训部门提供关于培训的有关情况、分析结论及建议。

（一）培训需求分析报告包括以下主要内容

1. 报告提要。提要是对报告要点的概括，是为了帮助读者迅速掌握报告要点而写的，要求简明扼要。

2. 需求分析实施的背景，即产生培训需求的原因或期望。

3. 开展需求分析的目的和性质。撰写者需说明此活动实施以前是否有过类似的分析。如果有的话，评估者能从以前的分析中发现哪些缺陷与失误。

4. 概述需求分析的方法和实施过程。说明分析方法和实施过程可使培训管理者对整个分析活动有大概的了解，从而为培训管理者对分析结论的判断提供依据。

5. 阐明分析结果。结果部分与方法论部分是密切相关的，撰写者必须保证两者之间的因果关系，不能出现牵强附会现象。

6. 解释、评论分析结果和提供参考意见。这部分涉及的范围可以较宽泛，例如，在需求评估中，进行培训的理由有多充足？赞成或反对继续培训的理由是什么？应该采取哪些措施改善培训？能否用其他培训方案更经济地达到同样的结果？撰写者还可以讨论培训的充分性，如培训是否充分地满足了受训者的多方面需求？满足到什么程度？

7. 附录。附录包括收集和分析资料用的图表、问卷、部分原始资料等。加附录的目的是让别人可以鉴定研究者收集和分析资料的方法是否科学，结论是否合理。

撰写报告时，在内容上要注意主次有别，详略得当，构成有机联系的整体。为此，在撰写前应当认真拟定提纲，按照一定的主题及顺序安排内容。

（二）自动生成培训需求调查报告

以问卷星网站为例，回收答卷之后，系统会自动进行分析统计，用户能查看和下载调查报告，可选择默认调查报告和自定义分析的调查报告，如图2-14所示，还可以选择Word版的报告和Excel版的数据表格。

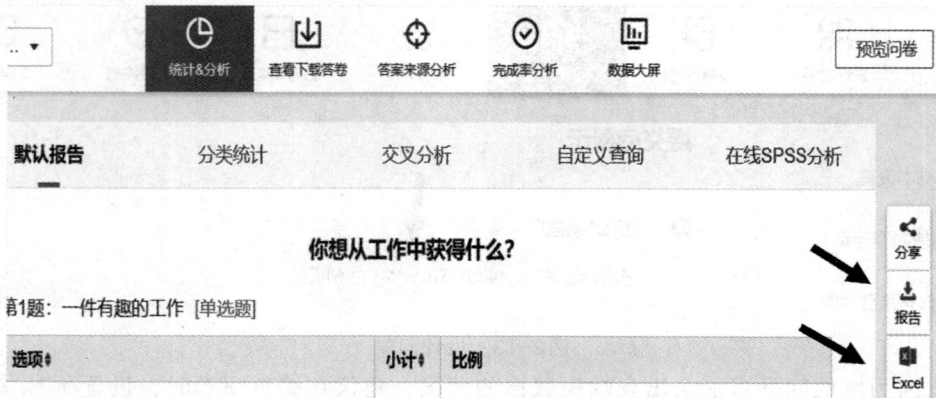

图2-14　查看和下载调查报告

◆◆◆◆**案例2-7**

培训需求调查分析报告

一、调查目的

匹配员工培训需求，使年度培训计划更具针对性和实用性，满足公司长期发展需求。

二、参与问卷调查总人数

77人。

三、调查问卷反馈情况分析

1.自身能力是否满足岗位需求

选项	人数	占比
满足	27	35%
不满足	50	65%

2.部门内部分享及培训是否充分

选项	人数	占比
充分	16	21%
一般	40	52%
不充分	21	27%

3.参加培训的主动性

选项	人数	占比
主动	29	38%
被动	48	62%

4.最需要哪方面的培训

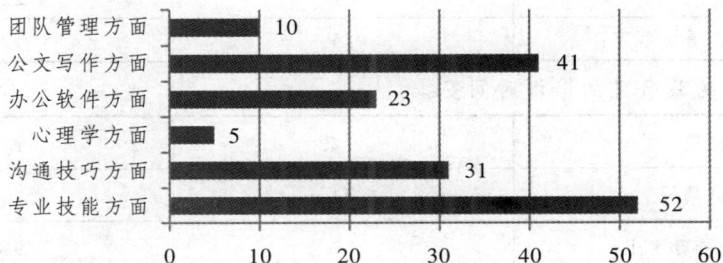

5.员工认为最有效的培训方式

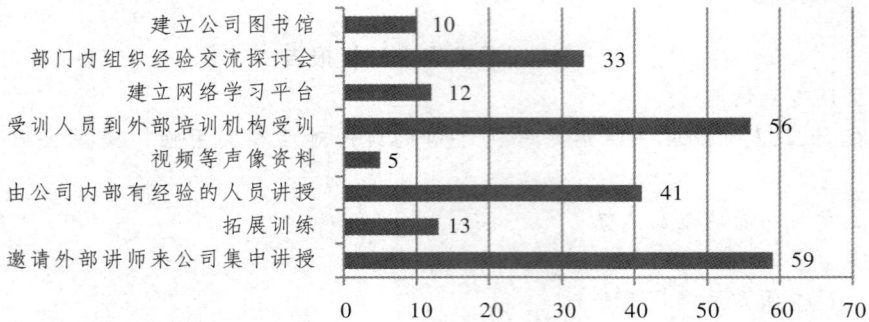

项目	人数
建立公司图书馆	10
部门内组织经验交流探讨会	33
建立网络学习平台	12
受训人员到外部培训机构受训	56
视频等声像资料	5
由公司内部有经验的人员讲授	41
拓展训练	13
邀请外部讲师来公司集中讲授	59

（横轴刻度：0 10 20 30 40 50 60 70）

6.员工认为最有效的教学方法

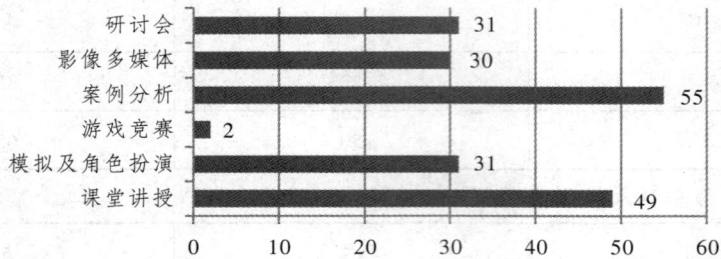

项目	人数
研讨会	31
影像多媒体	30
案例分析	55
游戏竞赛	2
模拟及角色扮演	31
课堂讲授	49

（横轴刻度：0 10 20 30 40 50 60）

8.员工认为讲师具备哪些特点能使得培训效果最佳

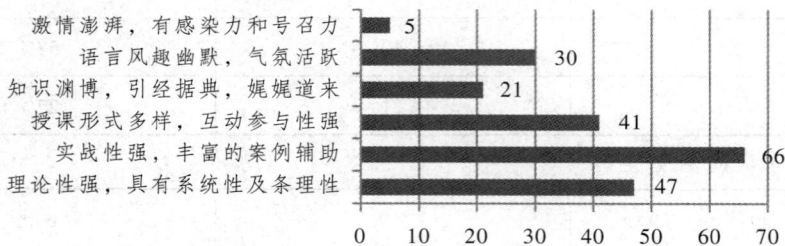

项目	人数
激情澎湃，有感染力和号召力	5
语言风趣幽默，气氛活跃	30
知识渊博，引经据典，娓娓道来	21
授课形式多样，互动参与性强	41
实战性强，丰富的案例辅助	66
理论性强，具有系统性及条理性	47

（横轴刻度：0 10 20 30 40 50 60 70）

9.员工认为最佳的培训时长（中、大型培训除外）

选项	人数	占比
1~2小时	45	58%
半天	17	22%
无所谓，看课程定	15	19%

10.员工认为最合理的培训时间安排

选项	人数	占比
上班期间	54	70%
周末、平时晚上	7	9%
无所谓，看课程定	16	21%

11.员工认为最佳的培训频率

选项	人数	占比	选项	人数	占比
每月一次	27	35%	半月一次	2	3%
2~3个月一次	40	52%	半年一次	8	10%

12.员工认为最有效的评估方式

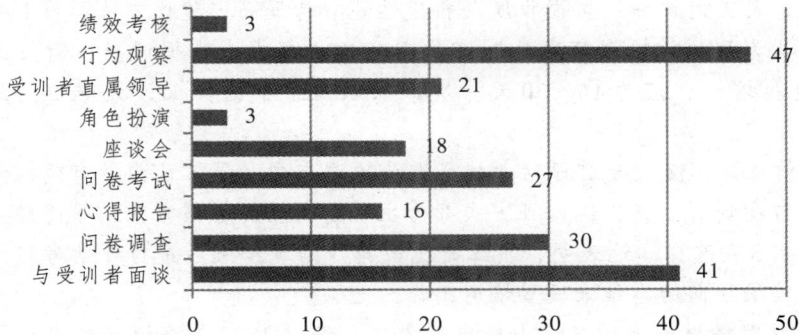

13.认为内训师需培训的重点（取愿意成为培训师的19人为样本）

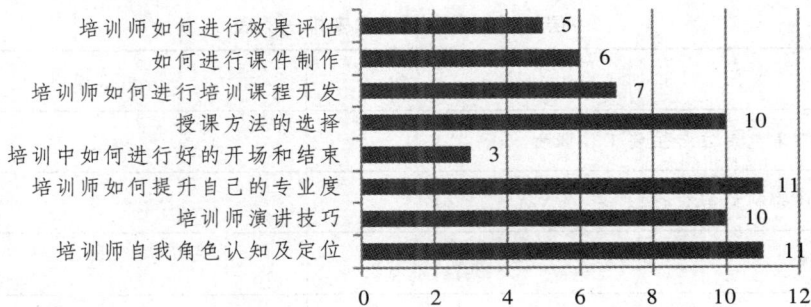

四、结论与建议

　　从调查结果来看，65%左右的员工觉得自身还有需要提升的地方，并且有79%的员工表示在部门内部缺少经验交流及分享。所以，培训工作必须成为一项常态工作，才能让员工更好地提升自己的能力，并带动部门之间形成良好的学习氛围。

　　1.仅有38%的员工是自主参加培训，所以必须建立带有激励性质的培训体系，鼓励员工参训提升自己的能力。例如，设置员工培训积分卡作为储备干部的参选依据，晋升岗位需通过学分制管理的培训考核方能上岗，从而激励员工重视培训，积极参与。

　　2.数据显示，专业技能方面及公文写作方面的培训是公司员工最需要的两种培训。其中，专业技能模块中涉及了工程技术、法律法规、造价软件使用、党务系统、财务管理等方面，人力资源部将结合专业类型，在公司中选拔出内训师，分经验分享和专业技能两个方面，对员工进行分类培训。在中层干部中，都对团队管理方面的培训有需求，后期在中层培训中，需要针对性地植入团队管理模块。

　　3.56%的员工认为外部培训机构的培训方式最为有效，59%的员工认为内部有经验的人员作为讲师也是一种非常有效的手段。可以让公司骨干人员或者优秀人员外派学习，使效果内部转化，制作出符合公司现状的课件，进行内部教授。同时，建立内部图书馆、建立网络学习平台也有一定的呼声，后期在培训体系成熟的基础上，可以考虑加设这两个模块。

4.在教学方法上，案例分析是大家最为认可的一种方式。在专业技能方面的培训中，引用或编写课件时，必须加入案例分析模块这一环节。

5.在培训时间安排这项调查中，有70%的同事认为在上班时间安排培训最为合理。此结果表明，员工对培训的重视程度及积极性还有待提高。建议方法同第1点。

6.员工认为最佳的培训频率是2~3个月一次。根据大数据调查，新员工入职的基础技能或经验培训，应为15~30天一次，入职满半年的员工，频率应为2个月左右一次。

7.培训结束后，必须要有评估考核。在此项调查中，员工认为最有效的评估方式为行为观察及与受训者面谈，这两种方式都为主观臆断型的考核方式，采用绩效考核作为评估方式仅有3人选择。这表明，员工是比较排斥培训结束后进行评估考核的，或者说比较排斥用结果导向的思维来设置培训工作。

人力资源部将根据上述建议中提出的方式，编排2×22年培训计划表，初步确定了中层管理人员培训课程安排，同时开启内训团队的招募及培训，见表2-12。

表2-12   **中层管理人员培训课程安排一览表**

培训课程	培训课时
中层管理者的角色定位与主要工作职责	2
部门工作计划的制订与执行	4
有效的授权	4
员工激励	4
高效团队的建设	4
培训技巧	3
如何与上级领导进行有效的沟通	2
如何与下属员工进行有效的沟通	2

思政专栏

除了学习专业知识，同学们还应该掌握科学的方法论。培训需求分析应该定量分析与定性分析相结合。定性分析与定量分析应该是统一的，相互补充的。定性分析是定量分析的基本前提，没有定性的定量是一种盲目的、毫无价值的定量；定量分析使定性分析更加科学、准确，它可以促使定性分析得出广泛而深入的结论。

◇◇◇◇ **课外训练任务**

撰写培训需求分析报告

请每个学生根据任务4学习情境对职业资格证书考试培训需求的调查结果进行分析并写出培训需求分析报告。

▶▶▶▶ **知识掌握** ◀◀◀◀

一、选择题

1.（   ）是现代培训活动的首要环节。

A.培训需求分析 B.培训效果评估

C.培训计划设计 D.培训方法选择

2.培训需求组织层面分析的信息来源包括（   ）。

A.政府的产业政策 B.工作分析

C.质量控制报告 D.员工的工作行为

E.企业的生产率、事故率、疾病、辞职率、缺勤率等

3.培训需求个人层面分析的信息来源，主要有（   ）。

A.业绩考核记录 B.员工技能测试

C.工作岗位分析 D.组织行为规范

E.员工填写的培训需求问卷

4.对于员工层面的培训需求调查与分析的方法以（   ）为主。

A.问卷调查和观察法 B.问卷调查和面谈法

C.问卷调查和测试法 D.问卷调查和咨询法

5.培训需求分析不包括（   ）的分析。

A.（组织）整体层面 B.班组层面

C.（岗位）作业层面 D.个人层面

6.培训需求调查与确认的目的是（   ）。

A.最需要培训什么 B.培训方法

C.为什么要培训 D.培训方式

E.谁最需要培训

7.在进行管理人员培训需求分析时，工作任务分析的内容是（   ）。

A.要求做到什么 B.实际做到什么 C.不应该做什么 D.应该做到什么

8.对培训需求分析的表述，正确的有（   ）。

A.要全方位考虑 B.需要企业多部门协商

C.要考虑企业近中期的工作计划 D.应当由企业人力资源部门提出

E.一般由培训的组织管理部门负责完成培训需求的确认

9.分析受训者群体特征可使用（   ）等参数。

A.学员构成 B.工作适应性 C.工作压力

D.工作特殊性 E.工作可离度

二、案例分析题

某公司是一家高科技生产企业，随着公司生产规模和市场范围的不断扩大，现有员工的综合素质无法满足公司发展的需要。针对公司频频出现的技术问题和管理部门管理不到位等一系列问题，为全面提升员工技能和素质，公司决定定期举办专门的培训来解决这些问题。为了更好地完成所预定的目标，公司有关领导请负责培训的主管尽快制定出一份详细的公司培训需求分析报告。

请结合本案例，说明该公司培训需求分析报告应包括哪些内容。

（扫描二维码，查看模块2参考提示）

模块3 设计和策划培训

识别了培训需求还不能立即培训，因为培训活动的开展还受到资源等条件的限制，而且不同的培训方式的培训效果不一样，因此需要对培训进行设计和策划，过程如图3-1所示。

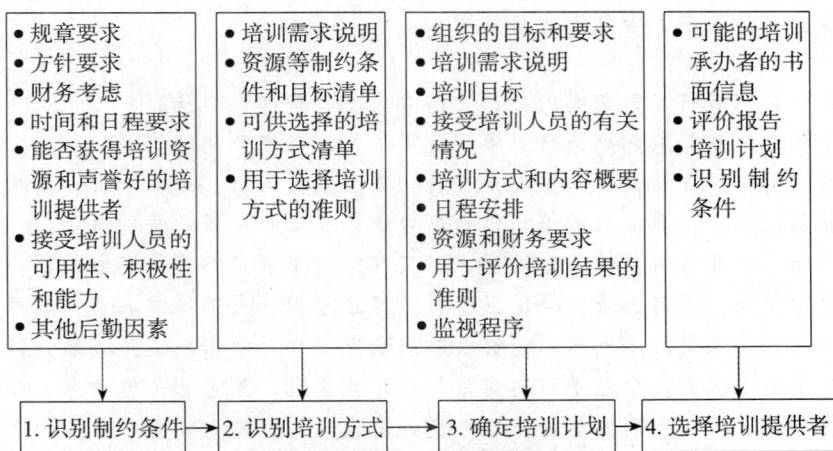

规章要求 方针要求 财务考虑 时间和日程要求 能否获得培训资源和声誉好的培训提供者 接受培训人员的可用性、积极性和能力 其他后勤因素	培训需求说明 资源等制约条件和目标清单 可供选择的培训方式清单 用于选择培训方式的准则	组织的目标和要求 培训需求说明 培训目标 接受培训人员的有关情况 培训方式和内容概要 日程安排 资源和财务要求 用于评价培训结果的准则 监视程序	可能的培训承办者的书面信息 评价报告 培训计划 识别制约条件
1. 识别制约条件	2. 识别培训方式	3. 确定培训计划	4. 选择培训提供者

图3-1 设计和策划培训的过程

任务1 确定培训目标及制订目标实现评估方案

▶ 学习目标 ◀

知识目标

了解确定培训目标的过程及培训目标的分类；掌握培训效果评估方案的内容。

能力目标

能够根据企业和员工的要求和条件，确定培训目标。

思政目标

了解政府管理部门对培训效果评估的要求。

➤➤ 情境和任务

一、学习情境

见模块 2 任务 1 的学习情境。

二、训练任务

请你分析波音公司的培训目标应该定为什么？

三、企业实践参考

◆◆◆◆➡ 案例 3-1

如何做好基层银行员工的培训

某银行在对 2×17 年上半年培训工作进行分析和总结的基础上，对其下半年培训的需求、目标及方式等进行了重新定位。

第一步：充分考虑，合理确定培训需求。

……

第二步：依据我行目前急需的知识技能要求，合理确定目标。

根据工作分工和等级序列，针对不同类别的员工确定不同的培训目标。

按照现行的等级序列，员工主要分三种：前台业务人员、中级职员、高级管理人员等。作为基层银行，主要能做的培训包括前台业务人员和中级职员的培训。

（1）根据前台业务人员的工作性质，对其确定的培训目标就是良好的服务态度和熟练的岗位操作技能，同时加强安全保卫学习。经过培训，员工应该具备洞察可疑之处的职业嗅觉，一旦在基层发现问题，能够及时采取应变和补救措施，防范欺诈行为。

（2）对于中级职员，应该了解商业银行的运作情况，熟悉相关的业务，并在此基础上有一定的分析、解决问题的能力，培养良好的人际沟通能力。由于单位内部师资力量不足，所以主要以提高员工良好的人际沟通能力为目的，借助外购课件对中级职员进行"情商"培训。

对不同部门员工的专业素质的要求自然不同，该银行主要以业务线和综合后勤部为分割点来确定每一个培训计划所要达到的目标。银行作为一种特殊的服务性企业，必须以优质的服务争取在竞争中取胜，所以应该强调"以客户为中心"的服务理念。因此，该银行下半年把"如何做好客户服务"的培训放在重点位置上，以提高业务人员独立分析问题和解决问题的能力，以及社交和公关的能力。

第三步：以培训内容实际操作性为基础，选择更有效的培训方式。

……

第四步：量体裁衣，合理选择培训的形式。

……

第五步：对培训项目进行初步效果的评估，以检验培训目标的完成情况。

该银行根据实际情况，认真做好对培训项目初步效果的评估，并以积分制管理模式，将培训考核的成绩或积分累计，作为年度等级考核、资格认定、升迁奖励的重要依据。

➤➤ **相关知识**

一、培训目的与目标

（一）培训的目的

培训的目的就是说明为什么要对员工进行培训，希望培训产生什么作用、解决什么问题。只有明确了培训的目的，才能确立员工培训的目标、范围、对象和内容，从根本上决定培训规划所涉及的各种资源投入的规模和程度。

（二）培训目标

培训目标是对培训效果或由培训带来的岗位工作结果的规定。确定培训目标就是明确培训应达到什么样的标准，是根据培训的目的，结合培训资源配置的情况，将培训目的具体化、数量化、指标化和标准化。培训目标的确定还可以有效地指导培训者和学员掌握衡量培训效果的尺度和标准，明确今后发展和努力的方向，为培训规划的贯彻实施奠定基础。

企业培训应该从企业的经营战略目标出发，满足岗位及员工两方面的要求（即兼顾培训需求分析的三个层面），考虑企业资源条件与员工素质基础，考虑人才培养的超前性及培训效果的不确定性，确定职工培训的目标，选择培训内容及培训方式。

图3-2为确定培训目标的原理，图3-3为确定培训目标的过程（无阴影部分应该剔除）。

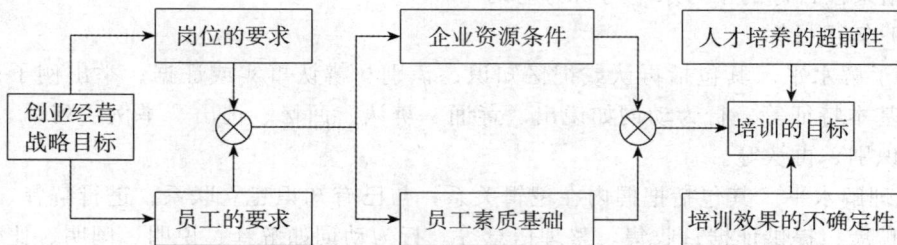

图3-2 确定培训目标的原理

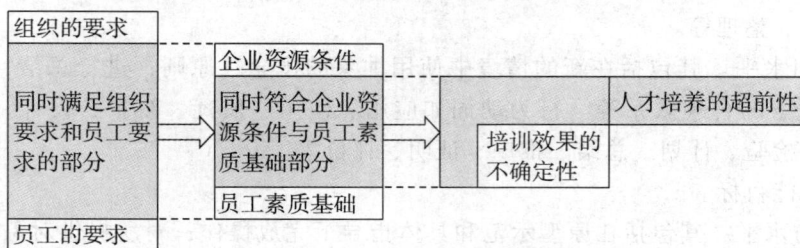

图3-3 确定培训目标的过程

（三）培训目标的分类和描述标准

培训目标可以分为若干层次，从某一培训活动的总体目标直至每堂课的具体目标，越往下越具体。为了使培训达到预定的目标，就需要对培训目标做清楚明白的说明。

一般而言，培训目标主要可以分为五大类（见表3-1）。

表3-1   **培训目标的类型**

目标的类型	常用的陈述格式	示例
知识	了解×××× 理解×××× 应用××××	学员在入职培训之后，能清楚地了解本组织的创始人、主要发展历程、组织结构，初步了解组织的财务报销、休假、晋升、绩效评估等各项制度，并能准确地掌握各部门间的工作与沟通关系
技能	在××条件下，能够按照××标准独立完成××操作	培训结束后，学员应当能够在不求助别人或者不借助资料的情况下（条件要素），在半分钟到1分钟之内（标准要素），向顾客解释清楚产品的主要特点（内容要素）
态度	形成××观念	学员能意识到：有效的入职培训能减少新进员工的麻烦，提高其对组织的归属感，并能使其从全局层面认识其工作的重要性
工作行为	在工作中保持××行为	学员能将其所了解的组织使命、员工基本行为规范、工作安全等知识运用到其处理同事、客户关系的工作行为上去
组织成果	××提高××，××降低××	通过入职培训，使员工试用期间流失率降低5%

对于培训课程的目标描述，可以参考国家课程标准，它提出了比较适合我国教学实际的目标分类，确定了学习水平与行为动词的基本要求。

1.结果性目标的学习水平与行为动词

（1）知识目标。

①了解水平。其包括再认或记忆知识；识别、辨认事实或证据；举出例子；描述对象的基本特征等。行为动词如说出、背诵、辨认、回忆、选出、举例、列举、复述、描述、识别、再认等。

②理解水平。其包括把握内在逻辑关系；与已有知识建立联系；进行解释、推断、区分、扩展；提供证据；收集、整理信息等。行为动词如解释、说明、阐明、比较、分类、归纳、概述、概括、判断、区别、提供、把……转换、猜测、预测、估计、推断、检索、收集、整理等。

③应用水平。其包括在新的情境中使用抽象的概念、原则；进行总结、推广；建立不同情境下的合理联系等。行为动词如应用、使用、质疑、辩护、设计、解决、撰写、拟定、检验、计划、总结、推广、证明、评价等。

（2）技能目标。

①模仿水平。其包括在原型示范和具体指导下完成操作；对所提供对象进行模拟、修改等。行为动词如模拟、重复、再现、模仿、例证、临摹、扩展、缩写等。

②独立操作水平。其包括独立完成操作；进行调整与改进；尝试与已有技能建立联系等。行为动词如完成、表现、制定、解决、拟定、安装、绘制、测量、尝试、试验等。

③迁移水平。其包括在新的情境下运用已有技能；理解同一技能在不同情境中的实用性等。行为动词如联系、转换、灵活运用、举一反三、触类旁通等。

2.体验性目标的学习水平与行为动词

（1）经历（感受）水平。其包括独立从事或合作参与相关活动，经历感性知识等。行为动词如经历、感受、参加、参与、尝试、寻找、讨论、交流、合作、分享、参观、访问、考察、接触、体验等。

（2）反映（认同）水平。其包括在经历基础上表达感受、态度和价值判断；做出相应的反应等。行为动词如遵守、拒绝、认可、认同、承认、接受、同意、反对、愿意、欣赏、称赞、喜欢、讨厌、感兴趣、关心、关注、重视、采用、采纳、支持、尊重、爱护、珍惜、蔑视、怀疑、摒弃、抵制、克服、拥护、帮助等。

（3）领悟（内化）水平。其包括具有相对稳定的态度；表现出持续的行为；具有个性化的价值观念等。行为动词如形成、养成、具有、热爱、树立、建立、坚持、保持、确立、追求等。

二、分析评估培训效果的必要性和可行性

衡量培训目标是否实现，需要评估培训的效果，但不是每一次培训都需要进行效果评估或者不是每一次培训需要的评估都相同，所以培训管理者需要确定什么情况下需要进行培训效果评估以及需要什么样的评估，什么情况下不需要进行培训效果评估。

（一）需要评估培训效果的情况

1.培训项目经费超过一定的警戒线时，要进行评估。

2.培训项目需三个月或更长时间时，应该评估。

3.培训项目的效果对组织很关键时，应该评估。

4.一个业务单元的培训会对组织其他业务单元产生很大影响时，应该评估。

5.当评估结论要被高层管理者用来作为决策的依据，或者为了向特定群体说明培训的效果时，应该进行正式评估。

（二）不需要评估培训效果的情况

1.培训项目目标不明确或目标上缺乏共识时，不应该评估。

目标不明确或目标上缺乏共识时，项目效果的评估缺乏客观标准。这里讲的不明确并不一定是没有目标，而是目标过于笼统空洞，缺乏可操作性，不能从中具体得出一些指标作为评估的标准。

2.培训效果评估结果不能得到利用时不应该进行评估。

培训效果评估，尤其是建设性评估的最终目的是改进培训项目以使其对组织绩效的改进做出更大的贡献。如果评估活动偏离了这一目标或评估结论达不到这一效果，评估本身就是一种浪费。具体来说，在下述两种情况下不应该进行评估：

（1）评估决策者动机不纯，即评估不是为项目决策提供科学依据，而是出于公关考虑，或者是装饰门面，使既定决策合法化。

（2）决策者虽有利用评估结果改进培训项目的愿望，但缺乏把评估结论或建议付诸实施的权威和能力。

3.时间有限，不能保证质量的评估不应进行。

时间有限主要包括两种情况：

（1）评估决策者给的评估时间太紧，可能影响到评估质量。

（2）培训项目的效果还未充分展示出来，进行评估难以得出科学结论。

4.评估资源不足，不能保证质量的评估不应进行。

这里的资源主要是资金。因此，在评估开始之前，评估者要对需要的资源与可利用的资源进行对比分析，缺口过大就不应承接评估任务。

5.培训项目本身缺乏外在的价值时，不应进行评估。

一个培训项目如果的确有助于目标群体知识和经验的积累，那么它具有内在的价值；如果它能够增进组织的绩效，则其具有外在的价值。具有内在价值的培训项目不一定同时具有外在价值。例如，对一群研发人员实施插花艺术的培训项目，项目结束之后，每一个参与者都可能精通了插花的技巧，但这却是一个典型的只有内在价值而无外在价值的培训项目，因为一群精通插花技巧的研发人员对组织业务并不能产生任何有益的影响。对组织而言，当然是希望项目具有外在价值。对没有外在价值的项目进行评估，是没有任何意义的，因而也是完全不必要的。

（三）培训评估的注意事项

1.培训评估的起点应是培训和组织战略目标之间的联系。换句话说，培训不仅应与战略目标一致，而且应是战略目标的组成部分。

2.及时反馈。评估并不只是向主管人员递交一份报告，最重要的是要将评估获取的信息用于改善目前的培训设计，因此，必须建立一个良好的反馈沟通渠道，以使信息在有关各方之间的交流畅通无阻。

3.应尽可能多地把评估放到培训过程中去进行，这样可适当降低事后评估的重复性。

4.应按照培训内容对实现培训目标的重要程度来确定评估的优先次序。

5.评估应在短期和长期的基础上开展。

（1）在短期方面，应从学员中获得有关培训方式、所用资源以及培训中所获得的知识和技能的反馈信息。

（2）在长期方面，应对学员的工作业绩和生产效率的改进做出评估。唯有如此，才能给管理者、学员、培训者以持续的动力和压力，从而发挥更大的作用。

三、制订培训效果评估方案

如果要衡量是否实现培训目标，还必须确定评价培训效果的准则，以便指导培训者在培训过程中收集相应的信息和数据。培训效果评估方案不是放在培训结束才来做，因为有一些培训效果的评估，比如反应层的评估，甚至有些培训的知识层评估，在培训过程当中和培训结束时，马上就要进行，所以在确定培训目标时，我们就应该考虑培训效果评估是否能够实施以及如何实施。

（一）确定评估内容

要制订培训效果评估方案，首先需要确定评估的内容。

1.根据柯氏模式进行培训评估。

最常用的培训课程评估模式是由威斯康星大学的柯克帕特里克（Donald L. Kirkpatrick）教授1959年提出来的，因此这种评估模式就被称为"柯氏模式"。柯克帕特里克教授认为，可以从四个不同层面评估培训效果（见表3-2）。

表3-2 柯克帕特里克四级评估方法

层次	评估内容	衡量方法
反应层	受训人员喜欢该项目吗？对培训人员和设施有什么意见？课程有用吗？他们有些什么建议？	学员填写调查问卷、访谈；培训主管观察或填写调查问卷等
知识层	受训人员在培训后，知识以及技能的掌握方面有多大程度的提高？	笔试、技能操练和工作模拟等
行为层	培训后，受训人员的行为有无不同？他们在工作中是否使用了在培训中所学到的知识？	由上司、同事、客户和下属等进行绩效评估
效果层	学员在一定时期内取得的生产经营或技术管理方面的业绩	绩效评估报告

　　柯氏模式总的规则是：一级评估主要是观察学员的反应；二级评估侧重于检查学员的学习结果；三级评估可以衡量培训前后的工作表现；四级评估的目标是衡量公司经营业绩的变化。很多权威人士认为，要使与工作相关的培训做得好，至少要对一部分培训课程进行三级评估甚至四级评估。深层评估不但能发现培训对实现组织目标是否真的有所贡献，而且可暴露培训内容在工作中难以运用的障碍。如英特尔公司对英特尔大学的全部商务课程都进行了三级和四级评估，结果是，5%的课程被取消，20%的课程进行了大幅度的改进。总之，培训的评估工作绝不仅仅限于统计培训时数和感到满意的学员人数，科学评估培训效果应该是培训管理里的一项重要职责。

　　（1）第一层面是评估参与者的反应。

　　无论教师如何认真备课，学员只要对某方面不感兴趣，就不会认真学习。这种评估除了告诉你他们是否喜欢一项课程外，还可以对他们自己认为最有用的内容和技能有所了解，甚至会促使学员批评培训工作、积极提出交流和反馈建议。参与者反应的评估是培训效果测定的最低层次，主要利用问卷来进行测定。

　　（2）第二层面是评估员工所学的东西。

　　在培训开始之前测试学员的知识和技能可以提供基本标准，在培训后对其重新测试可以了解进步之处，而且可以在学员之间进行平行比较。对员工学习的评估可以运用书面测试、操作测试、情景模拟等方法来测定，主要测定学员与受训前相比，是否掌握了更多的知识，是否学到了更多的技能，是否改善了工作态度。

　　（3）第三层面是评估员工工作行为的变化。

　　在测定员工的反应和学习成果时，培训效果的得分往往很高，但实际工作中往往会发现，由于某些原因学员未能在工作中表现出行为的改变。为了使培训转移的效果最大化，管理者可以经常采取措施对员工行为改变进行评估，以便记录学员是否真正掌握了课程内容并运用到工作中去。如果他们没有学以致用，那么说明该次培训对每个参加的人来说都是一种浪费。行为变化的测定可以通过上级、同事、下级、客户等相关人员对学员的业绩评估来进行，主要测定学员在受训前后行为是否有改善，是否运用了培训的知识、技能，是否在交往中态度更正确等。

　　（4）第四层面是评估培训结果。

　　评估培训结果即衡量培训是否有助于公司业绩的提高。如果一门课程达到了让员工改变工作态度的目的，那么这种改变是否对提高公司的经营业绩起到了应有的作用，这是培训效果测定的最高层次。其可以通过事故率、产品合格率、产量、销售量、成本、利润、离职率、迟到率等指标进行测定，主要测定内容是个体、群体、组织的效率状况在受训后是否有所改善。现在许多机构开始计算培训的实际效用，即发生费用后所获得的收益，如果培训的成本高收益低，或者员工因为其他原因离开原有职位，培训的实际收益就低。

2.菲利普斯的五级投资回报率模型。

菲利普斯的五级投资回报率模型（见表3-3）是在柯克帕特里克的四级评估模型的基础上增加了一个第五级评估——投资回报率，即要用财务绩效来测度培训效果，并强调只有第五级评估结束之后，整个评估过程才算完成。它是从反应和已经计划的行动、学习、在工作中的应用、组织结果和投资回报率五个层次进行评估的。

表3-3   **五级投资回报率模型**

级别	评估内容
反应和已经计划的行动	受训人员对培训项目的反应以及略述实施的明确计划
学习	受训人员知识、技能或观念的变化
在工作中的应用	培训后受训人员工作中行为的变化以及对培训资料的确切应用
组织结果	培训项目对组织业务的影响
投资回报率	将培训结果的货币价值与培训项目的成本进行比较

（二）选择评估人员

1.可供选择的培训效果评估人员。

（1）培训单位的上级主管部门。他们对培训组织实施的时机选择和目标确定是否得当具有终审权。

（2）受训人员。他们是收集培训效果评估信息的最重要渠道之一。他们是培训的直接接受者，对教学方法、授课水平、授课效果、培训的组织具有最直接的感受。

（3）学员的岗位管理人员。他们是了解受训人员受训效果的最直接、最公正的信息渠道。受训人员综合素质的提高在工作中的反映，他们看得最清楚，也最有发言权。

（4）培训者。他们是培训的具体组织者，不但要对培训的整个过程负有责任，而且也渴望真正了解培训的效果。

2.确定不同级别的培训效果评估的评估者。不同级别的培训效果评估的评估者选择见表3-4。

表3-4   **不同级别的培训效果评估的评估者选择**

评估级别	评估者
学员的满意程度评估	学员、培训管理者
学员的知识、技能收获评估	培训师、培训管理者
学员的行为方式的收获评估	上司、同事、客户和下属
学员在工作中的业绩评估	上司和学员
培训投资回报率评估	培训管理者

（三）确定培训效果评估的形式

采取何种评估形式，取决于评估的目的以及各种评估形式所具有的特点。

1.建设性评估与总结性评估。

（1）建设性评估是在培训过程中以改进而不是以是否保留培训项目为目的的评估，它通常是一种非正式的主观的评估。

建设性评估的优点：有助于培训对象学习的改进，帮助培训对象明白自己的进步，从而产生某种满足感和成就感。

建设性评估的缺点：

① 占用大量的时间和资源；

② 因过分熟悉而降低对总结性评估的重视程度；

③ 容易使培训对象长期处于紧张状态而滋生厌烦情绪；

④ 只能测试知识和技能培训的短期效果。

（2）总结性评估是在培训结束时对培训对象的学习效果和培训项目本身的有效性所做的评估。这种评估经常是正式的和客观的。

总结性评估的优点：具有较强的说服力。

总结性评估的缺点：

① 只能用于决定培训项目的取舍，不能作为培训项目改进的依据；

② 只能用于决定是否给学员某种资格的依据，无助于学员学习的改进。

2.正式评估与非正式评估。

（1）正式评估往往具有详细的评估方案、测度工具和评判标准。

正式评估的优点：

① 在数据和实施的基础上做出判断，评估结论更有说服力；

② 容易将评估结论用书面形式表现出来，如记录和报告等；

③ 可以将评估结论与最初的计划进行比较。

（2）非正式评估是指评估者依据自己的主观判断而不是评判标准来评判培训的效果。

非正式评估的优点：

① 评估者能够在培训对象不知不觉的状态下对其进行观察，增强了信息资料的真实性和评估结论的客观性；

② 方便易行，几乎不需要耗费额外的时间和资源，评估成本低。

（四）选择培训效果评估的方法

20世纪70年代，美国学者布鲁沃（K.Brthower）和拉姆勒（G.Rummler）对培训项目的评估标准和衡量方法进行了研究（见表3-5）。他们的研究表明，在评估培训项目的效果时，组织首先要明确评估的目标，也就是要列出想知道什么，然后弄清要衡量的内容和用什么来衡量，以此来确定获取数据的相应方法；进行评估的时间和所使用的评估方法也很重要。很多人力资源管理专家认为，最合适的评估培训项目的方法应该是以合理的成本就能够收集到数据，同时这些数据应该对解释相应指标具有较高的信度和效度。

运用互联网进行知识层培训效果评估

表3-5   **培训项目的评估标准和衡量方法**

我们想知道什么	衡量什么	衡量项目	信息的来源	获取的方法
一、受训者是否满意？如果不是，为什么？	培训期间受训者的反应	与工作的联系；学习的轻松程度	受训者对培训的教学、练习方式的评论	观察法 面谈法 问卷法
	培训之后受训者的反应	培训"值不值"；相关程度或者学习动力	培训产生的行为方式；对项目概念的理解	观察法 面谈法 问卷法
二、教材是否教会了概念？如果没有，为什么？	培训期间受训者的表现	是否理解 能否应用	学习时间；做练习的成绩	观察法 文件检查
	培训结束时受训者的表现	是否理解 能否应用 内容的衔接	未来的行动方案；做练习时所使用的方法	观察法 文件检查 面谈法 问卷法
三、所学习的技术是否被应用？如果没有，为什么？	绩效改进计划	提出的问题 行动计划	讨论 文件 结果	观察法 面谈法 文件检查 问卷（关键事件）
	解决技术难题	提出的问题 计划的行动 采取的行动	讨论 文件 结果	观察法 面谈法 文件检查 问卷（关键事件）
	不断改进的管理方法	宣传的努力 人员管理的程序	讨论 文件 结果	观察法 面谈法 文件检查 问卷（关键事件）
四、概念和技能的应用是否积极地影响了组织？如果不是，为什么？	难题的解决	问题的识别 分析 行动 结果	讨论 文件 结果	观察法 面谈法 文件检查 问卷（关键事件）
	危机的预测和预防	潜在危机的识别 分析 行动	讨论 文件 结果	观察法 面谈法 文件检查 问卷（关键事件）
	绩效衡量具体到一个特定的培训项目	产出的衡量	业绩数据	文件检查

（五）确定培训效果评估的时机

基础评估的两步实施过程是：在培训当天结束后，请学员立即填表，完成问题的回答，进行反应评估；项目结束后抽取一定比例的学员，让他们回答在培训中学到的具体知识，进行学习评估，这类似学生考试的形式，但要求学员提交答案的方式为匿名。

关键的行为评估分两个角度：一是访谈最近 3 个月参加过此培训的学员；二是访谈学员的上司和直接下属，借此了解培训使学员行为发生了多大程度的转变。培训效果评估的时机选择见表 3-6。

表 3-6　　　　　　　　　　　　　　　**培训效果评估的时机选择**

评估级别	评估时机
学员的满意程度评估	培训中和培训刚结束时
学员的知识、技能收获评估	培训前和培训刚结束时
学员的行为方式的收获评估	培训前和培训结束后 3 个月或半年
学员在工作中的业绩评估	培训前和培训结束后半年或 1 年
培训投资回报率评估	培训结束后半年或 1 年

（六）确定培训效果评估的地点

培训效果评估的地点选择见表 3-7。

表 3-7　　　　　　　　　　　　　　　**培训效果评估的地点选择**

评估级别	评估地点
学员的满意程度评估	培训现场
学员的知识、技能收获评估	培训现场
学员的行为方式的收获评估	企业内部
学员在工作中的业绩评估	企业内部
培训投资回报率评估	企业内部

思政专栏 ▮▮▮

《国务院关于推行终身职业技能培训制度的意见》提出："职业培训工作的……目标……建立覆盖对象广泛、培训形式多样、管理运作规范、保障措施健全的职业培训工作新机制，健全面向全体劳动者的职业培训制度，加快培养数以亿计的高素质技能劳动者。""建立职业技能培训质量评估监管机制""……建立以培训合格率、就业创业成功率为重点的培训绩效评估体系，对培训机构、培训过程进行全方位监管。"

点评：光是确定培训目标是不够的。如果没有评估目标实现程度的手段，目标是否实现是无法衡量的。

任务 2　选择培训方法和形式

学习目标

知识目标

了解常用的员工培训方法的特点和适用条件。

能力目标

能够根据培训的目标、内容和对象，选择培训方法和形式。

思政目标

了解政府管理部门对培训方法与形式的要求。

情境和任务

一、学习情境

见模块 2 任务 1 的学习情境。

二、训练任务

请为波音公司选择合适的培训方法与培训形式。

三、企业实践参考

◆◆◆◆➡ 案例 3-2

IBM 公司的销售人员和系统工程师要接受为期 12 个月的培训，主要采用现场实习和课堂讲授相结合的教学方式。其中 75% 的时间是在各地分公司的现场实习中度过的，之后，在公司的教育中心再进行剩下 25% 时间的理论学习。课程开始之前，要对学员分班，这由学员的知识水平考试成绩所决定。

培训大纲包括从公司学员的素养、价值观念、信念原则到整个生产过程的基本知识等方面的内容。销售培训的第一期课程包括 IBM 公司经营方针的很多内容，如销售政策、市场营销实践、计算机概念和 IBM 公司的产品介绍。第二期课程主要是学习如何销售，了解公司的后勤系统以及怎样应用这个系统。

学员们到分公司后可以看到他们在课堂上学到的知识的实际部分。市场营销培训的一个基本组成部分是学员们利用一定时间与市场营销人员一起访问用户，从实际工作中得到体会。

市场营销培训的另外一个基本组成部分是模拟销售角色，并始终强调要保证演习或介绍的客观性，包括为什么要到某处推销和希望达到的目的。同时，对产品的特点、性能以及可能带来的效益要进行清楚的说明和演习。学员们要学习问和听的技巧，以及如何达到目标和寻求订货等。该公司采取的模拟销售角色的方法是，学员们在课堂上扮演销售角色，教员扮演用户，向学员提出各种问题，以检查他们解决问题的能力。对学员进行评价和衡量包括联络技巧、介绍与演习技能、与用户的交流能力以及一般的企业经营知识等。对于学员们扮演的每一个销售角色和介绍产品的演习，教员们都给出评判。

➤➤ **相关知识**

企业培训的效果在很大程度上取决于培训方法的选择，不同的培训方法各有优劣。

一、常用培训方法的特点和适用范围

（一）直接传授型培训方法

1.讲授法/专题讲座法

讲授法是指培训师通过语言表达，系统地向培训对象传授知识的方法。讲授法一般涉及多个专题，适用于各类学员对学科知识、前沿理论的系统了解。专题讲座法形式上与讲授法基本相同，一个专题一般只安排一次培训。

（1）讲授法/专题讲座法的优点：

① 有利于学员系统地接受新知识；

② 容易掌握和控制学习的进度；

③ 有利于加深理解难度大的内容；

④ 可以同时对许多人进行培训，操作方便，经济高效。

（2）讲授法/专题讲座法的缺点：

① 讲授内容具有强制性；

② 学习效果易受培训师讲授水平的影响；

③ 只是培训师讲授，是单向性的信息传递，缺乏教师和学员间必要的交流和反馈；

④ 学员之间不能讨论，不利于促进理解；

⑤ 学过的知识不易被巩固，故常被运用于一些理念性知识的培训。

2.演示法

演示法是运用一定的实物和教具，通过实地示范，使学员明白某种工作是如何完成的方法。

（1）演示法的优点：

① 有助于激发学员的学习兴趣；

② 可利用多种感官，做到看、听、想、问相结合；

③ 有利于获得感性知识，加深对所学内容的印象。

（2）演示法的缺点：

① 适用范围有限，不是所有的学习内容都能演示；

② 演示装置移动不方便，不利于培训场所的变更；

③ 演示前需要一定的费用和精力做支持。

3.企业内部电脑网络培训法

这是一种计算机网络培训方式，主要是指企业通过内部网，将文字、图片及影音文件等培训资料放在网上，形成一个网上资料馆、网上课堂供员工进行课程学习的方法。这种方法由于具有信息量大，新知识、新观念传递优势明显的特点，适合成人学习，所以特别为实力雄厚的企业所青睐，也是培训发展的一个必然趋势。

（1）电脑网络培训法的优点：

① 使用灵活，符合分散式学习的新趋势，学员可灵活选择学习进度，灵活选择学

习的时间和地点，灵活选择学习内容，节省了学员集中培训的时间与费用。

② 在网上培训方式下，网络上的内容易修改，且修改培训内容时，不需要重新准备教材或其他教学工具，费用低，因此可及时、低成本地更新培训内容。

③ 网上培训可充分利用网络上大量的声音、图片和影音文件等资源，增强课堂教学的趣味性，从而提高学员的学习效率。

④ 对于复杂的知识和烦琐的操作等培训难点，由于在电脑网络上可以对培训内容进行反复学习，这种方法能克服现场教学的致命弱点，其效果远远高于现场教学。

（2）电脑网络培训法的缺点：

① 网上培训要求企业建立良好的网络培训系统，这需要大量的培训资金；

② 该方法主要适合知识方面的培训，一些需要互动的培训如人际交流的技能培训不适宜采用网上培训方式。

（二）实践型培训方法

实践型培训方法是通过让学员在实际工作岗位或真实的工作环境中亲身操作、体验，掌握工作所需的知识、技能的培训方法。

1.工作轮换法

这是一种在职培训的方法，是指让学员在预定的时期内变换工作岗位，使其获得不同岗位的工作经验的方法，一般主要用于培训新进员工。现在很多企业采用工作轮换法培养新进入企业的年轻管理人员或有管理潜力的未来的管理人员。

（1）工作轮换法的优点：

① 工作轮换能丰富培训对象的工作经历；

② 工作轮换能识别培训对象的长处和短处，企业能通过工作轮换了解培训对象的专长和兴趣爱好，从而更好地开发员工的所长；

③ 工作轮换能增进培训对象对各部门工作的了解，扩展员工的知识面，为受训对象以后完成跨部门合作性的任务打下基础。

（2）工作轮换法的缺点：

① 如果培训对象在每个轮换的工作岗位上停留时间太短，那么所学的知识会不精；

② 由于此方法鼓励"通才化"，适合于一般直线管理人员的培训，不适用于职能管理人员的培训。

（3）运用工作轮换法的要求：

① 在为培训对象安排工作轮换时，要考虑培训对象的个人能力以及他的需要、兴趣、态度和职业偏好，从而选择与其适合的工作；

② 工作轮换时间长短取决于培训对象的学习能力和学习效果，而不是机械地规定某一时间。

2.工作指导法或教练/实习法

这种方法是由一位有经验的技术能手或直接主管人员在工作岗位上对培训对象进行培训，如果是单个的一对一的现场个别培训，我们常称为师带徒培训。负责指导的教练的任务是教给培训对象如何做，提出如何做好的建议，并对培训对象进行鼓励。这种方法并不一定要有详细、完整的教学计划，但应注意培训的要点：

① 关键工作环节的要求；

② 做好工作的原则和技巧；

③ 须避免、防止的问题和错误。

这种方法应用广泛，可用于基层生产工人的培训，也可用于各级管理人员的培训。

（1）工作指导法或教练/实习法的优点：

① 通常能在培训者与培训对象之间形成良好的关系，有助于工作的开展；

② 一旦师傅调动、提升或退休、辞职时，企业能有训练有素的员工顶上。

（2）工作指导法或教练/实习法的缺点：不容易挑选到合格的教练或师傅。有些师傅担心"带会徒弟饿死师傅"而不愿意倾尽全力，所以应挑选具有较强沟通能力、监督和指导能力以及心胸宽广的师傅。

（3）工作教导法的步骤。

在进行具体的工作指导前，主管必须做好准备工作，否则难以收到满意的结果。准备工作主要包括四个步骤：

第一步，制作训练预定表。

训练预定表就相当于指导计划。

① 分析员工的指导需求：通过日常工作中，员工的实际需要，并从成本与价值方面考虑，收集这方面的需求。

② 决定指导目标：近期目标基本上要以提高当前工作中的技能为主，长远的目标还要考虑一些技术储备。

③ 指导方案：根据目标制订指导方案，例如，哪些内容可以用示范和教练式指导；选择表现突出的资深员工作教练；树立榜样等。

④ 个别指导：一般采取集体培训和指导，但对某特殊内容或特殊人员（如新人）可采取传帮带或师徒制的方式。

销售业务员训练预定表示例见表3-8。

表3-8　　　　　　　　　　　　　　　销售业务员训练预定表

工作内容 ＼ 姓名	指导方案		赵一	孙二	张三	李四	王五	任六
本公司的营业方针		预定	√	√	6/20	√	√	6/20
		实际						
推销基点		预定	√	√	√	6/5	√	√
		实际						
顾客资料卡的制作方法与应用		预定	7/15	7/15	7/15	7/15	7/15	7/15
		实际						
访问计划的制订		预定	√		7/5	√	7/5	7/5
		实际						

续表

工作内容 ╲ 姓名	指导方案		赵一	孙二	张三	李四	王五	任六
购买心理的7个阶段		预定	√	√	√	√	8/5	8/5
		实际						
应付顾客反对意见的方法		预定	√	√	8/15	8/15	8/15	8/15
		实际						
促成销售的方法		预定	√	9/1	√	√	9/1	9/1
		实际						
信用调查的方法		预定	9/20	9/20	9/20	9/20	9/20	9/20
		实际						
处理顾客抱怨的方法		预定	√	10/5	√	√	10/5	10/5
		实际						
备注								

注：√＝已经学习过；—＝不需要学习；6/20＝训练预定日期；完成时间填入实际日期栏内。

第二步，制作工作分解表（见表3-9）。

表3-9　　　　　　　　　　　　　　　　**工作分解表**[①]

NO.：　　　作业/工作：（例：制订访问计划）

工作物：

工具与材料：

主要步骤	要点
能促进工作顺利完成的主要作业程序	就每一步骤列出下列事项： （1）左右工作能否完成的作业内容，即能否完成 （2）涉及作业人员人身安全的作业内容，即安全性 （3）具备能使工作顺利完成的技术，即经验、诀窍
步骤1……	
步骤2……	
步骤3……	
步骤4……	
步骤5……	
步骤6……	

批准：		审核：		制定：	

① 狄振鹏，曾明彬. 一线主管督导能力训练［M］. 北京：北京大学出版社，2008：174.

第三步，准备所需物品。

教导前必须准备好所有必要的物品。按照工作分解中要求的零件及材料进行准备，注意要准备正规的设备及工具、充足的材料及消耗品，以免在教导过程中出现物品不足的问题。

第四步，整理工作场所。

如果指导者在教导时做不正确的示范，学习者就有可能养成不良习惯，因此指导者应对学习人员提供正确的示范。工作场所的整理整顿是作业安全的第一步，设备、机器、工具的检查准备对于作业安全也是必不可少的。

工作教导实施的四个步骤：

第一步，学习准备。

① 让学习者保持轻松的心情。

② 将学习内容告知学习者。

③ 了解学习者对工作的认识程度。

④ 制造使学习者乐于学习的气氛。

⑤ 使学习者进入正确的位置。

第二步，传授工作。

① 讲解并演示主要步骤。

② 强调工作重点。

③ 清楚地、完整地、耐心地教导。

④ 不要超过学习者的理解能力。

示范时应注意以下问题：

a.态度专注：在指导时指导者要尊重、关心员工，并对员工提出的问题表现出兴趣。

b.运用复述技巧：即用自己的话复述员工的观点，表明指导者理解了并让员工知道，这时就方便了进一步的讨论。

c.体察对方感受：设身处地去感受，因为感受直接影响到行为。不要盲目评价，而要有调查，并尊重事实。

d.引导对方说话：就是要鼓励员工表达，指导者可以提出可自由发挥的话题或用引导词，如，你认为……事实是……将来……后果是……，等等。

e.做出回应：及时对员工情况做出回应，并逐步提出意见，了解员工对回应的反应。对于发现的大的问题，要进行特别指导。

第三步，让学员试做。

① 让学习者试做，改正错误。

② 让学习者一面试做，一面说出主要步骤。

③ 再让学习者做一遍，同时说出要点。

④ 教到学习者确实了解为止。

第四步，检验成效。

① 让学习者开始工作。

② 指定协助人员。

③ 常常检查。

④ 鼓励发问。

⑤ 逐步减少指导。

比较指导前后的结果，与员工讨论学到了什么？还有哪些可改善？本次的指导过程有哪些可取之处？又有哪些不足？下一步如何做？

3.模拟训练法

模拟训练法以工作中的实际情况为基础，将实际工作中可利用的资源、约束条件和工作过程模型化，学员在假定的工作情境中参与活动，学习从事特定工作的行为和技能，提高其处理问题的能力。其基本形式是：人和机器共同参与模拟活动；人与计算机共同参与模拟活动。

（1）模拟训练法的优点：

① 学员在培训中工作技能将会获得提高；

② 通过培训有利于加强员工的竞争意识；

③ 可以带动培训中的学习气氛。

（2）模拟训练法的缺点：

① 模拟情景准备时间长，而且质量要求高；

② 对组织者要求高，要求其熟悉培训中的各项技能。

这种方法与角色扮演类似，但并不完全相同。模拟训练法更侧重对操作技能和反应敏捷的培训，它把参加者置于模拟的现实工作环境中，让参加者反复操作，解决实际工作中可能出现的各种问题，为进入实际工作岗位打下基础。这种方法比较适用于对操作技能要求较高的员工的培训。

（三）参与型培训方法

参与型培训方法是为了调动培训对象的积极性，让其在培训者与培训对象双方的互动中学习的方法。

1.案例研究法

案例研究法是指为参加培训的学员提供员工或组织如何处理棘手问题等的书面描述，让学员分析和评价案例，提出解决问题的建议和方案的培训方法。案例研究法目前广泛应用于企业管理人员（特别是中层管理人员）的培训，目的是使他们具有良好的决策能力，帮助他们学习如何在紧急状况下处理各类事件。

（1）案例研究法的分类。

案例研究法可分为案例分析法和事件处理法两种。

①案例分析法，又称个案分析法，它是围绕一定的培训目的，把实际中真实的场景加以典型化处理，形成供学员思考分析和判断的案例，通过独立研究和相互讨论的方式来提高学员分析及解决问题的能力的一种培训方法。

案例分析法可分为两种类型：第一种是描述评价型，即描述解决某种问题的全过程，包括其实际后果（不论成功或失败），留给学员的分析任务是对案例中的做法进行事后分析，以及提出"亡羊补牢"性的建议。第二种是分析决策型，即只介绍某一待解决的问题，由学员去分析并提出对策。本方法能更有效地培养学员分析决策、解决问题的能力。上述两种方法不是截然分开的，中间存在着一系列过渡状态。一般来说，解决问题的过程有7个环节（如图3-4所示）。

```
找问题 → 分主次 → 查原因 → 提方案 → 细比较 → 做决策 → 试运行
```

图3-4 解决问题的过程

一个案例可以终止于7个环节中的任一个。例如，若进行到第三个环节，即问题产生的原因已找出，留给学员去做的事便是对症下药，列出若干备选方案，逐一权衡比较，然后制定出决策等；若只找出了问题，分清了主次，而查明原因这一环节有待学员去做，则学员的任务便加重了，案例的分析难度也相应增加。如此逐步上溯，若案例只介绍了头绪纷繁的一种管理情景，则学员应找出此情景中究竟存在哪些问题，案例研究的难度也就更大了；反之，若案例中7个环节均已覆盖，即介绍了解决问题的全过程及后果，而学员只能对此做法进行一番评价，那么这才属于描述评价型的案例。

②事件处理法。事件处理法是指让学员收集亲身经历的案例，将这些案例作为个案，利用案例研究法进行分析讨论，并用讨论结果来警戒日常工作中可能出现的问题。学员间通过彼此亲历事件的相互交流和讨论，可使企业内部信息得到充分利用和共享，同时有利于形成一个和谐、合作的工作环境。

事件处理法的优点：让员工了解解决问题时收集各种情报及分析具体情况的重要性；了解工作中相互倾听、相互商量、不断思考的重要性；通过自编案例及案例的交流分析，提高学员理论联系实际的能力、分析解决问题的能力，以及表达、交流能力；培养员工间良好的人际关系。

（2）运用案例研究法的要求。用于教学的案例应满足以下三个要求：内容真实；案例中应包含一定的管理问题；分析案例必须有明确的目的。

（3）案例研究法的优点：

① 学员参与性强，变学员被动接受为主动参与；

② 将学员解决问题能力的提高融入知识传授中，有利于使学员参与企业实际问题的解决过程；

③ 教学方式生动具体，直观易学；

④ 容易使学员养成积极参与和向他人学习的习惯。

（4）案例研究法的缺点：

① 案例的准备需要较长时间；

② 对培训师和学员的要求都比较高；

③ 案例的来源往往不能满足培训的需要。

2.研讨法

研讨法是指在教师引导下，学员围绕某一个或几个主题进行交流，相互启发的培训方法。据研究，这种方法对提高学员的责任感和改变工作态度特别有效，比较适宜于管理人员的培训。

（1）以教师或学员为中心的研讨。以教师为中心的研讨从头至尾由教师组织，教师提出问题，引导学员做出回答。教师起着活跃气氛、使讨论不断深入的作用。讨论的问题除主题本身外，有时也包括由学员的回答引出的问题。讨论也可以采用这种形式，教师先指定阅读材料，然后围绕材料提出问题，并要求学员回答。研讨结束后，由教师进行总结。

以学员为中心的研讨常常采用分组讨论的形式，有两种方法：一是由教师提出问题或任务，学员独立提出解决办法；二是不规定研讨的任务，学员就某议题进行自由讨论，相互启发。

（2）以任务或过程为取向的研讨。任务取向的研讨着眼于达到某种目标，这个目标是事先确定的，即通过讨论弄清某一个或几个问题，或者得出某个结论。组织这样的研讨需要设计能够引起讨论者兴趣、具有探索价值的题目。

过程取向的研讨着眼于讨论过程中成员之间的相互影响，重点是相互启发，进行信息交换，并增进了解，加深感情。

任务-过程取向的研讨既能得出某个结论，又能达到相互影响的目的，这需要对讨论进行精心的组织。例如，先分成小组讨论，小组内进行充分的交流，意见达成一致；然后小组推举一人在全体学员参加的讨论会上发言。

（3）研讨法的优点：

① 多向式信息交流。在讨论过程中，教师与学员间、学员与学员间相互交流、启发和借鉴，及时反馈，有利于学员取长补短，开阔思路，促进能力的提高。

② 要求学员积极参与，有利于培养学员的综合能力。研讨法要求在调查准备的基础上，就研讨内容提出自己的观点，找出解决办法，因而学员必须独立思考，收集、查阅各种资料，分析问题，并用语言表达，同时还要能判断、评价别人的观点并及时做出反应。

③ 加深学员对知识的理解。通过对实际问题的研究、讨论，为学员提供了运用所学知识的机会，加深了学员对原理知识的理解，提高其运用能力，并激发进一步学习的动力。

④ 形式多样，适应性强，可针对不同的培训目的选择适当的方法。

（4）研讨法的缺点：

① 运用时对培训指导教师的要求较高；

② 讨论课题选择的好坏将直接影响培训的效果；

③ 受训人员自身的水平也会影响培训的效果；

④ 不利于受训人员系统地掌握知识和技能。

3.角色扮演法

角色扮演法是指在一个模拟真实的工作环境中，让参加者扮演某种角色，感受所扮角色的心态和行为，模拟性地处理工作事务，从而提高处理各种问题的能力。（参见下一模块角色扮演实训中的详细介绍）

（1）角色扮演法的优点：

① 受训者会抱有浓厚的兴趣，并具有娱乐性功能。

② 角色扮演具有高度的灵活性。实施者可以根据培训需要改变受训者的角色，与此同时，培训内容也可以做出适于角色的调整。在培训时间上没有任何特定的限制，视

要求而决定长短。

③ 角色扮演是在模拟状态下进行的，因此受训者在做出决策行为时可以尽可能地按照自己的意愿去完成，不必考虑在实际工作中决策失误会带来工作绩效的下降或失败等问题。受训者只要充分地扮演好角色就行，没必要为自己的行为担心，因为其产生的影响可以控制在一定的范围内，不会造成不良影响，也没必要在意他人对自己的看法。

④ 可以增加角色之间的感情交流，培养人们的沟通、自我表达、相互认知等社会交往能力。在角色扮演过程中，需要角色之间的配合、交流与沟通，尤其是同事之间一起接受培训进行角色扮演时，能够培养员工的集体荣誉和团队精神。

⑤ 为受训者提供了广泛地获取多种工作生活经验、锻炼能力的机会。通过角色扮演，受训者可以相互学习对方的优点，可以模拟现实的工作生活，从而获得实际工作经验，明白本身能力的不足之处，通过培训，使各方面能力得到提高。

（2）角色扮演法的缺点：

① 如果没有精湛的设计能力，在设计上可能会出现简单化、表面化和虚假人工化等现象。这会使受训者得不到真正的角色锻炼能力提高的机会。

② 有时受训者由于自身的特点不乐意接受角色扮演的培训形式，而又没有明确的拒绝，其结果是在培训中不能够充分地表现出他们自己。另一种情况是受训者的参与意识不强，角色表现漫不经心。

③ 对某些人来说，在接受角色培训时，表现出来的是刻板的模仿行为和模式化行为，不能反映他们自身的特征。这样，他们的角色扮演就如同演戏一样，偏离了培训的基本内涵。

④ 由于角色扮演时，交互影响会产生于扮演者和观察者之间，这里的影响是很微妙的，但绝不容忽视。

⑤ 有些角色扮演活动是以团队合作为宗旨的，在这种情况下可能会出现过度突出个人的情况，这也是角色扮演中很难避免的，因为，一旦某个人表现太富于个性化，这就会影响团队的整体合作性。

4.游戏法

培训最好在一种轻松的气氛中进行，因此，游戏法在企业员工培训中经常被用到。

游戏法是指由两个或更多的参与者在遵守一定规则的前提下，互相竞争并达到预期目标的方法。游戏形式取决于游戏或练习的内容，通常游戏中含有竞赛或变革的内容。在某些游戏中，学员要在其中获得一个角色，此角色要在一段时间内或一个特定的事件中依据所掌握的信息经营公司的业务，例如公司销售活动游戏等。

（1）游戏法的应用环境。

① 创造学习的意愿，使大家准备好学习。

② 演示知识技能的应用。

（2）游戏法的操作流程。

① 游戏法的前期准备。游戏内容、道具、场地、规则说明等需要提前准备好。如果没有限制，会使游戏变成一场闹剧，只有制定了对游戏参与者的约束制度，使游戏有章可循，才能使游戏顺利进行。

② 参训者参加一个游戏，可以选择竞争或合作，或者两者兼备。

③ 让参训者交流体会。为了增强游戏法的培训效果，游戏结束后应该让参训者交流体会。

④ 培训师点评。培训师可以对游戏的进展情况进行录像，之后带领参训者回顾，使参训者尽可能地将对游戏的感受与培训目的联系起来，避免单纯的游戏。

（3）游戏法的使用要求。

① 游戏必须与培训的主题相关。

② 游戏提倡竞争。培训中常常引入竞争意识并贯彻在游戏中，培养竞争意识是游戏法的目的之一。

③ 有一定的结果。游戏的目的是使参与者通过游戏活动的结果，加深对知识的认识和理解，有的游戏最后要在竞争中出现胜负结果，这对胜利者是一种鼓励，对失败者是一种激励。

④ 应尽量有趣、活跃和主动。

图3-5为培训师指导做游戏示例，图3-6为游戏培训示例。

图3-5　培训师指导做游戏示例

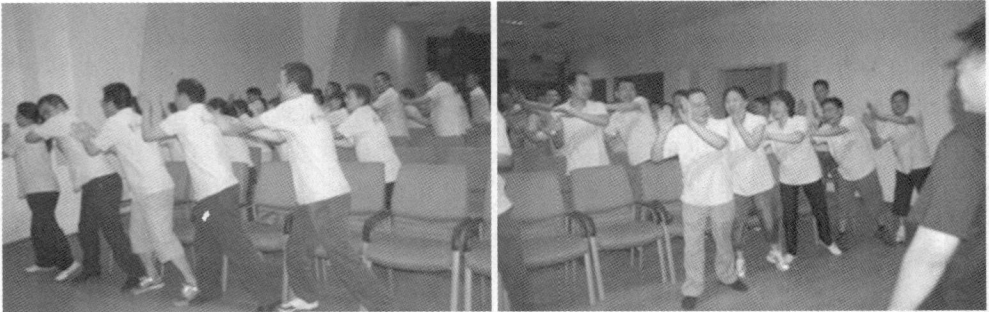

训练团队一致性的拍手游戏（1）　　　　训练团队一致性的拍手游戏（2）

图3-6　游戏培训示例

（4）游戏法的优点。

① 激发参训者的积极性。

② 改善人际关系。

③ 寓教于乐，能使参训者理解深刻。

④ 可使参训者联想到现实的结果。

（5）游戏法的缺点。

① 把问题简单化。

② 使人缺少责任心。

③ 比较费时。

④ 模拟游戏的有效性难以得到证实。

⑤ 准备工作多，场地要求高。

（6）游戏法中的分组技巧。

使用游戏法开展培训时，往往采用将学员分组进行学习竞赛的形式。在组织培训活动时，每个小组会选队长、起队名与口号、进行魅力展示等，一些重要培训或有时间准备的培训甚至还会提前定制队标、队旗，如图3-7所示。

图3-7　团队风采展示

① 分组。在分组时采用随机抽取组合的方式，除了特殊情况最好男女按比例搭配。

② 选队长。对于队长，要求其有组织能力、表达能力、积极进取和无私奉献精神，同时还要得到本组绝大多数队员的认可。选队长除了传统的举手表决法和投票法外，还有如下方法：

A.万众归一法。本小组成员围坐一圈，大家举起手来将大拇指指向空中，由一人或大家一起喊"1，2，3"，然后将自己的大拇指指向自己心目中的队长，谁被指得多，谁当选队长。此法适用于小组成员比较少的情况。

B.马首是瞻法。由几个毛遂自荐的学员作为候选人，然后候选人一字排开站好，由本组成员站在自己心目中的队长后面，谁后面排的队员多谁就当选队长。本法适合于小组队员人数较多的情况。

③ 起队名与口号。每组队长组织本组队员起队名和口号，队名要求个性化、具有激励性；口号要简单、响亮、朗朗上口。队名与口号内容最好相关，这样效果会更好。

④ 进行魅力展示。每组队员以各种不同的方式高呼本队的队名和口号。喊口号时，要求整齐、洪亮、有气势，这样能够激励本队队员、威慑对手。在这样的组织方式的带

动下，后续的培训课程将变得生动而精彩。

（四）不同培训方法的效果比较

各种培训方法各有其优缺点，根据不同的培训项目和培训目标，我们可以寻找到一组最佳的组合办法。另外，培训方法的选择也依赖于培训经费的支持，要有培训场地和器材做保证，需要培训教师准确有效地采用。1972年，美国学者卡罗尔（S.J.Carroll）、佩因（F.T.Paine）和伊凡维奇（J.J.Ivancevich）对人事专家进行了一项专门调查，结果见表3-10。

表3-10　　　　　　　　　　　　　几种培训方法的效果比较

培训方法	获得知识	改变态度	解决难题技巧	人际沟通技能	参与许可	知识保持
案例研究	2	4	1	4	2	2
讨论会	3	3	4	3	1	5
讲课（带讲座）	9	8	9	8	8	8
商业游戏	6	5	2	5	3	6
电影	4	6	7	6	5	7
程序化教学	1	7	6	7	7	1
角色扮演	7	2	3	2	4	4
敏感性训练	8	1	5	1	6	3
电视教学	5	9	8	9	9	9

在表3-10中，研究者列出获得知识、改变态度、解决难题技巧、人际沟通技能、参与许可、知识保持几个不同的指标来对不同的培训方法进行衡量，以此反映专家对不同方法的评价。各指标排列的次序越靠前，说明专家认为这种方法越有效。

二、选择培训方法

选择合适有效的培训方法，需要考虑7个要素：培训的目的、培训的内容、培训对象的自身特点、参加培训的员工数量、培训所需时间、培训所需费用及企业具备的培训资源。为了提高培训质量，往往需要将各种方法配合运用。

选择培训方法的程序如下：

（一）根据培训目的、培训内容初步选择培训方法

1."方法为内容服务"是选择培训方法的基本原则之一。

（1）如果培训的内容是知识方面的，宜选择直接传授型培训方法，比如讲授法、演示法等。由于知识性课程涵盖的内容比较多，且理论性较强，课堂讲授式更能够体现其逻辑相关性，使培训对象更易理解那些概念性内容和专业术语。

（2）如果培训的内容是技能方面的，宜选择实践型培训方法或者参与型培训方法，比如工作轮换法、工作指导法、模拟训练法、角色扮演法等。因为技能型培训的目的是要求学员掌握实际操作能力，如销售技能、生产作业技能等，学员通过角色扮

演等使本来不会做的事经过模仿、熟悉，最后达到应用自如并能够创造性地发挥的目的。若仅仅通过课堂讲授而不参与具体操作，就会出现虽然知道怎样做但不一定能够做的现象。

2.培训内容的选择取决于培训目的，因此，方法为内容服务，最终为目的服务。

（1）如果培训的目的是影响学员的思维、观念、态度，则宜采用参与型培训方法，比如案例研究法、研讨法、角色扮演法、商务游戏等培训方法。因为通过学员共同参与的活动或者游戏，学员能在轻松快乐的气氛中得到启发，并通过培训师在方法上的引导，能将所学很快转化为学员的自主行动。倘若采取课堂讲授式，则易使学员感觉是在空谈大道理。

（2）如果培训的目的是开发学员的创造性，可以采用头脑风暴法、形象训练法和等价交换的思考方法等。

（二）通过分析参训者的群体特征及人数进一步筛选培训方法

1."因材施教"是确定培训方法时必须把握的重要原则。

在实际培训工作中，培训工作者面对的培训对象往往差别很大，有新员工与老员工之分，有基层员工与高层员工之分，同时还有公司的客户（经销商或代理商）。每种培训对象具有不同的特点，如果采用同样的培训方法来培训不同的培训对象，其效果一定不理想。

如果条件许可，应该利用成人学习风格测试问卷（见附录）对培训对象进行调查，根据培训对象中占主导地位的学习风格选择培训方法（见表3-11）。

表3-11 学习风格与培训方法选择

学习风格	行动型	反思型	理论型	应用型
特点	习惯先行动、后完善；喜欢讨论	喜欢观察和总结经验	强调理性和逻辑，喜欢系统的思考	喜欢能够产生实际效果的培训
培训方法选择	研讨、实习、现场指导、演示、模拟训练	案例分析、研讨	讲授	模拟训练、实习、现场指导、案例分析

2.参训人数的多少也影响培训方式的选择。参训人数不多时，小组讨论或角色扮演将是不错的培训方法；但参训人数众多时，演讲、多媒体教学、举行大型的研讨会可能比较适当。因为参训人数的不同会使同一种培训方法的培训效果不同。

（三）根据企业对达成培训目标所需资源的满足情况确定培训方法

最终选择的培训方法应该既有比较好的培训效果，企业又有能力实施。

由于不同的培训方法对培训讲师、设备、费用、场地、时间等的要求不同，这可能会限制某些培训方法在具体企业的应用，企业最后还需要根据可获取的培训资源确定培训方法。

1.培训所需时间

有的训练方式需要较长的准备时间，如多媒体教学、视频教学；有的培训实施起来时间较长，如自我学习，这就需要根据组织、学习者以及培训教员个人所能投入的时间来选择适当的培训方法。

2.培训所需场地

不同的培训方法对场地的要求不同，比如游戏法、场地拓展训练等所需的场地比讲授法、研讨法等所需的场地要大得多，是否具备合适的场地会影响培训方法的选择。

3.培训所需费用

演讲、脑力激荡、小组讨论等方法所需的经费一般不会太多，差旅费和食宿费是主要的花费；而影音互动学习和多媒体教学则花费惊人，如购买各种配套设备等需要投入相当多的资金。因此，选择适当的培训方法需要考虑到组织的费用承受能力。

4.相关科技的支持

有的培训方法需要相关的科技知识或技术工具予以支持。如企业内部电脑网络培训法要求企业建立良好的网络培训系统；多媒体教学则需要更多的声光器材的支持。因此，组织能否提供相关的技术和器材，将直接影响到高科技训练方法的采用。

三、选择培训形式

（一）不同培训形式的优劣分析

各种员工培训形式各具优缺点，企业应根据不同的目的、不同的对象、不同的内容、不同的要求等采用不同的培训形式。培训形式的划分有多种不同的标准。

1.按培训时是否离开岗位划分：

（1）在职培训。在职培训是指员工在不脱离现有岗位的情况下，接受企业的培训。其主要优点是，比脱产培训更容易实施，可一边工作一边培训，费用较低，培训是实际而非抽象的，可因材施教。其主要的缺点是，很难做到工作流程优化与培训两不误，培训内容无法统一，不利于传授专门的知识，培训员工的数量少。

（2）脱产培训。脱产培训是指员工离开现任的工作岗位去接受培训。其主要优点是，可对大量的员工同时进行培训。员工可在专家指导下专心接受培训并学习高度专业化的知识和技能，员工可相互学习以增强培训效果，容易培养员工的团队意识。其主要的缺点是，培训费用较高，培训成果无法及时运用，培训会影响工作进度。

（3）自我培训。自我培训是指员工具有强烈的上进心，严格要求自己，根据自己的特点不断地进行自我学习。它是一种主动的行为。

企业内自我培训可以采用网络在线教育（多媒体培训）的形式。在线学习是借助于互联网进行的，具有学习的随时随地性、公平接受和低成本等特点，从而为教育的普及化和终身学习提供了可能，但是这种以网络为媒介的学习方式却疏远了人与人之间的关系；利用播放视频或其他多媒体软件同样会产生类似的问题。

2.按培训时是否离开组织划分为企业内训和外派培训。

3.培训形式还可以分为集中培训和分散培训。

（二）影响企业选择培训形式的因素

企业在选择培训形式时，经常考虑的因素有：

1.经济性问题。因为企业培训成本经常比较高，包括经济成本、时间成本、精力成本和机会成本，而培训后效果通常不可预期，难以衡量，因而企业会关注培训的投入与产出比。

2.培训对象的特点。创造轻松、活跃的培训环境，易于培训对象接受和理解知识、练习技能或转变观念。企业应根据培训对象的不同特点选择不同的培训形式。

3.培训形式和内容的选择是相辅相成的，其基本出发点是要满足企业的需求和培训的目的。首先要区分所要培训的课程是知识方面还是技能方面的，或者是态度方面的。如果是知识方面的，采用多媒体培训或者参加公开课就可以了，参加公开课企业承担的费用较少。如果是技能或态度方面的培训，就应该选择内训或内训公开化。具体来说，如果需要培训的某课程的人数较少，在5人以内，最好选择外部公开课；如果选择参加某课程的人数为6~15人，可以选择内训公开化的形式；如果人数在16人以上，最好引入内训。

思政专栏 ▮▮▮▮

《国务院关于推行终身职业技能培训制度的意见》提出："推动企业……采取岗前培训、学徒培训、在岗培训、脱产培训、业务研修、岗位练兵、技术比武、技能竞赛等方式，大幅提升职工技能水平。全面推行企业新型学徒制度，对企业新招用和转岗的技能岗位人员，通过校企合作方式，进行系统职业技能培训……大力推广'互联网+职业培训'模式，推动云计算、大数据、移动智能终端等信息网络技术在职业技能培训领域的应用，提高培训便利度和可及性。"

点评：社会经济的发展和技术的进步要求培训管理者和培训师推进培训方式的创新。

任务3 培训课程设计

▮▮▮▮➤ **学习目标** ▮▮▮▮

知识目标
了解培训课程的类型和设计要素；掌握培训课程设计的步骤。

能力目标
能够运用培训课程设计的知识评判培训师的课程设计，提出改进要求。

思政目标
了解政府管理部门对培训课程设计的要求。

➤➤ **情境和任务**

一、学习情境

B公司是一家大型的家电生产企业，公司成立于1998年，目前员工人数达到1 500多人，年产值20多亿元。随着市场的竞争越来越激烈，公司的整体效益呈现下滑趋势。为了提高竞争力，公司对中层管理人员进行培训需求调查，通过对培训需求的分析，把沟通能力的提升列为中层管理人员需要培训的重点内容之一。

××培训公司根据B公司的要求对"高效沟通"课程进行了设计。为了保证培训的效果，在实施培训之前，B公司的培训专员检查了培训公司的课程设计。以下是培训公司提供的课程设计。

"高效沟通"课程设计

一、培训课程分析

（一）学员分析

1.学历情况

表3-12是对中层管理人员的学历调查情况，从表中可以看出，拥有本科和专科学历人员是中层管理人员的主力军，因此在课程设计的过程中应考虑到他们的学历情况。

表3-12   中层管理人员学历状况表

人数和比例 ＼ 学历	博士	硕士	本科	专科	职高
中层管理者人数	2人	5人	18人	10人	5人
所占比例	5%	12.5%	45%	25%	12.5%

2.学习态度

通过对调查问卷的分析，发现中层管理人员的学习动机很明确。目前的管理工作对他们的沟通能力要求很高，他们现在很需要进行这项能力的培训。

（二）任务分析

通过查阅公司的职务说明书以及绩效考核资料，并通过与有经验的中层管理人员的谈话，发现有效沟通对中层管理人员的工作来说很重要，这种沟通不仅包括上级和下级之间的沟通，还包括与重要客户的沟通。

（三）解决方案

根据公司目前现存的课程资料以及现有的人员情况，可以开发"高效沟通"这门培训课程。

二、设计培训课程

（一）编制课程大纲

大多数中层管理人员是专科以上学历，因此在设计课程时应注意学员的学习能力，设计适合他们的授课方式以及课程内容。"高效沟通"的课程大纲见表3-13。

表3-13   "高效沟通"课程大纲

1.课程名称

"高效沟通"。

2.课程对象

公司各职能部门的负责人。

3.课程目标

（1）能够描述人与人之间沟通中存在的障碍。

（2）熟练掌握沟通中必要的技巧，具备良好的沟通心态。

4.课程特点

（1）讲师的角色是教练和促进者。

（2）以大量的现实生活和工作中存在的问题为主线进行讲授。

5.课程内容

课程内容见下表。

课程单元、构成、内容以及时间分配表

单元	构成	内容	时间分配
第一单元 认识沟通	沟通现状 阻碍沟通的要素	错误沟通的影响 沟通能力的诊断 沟通是什么 听/说体验活动 阻碍沟通的因素	2小时
第二单元 积极倾听的技巧	关注 确认事实 共鸣	确认事实的概念 换一种对话方式 产生共鸣的三个阶段 感情（感觉）确认的练习	4小时
第三单元 有效表达的技巧	有效的表达 提问/回答	有效的表达方法 我的信息/你的信息 有效的提问要领/实习 封闭型/开放型提问 封闭型/开放型提问的转换/活用	6小时

6.授课讲师

授课讲师为××培训公司的××培训师。

7.授课方式

授课方式为讲解、故事、游戏、现场情景模拟。

8.课程时间

培训时间为两天，××××年6月7日—8日，课时为12小时。

9.授课地点

授课地点为公司内部的专门培训教室903。

（二）编制讲师手册

针对"高效沟通"这一课程的授课过程所编制的讲师手册见表3-14。

表3-14 **"高效沟通"课程讲师手册**

第一部分 开场白和课程导入

1.开场白

时间：15分钟。

目的：明确本课程的主要内容以及课程中的纪律问题。

所需资源：电脑、投影仪、写字笔、写字板及活页挂图。

授课方式：讲解。

讲师讲解：今天课程的主要内容是高效沟通所包括的三方面内容，即认识沟通、积极倾听的技巧、有效表达的技巧。

在上课之前，先讲一下课堂纪律：遵守上课时间，不迟到、早退；手机置于振动状态；课堂上不准打电话；不要在课堂上走动；不得吸烟、大声喧哗。

2.课程导入

破冰活动。

目的：为了使学员之间互相熟悉，调动大家的积极性，活跃气氛，我们在上课之前将对学员进行分组。

时间：25分钟。

所用工具：写字板、写字笔。

第二部分 认识沟通

时间：120分钟。

目的：明确本节主要讲授的内容，即错误沟通的影响、沟通能力的诊断、沟通是什么、听/说体验活动、阻碍沟通的因素。

所需资源：电脑、投影仪、写字笔、写字板及活页挂图。

授课方式：讲解、提问、游戏。

1.错误沟通的影响

时间：20分钟。

授课方式：讲解。

（1）错误沟通是什么（内容略）。

（2）错误沟通对我们的影响（内容略）。

2.沟通能力的诊断

时间：20分钟。

所需资料：沟通能力测评试卷。

讲授方式：提问、讲解。

本节采用自测表的形式进行，给学员发放沟通能力自测表（见表1），测试学员目前的沟通能力。

表1 **沟通能力自测表**

1.当你的同事对你进行劝告或批评时，你的态度如何		
A.很乐意接受	B.能接受一部分	C.比较抵触，难以接受
2.在你工作非常忙碌时，你的同事请你帮忙，你会怎么做		
A.尽力而为	B.有时会推辞	C.拒绝的时候比较多
3.你与下属共同谈论工作时，你一般会怎样做		
A.以赞扬和鼓励为主	B.赞扬多，批评少	C.通过批评让其不断进步

4.同事的性格、生活方式等与你有很大出入时，你会如何处理		
A.很快适应，并能融洽相处	B.通过沟通会慢慢适应	C.很难适应
5.当你到一个新的环境或单位，你如何面对不认识的人		
A.很快就能熟悉	B.能和部分人很快熟悉起来	C.慢慢熟悉他们
6.当你的同事做了一件让你感到不舒服的事时，你会如何处理		
A.沟通后能够原谅他	B.能站在他的角度重新审视问题	C.敬而远之
7.当你在工作中遇到难题时，你会如何处理		
A.喜欢向同事求助	B.在无能为力时求助同事	C.从不求助，自己解决
8.当同事取得重大成就时，你会如何表示		
A.祝贺他并愿意倾听他的经验	B.表示祝贺	C.很羡慕，很希望自己也能取得
9.公司里有人在背后说别人的坏话时，你会怎么处理		
A.如果能制止，就制止他们	B.绝不参与其中	C.即使听到，也不扩散
10.在与客户进行沟通时，你能迅速发现客户的兴趣点吗		
A.见面的几分钟后就能发现	B.要经过一段时间的沟通才能发现	C.要通过几次沟通才能发现

评分标准：

选A得3分，选B得2分，选C得1分。

24分以上，说明沟通能力很强，请继续保持和提升。

15～24分，说明你的沟通能力一般，请努力提升。

15分以下，说明你的沟通能力很差，急需提升。

　　3.沟通是什么

　　时间：30分钟。

　　授课方式：讲解。

　　讲解内容：（略）。

　　4.听/说体验活动

　　时间：30分钟。

　　授课方式：游戏。

　　活动内容：（略）。

　　5.阻碍沟通的因素

　　时间：20分钟。

　　授课方式：讲解、提问。

　　讲解内容：（略）。

　　第三部分　积极倾听的技巧

　　时间：240分钟。

　　目的：明确本节主要讲授的内容，即确认事实的概念、换一种对话方式、产生共鸣的三个阶段、感情（感觉）确认的练习等。

　　所需资源：电脑、投影仪、写字笔、写字板及活页挂图。

　　授课方式：讲解、游戏、讨论、案例分析、现场情景模拟。

　　讲师讲解：在沟通中，倾听是沟通过程中最重要的环节，是有效反馈的前提，因此，提高倾听的技巧，能够帮助我们提高沟通能力。在进行本节课程内容之前，我们先来做个游戏。游戏规则见表2。

表2	游戏规则一览表		
游戏目的	有效提高游戏参与者的倾听能力；提高游戏参与者的信息处理能力		
时间	30分钟	用具	白纸若干张
游戏步骤	1.首先，讲师向学员提出一个问题：小林和大林兄弟两个，小林有5只羊，大林有15只羊，请问他们家有多少只羊？ 2.有人回答20只羊吗？还有其他的答案吗？这时候讲师可以给出答案："不能从题目中知道小林家有几只羊。" 3.组织学员进行讨论。		
问题讨论	1.为什么有许多学员能够给出"精确"的答案？ 2.在沟通中倾听有何重要性？ 3.倾听别人说话后，应怎样利用已有的信息进行判断？		
培训技巧	1.上面的问题是没有答案的，因为不能从上面的信息判断出他们家是否还有三林、四林或其他的亲属。 2.还可以用下面的问题引出讨论： （1）小明的妈妈有4个儿子，大儿子叫大毛，二儿子叫二毛，三儿子叫三毛，那四儿子叫什么？ （2）爷爷指着红色的牡丹对两个孙子说："能告诉我这朵花是什么颜色吗?"一个孙子说"能"，另一个孙子说"红色"。		

讲师讲解：倾听时，不能根据一些不充分的信息妄下结论；在沟通中要仔细倾听，不要答非所问。

表3是积极倾听的技巧要讲授的内容。

表3	积极倾听的技巧内容一览表		
章节	内容	授课方式	时间
第一节	确认事实的概念	讲解、案例分析	60分钟
第二节	换一种对话方式	讲解、讨论	60分钟
第三节	产生共鸣的三个阶段	讲解、讨论	60分钟
第四节	感情（感觉）确认的练习	现场情景模拟	30分钟

第四部分　有效表达的技巧

时间：360分钟。

目的：明确本节讲授的主要内容，即有效的表达方法、我的信息/你的信息、有效的提问要领/实习、封闭型/开放型提问，以及封闭型/开放型提问的转换/活用。

所需资源：电脑、投影仪、白板笔、白板及活页挂图。

授课方式：讲解、故事、讨论、案例分析、练习、实际操作。

讲师讲解：首先引入一个小故事，说明表达的技巧能够带来的好处。

有一位夫人来找林肯总统，她理直气壮地说："总统先生，你一定要给我儿子一个上校的职位。我并不要求您的恩赐，而是我们应该有这样的权利。因为我的祖父曾参加过德累斯顿战役，我的叔父在布拉敦斯堡是唯一没有逃跑的人，而我的父亲又参加过纳奥林斯之战，我的丈夫是在曼特莱战死的，所以我说应该给我儿子一个上校的职位。"

"夫人，你们一家三代为国服务，对于国家的贡献实在够多了，我深表敬意，现在您能不能给别人一个为国效力的机会?"林肯接过话说。

表4是有效表达的技巧要讲授的内容。

表4　　　　　　　　　　　　　**有效表达的技巧内容一览表**

章节	内容	授课方式	时间
第一节	有效的表达方式	讲解、案例分析	60分钟
第二节	我的信息/你的信息	讲解、讨论	60分钟
第三节	有效的提问要领/实习	讲解、讨论、练习	60分钟
第四节	封闭型/开放型提问	讲解、练习、讨论	90分钟
第五节	封闭型/开放型提问的转换/活用	讲解、实际操作	90分钟

第五部分　课程回顾

时间：30分钟。

工具：白板和白板笔。

授课方式：提问、游戏。

讲师讲解：

◆现在回顾本课程的所有内容（提问的方式）；

◆考查学员对所学知识的运用（做游戏，见表5）。

表5　　　　　　　　　　　　　　**游戏规则一览表**

游戏名称	谁来比画谁来猜
游戏步骤	1.每组选出两个人，选定一个队员进行比画，一个队员猜 2.给比画的队员每人发一张纸（完全一样），在纸上写下10个名词，然后打乱顺序，再随机分发给他们。在此过程中，任何人不能说话 3.比赛开始，每组两个人面对面站立，比画一方要尽快让对方猜出纸上的名词，比画者不能说出名词及谐音 4.用时最短的小组获胜
问题讨论	1.获胜的原因 2.在对名词进行比画时有什么技巧
讲师讲解	表达时话不在多，而在于精；表达要确定重点和关键 说不是最重要的，让别人听懂才是目的

三、评估培训课程

对于中层管理人员的"高效沟通"培训课程评估主要是对培训效果的评估，通过调查问卷的方式对培训效果进行评估（见表3-15）。

表3-15　　　　　　　　　　　"高效沟通"培训效果评估调查表

评价对象	具体调查的内容	1分	2分	3分	4分	5分
整体培训	对此次培训课程的整体评价					
	本次培训的组织安排工作做得是否到位					
	您觉得本次培训的后期工作做得如何					
培训课程	课程内容是否清晰、明确					
	您认为培训教材适合您吗					
	您觉得培训内容对您销售工作的指导性强吗					
	课堂气氛活跃程度					
	视觉辅助工具的运用是否合适					
	您认为受训人员参与程度如何					
	您认为在课程内容方面应做哪些改进：					
培训方法	在此次培训过程中，培训师的培训方法是否提高了你的学习效果：					
培训讲师	培训方法的灵活程度					
	仪表仪态					
	语言表达能力					
	肢体语言运用技巧					
	语调运用技巧					
	提问及回答问题的准确性					
	授课技巧运用程度					

二、训练任务

如果你是B公司的培训专员，请你对学习情境中的"高效沟通"课程设计提出改进要求。

三、企业实践参考

◆◆◆◆➡ 案例3-3

帮助管理者接纳绩效管理的培训课程设计

（一）项目需求分析

1.培训对象分析

组织的直线管理者存在的主要问题包括：

（1）认为绩效管理不产生增值，是浪费时间；

（2）普遍认为绩效管理是人力资源管理部门的工作。

2.培训的必要性

由于不认可绩效管理中所承担的责任和怀疑绩效管理的作用，直线管理者抵触绩效管理，这使得绩效管理的目标难以实现。

3.培训目的

扭转直线管理者对待绩效管理的观念。

（二）培训目标

使直线管理者认可绩效管理是本职管理工作的核心部分。

（三）培训组织

正式培训前将学员按5～6人为一组进行分组。

（四）实现培训目标的途径

实现培训目标的途径如图3-8所示。

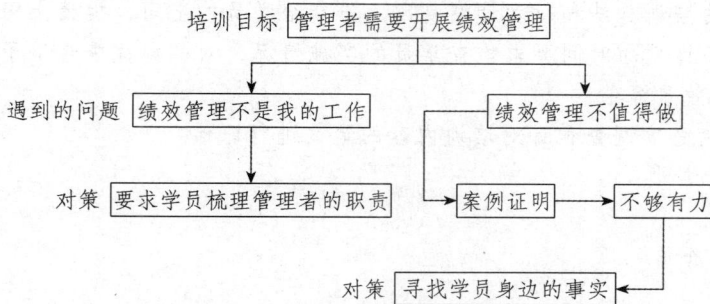

图3-8 培训策略图

（五）课程内容与培训方法运用

1.指出直线管理者的工作包括作业活动和人员管理活动。请学员在自己的学习记录上分别列出这两类活动的具体任务，然后估计自己用在这两类活动上的时间比例。

2.要求学员分小组讨论以下问题：

（1）你认为能不能通过平衡人员管理和技术管理两方面的工作来最大限度地发挥管理者的作用？

（2）与本组织中同级别的优秀管理者相比，你用在技术和人员管理上的时间比例如何？

......

3.总结以上两个训练，论证直线管理者开展员工绩效管理比用同样的时间去做作业活动取得的效果更好，他身边的优秀管理者就是证据。

（1）绩效管理帮助管理者实现管理目标：管理者通过员工绩效管理将企业的目标分解成各个员工的具体目标，向员工传达组织的期望，使团队成员能朝着共同目标努力。

（2）绩效管理可以提高管理者的管理技能：绩效管理的系统性要求管理者必须履行相应的管理职能，有利于提高管理者在目标制定与分解、指导与沟通、分析诊断问题等方面的能力。

（3）绩效管理能够节省管理者的时间：通过帮助员工找到错误和低效率的原因来减

少错误和差错，有助于克服通向成功的障碍，避免日后付出更大的代价，管理者就可以节省时间去做自己应该做的事情。

4.请学员完成一个简短的问卷。将绩效管理过程中管理者的正确行为编成问卷，请学员对照问卷确定自己做到了哪些。

5.分组交流。选择你认为员工愿意和你合作完成的活动，并向其他组员给出例证。

6.总结步骤4和步骤5，帮助学员意识到，有许多可以帮助下属提高绩效的事情他能做但却没有做。

（六）培训效果转化

要求学员现场写出培训总结并做出行动计划，课后所有学员复印一份自己的培训总结和行动计划上交给培训管理者。

1.培训管理者可选择优秀的培训总结和行动计划在内部刊物上发表。

2.将学员的培训总结和行动计划复印一份交给学员的上司，提请上司配合。

3.根据行动计划的时间要求检查学员的实施情况，对实施优秀者给予表扬和奖励。

（七）培训效果评估

通过学员满意度调查和针对培训内容的笔试进行评估。

（八）所需时间

3小时。

（九）所需资源

1.教材

将讲师的PPT及以下各种问卷和表格打印出来，学员人手一份。

2.问卷

针对表3-16中的人员管理活动，确定你经常做的、能够使你和你的下属顺利共事的部分（选中的打钩）。

表3-16　　　　　　　　　　　　　　　人员管理活动表

协商（而非强加）SMART目标和/或标准
监控员工的绩效
鼓励员工自我监控绩效
经常地、定期地给予员工关于绩效的反馈
……

3.行动计划表（见表3-17）

表3-17　　　　　　　　　　　　　　　行动计划表

本次培训的收获	在今后的工作中能运用的技巧	具体的行动计划内容	执行情况
	1.		
	2.		
	3.		

4.学员满意度调查表（见表 3-18）

表 3-18　　　　　　　　　　　　　　　　学员满意度调查表

培训项目名称		受训人姓名	
培训时间		主办单位	
培训师姓名		使用资料	
培训后反馈信息	（1）课程安排是否合理 （2）所学内容与工作联系是否密切 （3）所学内容能否用于工作中 （4）对培训师的授课方式是否满意 （5）培训师是否能够针对学员特点安排课堂活动		
受训人意见	受训心得值得应用于本公司的建议： 对公司下次派员参加本课程的建议：		

5.试卷（模板如下）

1.选择题

（1）在你看来，绩效管理的最终目标是什么？（　　　）

A.提高组织工作效率　　　　　　　　B.为员工的发展提供平台

C.改善组织工作氛围　　　　　　　　D.促进企业与员工共同发展

……

2.判断题

（1）绩效管理主要是人力资源部的事，与各部门的主管关系不大。（　　　）

……

3.开放题

（1）你认为绩效管理的作用有哪些？请列举几个。

……

6.学习记录表（见表 3-19）

表 3-19　　　　　　　　　　　　　　　　学习记录表

	作业活动	人员管理活动
列出你的工作		
	估计你花费时间的比例	
	%的时间	%的时间

➤➤ 相关知识

课程设计是指拟定一门课程的组织形式和组织结构。

一、培训课程设计的原则

培训课程是一个直接用于企业服务的课程系统，具有服务性、经营性、实践性、针对性、经验性、功利性及时效性等特性。培训课程的特性源于培训活动的本质属性，即培训既属于一种教育活动，同时又是企业的一种生产行为。设置培训课程应体现以下基本原则：

（一）符合企业和学习者的要求

培训课程首先要满足企业和学习者的要求，这是培训课程设置的基本依据。培训课程设置不同于学校课程设置，它要把学习者作为占主导地位的或唯一的依据，也就是以学习者的需要、兴趣、能力以及过去的经验作为课程要素决策的基础。

（二）符合成人学习的认知规律

培训课程设置要符合成人学习的认知规律，这是培训课程设计的主要原则。由于成人学习方式的特点，例如成人学习目的性非常明确，他们参加培训的原因就是为了提高自己某一方面的技能或补充新知识等，以满足工作的需要，因此培训课程就要有一个明确目标，而且在培训课程教学内容的编排、教学模式与方法的选择、教师的配备、教材的准备等方面要有利于受训学员的学习。

（三）体现企业培训功能的基本目标

企业培训的基本目标是进行人力资源开发。培训是人力资源开发三个重要组成部分（职业开发、培训和组织提高人力资源质量）之一，除了体现培训功能之外，还是实现其他两个部分的手段。培训课程正是实现培训功能的具体体现。

二、培训课程设计的要素

在进行培训课程设计时，根据课程总体的宗旨要求，通过对课程要素的不同选择和不同的处理方式，可以设计出各种不同的课程。常用的课程要素有：

（一）培训目的分析

根据培训需求的组织分析、任务分析、人员分析确定培训目的。

（二）课程目标

在明确培训目的的基础上，考虑学员的学习基础与学习能力以确定培训课程目标。课程目标提供了学习的方向和学习过程中各个阶段要达到的标准。课程目标根据培训的内容而定：最常用的有"记住""了解""熟悉""掌握"等认知目标，以及"分析""应用""评价"等技能目标；在情感领域中的目标，如价值、信念和态度等。

（三）课程内容

课程内容可以是职业领域内的概念、判断、思想、过程或技能。课程内容以实现课程目标为出发点去选择并组合，范围和顺序尤其重要。顺序指对课程内容在垂直方向上的组织；范围指对课程内容在水平方向上的安排。

（四）教材

教材是将学习的内容呈现给学习者的载体。教材要切合学习者的情况，提供足够的信息，并且应精心设计。

（五）课程模式

课程模式主要指培训活动的安排和教学方法的选择。这些安排和选择要与课程明确的或暗含的目标和方向直接相关。好的执行模式能有效地体现课程内容，并采用配套的组织与教学方法，激发学员的学习动机，提高学习效果。

（六）课程策略

课程策略也就是教学策略，是在教学目标确定以后教学程序的选择和教学资源的利用方案。

1.知识类培训常用的教学策略

（1）启发式教学策略

启发式教学策略的模式是：准备→诱发→释疑→转化→应用。

准备就是师生课前和上课的各项准备；诱发就是学生自己或由教师引导提出问题；释疑是师生、生生采用多种方法和形式释疑、解惑；转化是要加强当堂消化吸收、巩固和内化；应用主要指应用于实际，培养解决实际问题的能力。

（2）探究式教学策略

探究式教学策略的模式如下：

提出问题→形成假说→制订方案→实施方案→分析论证→评价→交流与合作。

（3）情境教学策略

情境教学策略的模式是：创设情境→获得体验→引发思考（→分析→探究→应用）。

2.技能类培训常用的教学策略

先将复杂的工作分解为多个简单的步骤，先易后难，逐步进行，先单个步骤练习，再几个步骤合练，最后是完整过程的练习。

3.观念类培训常用的教学策略

用事实证明常见观念的错误和培训中所宣讲观念的正确。

教学策略与教学方法的区别与联系如下：

教学策略不同于教学设计，也不同于教学方法，它是教师在现实的教学过程中对教学活动的整体性把握和推进的措施。

教学策略包含教学方法，教学策略中的不同环节可以使用不同的教学方法。教学策略还包含有监控、反馈的内容，在外延上要大于教学方法。教学方法是教学策略的具体化，既包括教的方法，也包括学的方法，是教法与学法的统一。

制定和选择教学策略的依据是教学的具体目标和任务、教学内容的特点、学生的实际情况、教师本身的素养、教学时间和效率的要求。

（七）课程评价

课程评价指对课程目标与实施效果进行评价，用来确定学习者在多大范围内和程度上掌握了学习内容、在什么程度上达到了课程的行为目标。学科课程的评价重点放在定量的测定上，衡量可以观察到的行为。

（八）教学组织

课程的教学组织形式，如分班分组，应体现"因材施教"的个性化教学。下面是一些典型的分组形式：

1.变革类学习项目，梳理基于变革主题下的各类角色和职责，然后根据需要组班，如华为的变革预备队分为李冰班、詹天佑班、阿甘班等。

2.协同类学习项目，一般横向跨职能组班，必要的时候还会跨公司内外部组班。

3.基于关键岗位胜任类的学习项目，通常有两种组班方式：①纵向混合（有经验+无经验）组班；②同专业或同级别组班。

（九）时间

时间要体现短、平、快，课程设计者要巧妙地配置有效的课程时间并充分利用。

（十）空间

培训课程对空间的要求，主要是指教室，也可是实验室、研讨室、运动场等。

（十一）培训教师

该要素主要是提出对执行培训课程的教师的能力要求。

三、培训课程设计的具体操作步骤

（一）前期准备工作

在开始课程设计之前，培训工作的领导人或培训项目的负责人首先要进行相关准备工作。这些准备工作将对以后的课程设计产生重要的影响。准备工作包括：决定由谁进行课程设计工作；为课程设计初步收集尽可能多的信息；课程设计小组成员职责分工；制订课程设计工作计划。

（二）设计课程目标

首先，课程目标在课程设计工作之前就被提出来，在需求调查的基础上分清主次，主要目标和次要目标要区别对待；其次，对这些目标进行可行性分析，根据企业培训资源状况，将那些不可行的目标做适当的调整；最后，对目标进行层次划分。

（三）信息和资料的收集

信息和资料的收集可以从企业内部资料中查找所需要的信息，征求培训对象、培训相关问题专家等方面的意见，借鉴已开发出来的类似课程，也可以从企业外部可能的渠道挖掘可利用资源，资料收集的来源越广泛越好。

（四）课程模块设计

培训课程设计涉及很多方面，可以将其分成不同的模块，分别进行设计。具体的课程设计包括课程内容的设计、课程教材的设计、教学模式的设计、教学活动的设计、课程实施的设计以及课程评估的设计等方面。

（五）课程演习与试验

课程演习与试验是对前一阶段工作的一次全面检阅，包括教学内容、教学活动、教学方法、培训的后勤保障等。预演中可以让同事、有关的问题专家或培训对象的代表作为观众，在演习结束后，对整个安排提出意见。

（六）信息反馈与课程修订

在课程演习和试验结束后，根据培训对象、有关问题专家以及同事的意见对课程进行修订。课程需要做出调整的内容视课程内容而定，有些可能只需要修改一小部分课程内容，有些甚至可能要对整个培训课程进行重新设计，不论如何，存在的问题一定要及时解决。

思政专栏 ▮▮▮▮

《国务院关于加强职业培训促进就业的意见》要求：根据职业培训规律和特点，加强职业培训特别是高技能人才培训的课程体系、培训计划大纲以及培训教材的开发。

点评：课程设计（含教材开发）对培训的质量具有举足轻重的影响。正如训练任务所举的例子，许多培训师的课程设计并不完善，政府希望加大开发力度。

任务4 制作微课

知识目标
理解微课的优点和缺点，了解微课的设计技巧。
能力目标
能利用互动电影工具制作简单的微课。
思政目标
了解微课设计对实现政府推广"互联网+职业培训"的意义。

➤➤ 情境与任务

一、学习情境
又有新员工入职，任丽需要对新员工进行一次培训。其中有关公司制度方面的内容太长，安排自学，大家不爱看；集中讲解又枯燥无趣，新员工很难记得住。许多公司的培训专员都对类似的问题感到束手无策，任丽想找到一种更有效的解决方法。

二、训练任务
请你制作5～10分钟的互动电影来展示培训制度的内容。

三、企业实践参考
新员工上岗总有很多不清楚的细节，培训专员的工作量大但效果不一定会好。我们把常见的财务流程做成互动电影，有银行、市场监督管理局各种财务场景，还有演示动画，一应俱全。场景人物演示流程清晰明了，互动电影比培训专员讲得更清楚，一看就懂！枯燥内容也变得有趣，在线修改也很方便。

➤➤ 相关知识

微课是指使用多媒体技术在5～10分钟的时间内就一个知识点进行针对性讲解的一段音频或视频。微课所讲授的内容呈"点"状、碎片化，是课堂教学的有效补充形式。微课不仅适合于移动学习时代知识的传播，也适合学习者个性化学习的需求。

一、应用微课需要具备的理论基础
企业培训使用微课是借鉴程序教学法，将整体教学内容拆分为一个个小的单元，分步教学，让知识易于理解和掌握。每次学习很少的知识点，让学员能够一次性掌握，这样会提高学员的学习积极性，积极反应原则是学员主动学习的动力源泉。微课中每一个视频都是一个小的知识点，这样方便学员理解和接受。培训负责人要学会对不同的学习内容使用不同的培训方法，这样有利于培训安排和学员学习。微课分为多个单元也能使学员在学习中找到学习过程中的薄弱处，及时巩固复习，对怀有疑问的知识点进行及时反复学习，这样既能使每个学员了解自身学习状态，又能加快学习进度。

二、微课制作的方法和步骤

下面以使用视频录制软件Camtasia Studio（CS）制作微课为例进行介绍。

（一）准备阶段

1.选择要讲的知识点，尽量选择热门的考点、难点；

2.将知识点按照一定逻辑分割成很多个小知识点；

3.针对所选定的教学主题，收集教学材料和媒体素材做好PPT。

（二）录制视频阶段

1.在电脑屏幕上同时打开视频录制软件和教学PPT，执教者戴好耳麦，调整好话筒的位置和音量，并调整好PPT界面和录屏界面的位置。

2.单击"录制桌面"按钮，开始录制，执教者一边演示一边讲解，可以配合标记工具或其他多媒体软件或素材，尽量使教学过程生动有趣。

（三）添加素材阶段

给微课添加图片、视频、声音等文件。

（四）编辑阶段

根据自己的设计需要对文件进行编辑。

（五）美化阶段

对录制完成后的教学视频进行必要的处理和美化。在视频内添加一定的文字，对某些内容进行解释，易于员工理解、加深记忆。

（六）生产视频

点击"生产视频"按钮，以处理和美化好的教学视频生产电影。

（七）保存文件

把文件保存到需要的地方。

三、微课制作实用工具推荐

随着教育信息化的迅猛发展，一些便捷易用的微课制作软件应运而生，为教学创新提供了更简单的制作方法和技术手段。

（一）全能工具——PPT

现有的微课形式以PPT演示录屏最为常见。作为最熟悉不过的主流教学工具，PPT功能强大，能够制作出集文字、图像、声音等多媒体元素于一体的演示文稿，其高级版本现已实现了录屏功能。所以，从PPT直接演变成微课的方式是最快捷、最容易实现的。

（二）微课普及工具——CS

靠录屏和视频编辑功能起家的CS软件因迎合微课时代的发展需要而被人们所熟悉，现已成为不少微课大赛官方指定工具。其功能强大，用户可通过CS方便地进行屏幕录制和配音、视频剪辑、过场动画、添加字幕和水印等操作。在录制过程中，不仅可以添加图标、标题、声音效果、鼠标效果，还可进行同步画图。

（三）优芽互动电影

目前的微课内容仍以录屏形式为主，实际上，带有情境片段的微课相比之下更受欢迎，像FLASH动画、剧本拍摄等，但考虑到制作过程中技术实现困难、修改困难、外包价格昂贵等因素，让教师们望尘莫及。

免费在线动画制作平台"优芽互动电影"只需简单拖、拉、拽，即可快速制作情境动画，已被广泛应用于微课制作当中。优芽互动电影内置丰富的素材资源可供选择，包括场景、人物、道具、装饰等，并配备智能语音，输入文字即可识别、实现系统自动配音功能。同时还搭载了图像、文本、表格单据、动画模板等多种制作素材，可以轻松实现微课的创作。此外，优芽互动电影独创游戏试题，在微课中也可实现教学互动。

1.文档剧本导入功能实现一键生成动画

优芽互动电影便捷的"剧本导入"功能让动画微课创作不再受制于技术条件。用户只需在文本中编写好课件剧本，直接导入即可生成动画，大大降低了课件制作的时间成本，轻松实现非专业用户的动画创作梦想。

2.多样风格场景

内置写实、卡通、立体、实景等多样风格的虚拟场景，完美呈现校园、办公室、办事局、户外、家居等各种常见地点，还可根据不同创作需求，自定义设置图片作为场景，满足用户的自由创意。

优芽互动电影持续完善更新素材资源库，为用户提供教学应用、商务办公、人物百态、动物世界、自然景观、漫画元素等十余类配图素材，用户在制作过程中可以随时快速调用，解决了用户缺乏素材资源的痛苦，不再需要到处搜寻及外包制作。

优芽互动电影提供了多种样式的提示板、流程动画等教学辅助功能，并一站式搭载图像、文本、音效等多种常用功能模块，只需一键添加，便可在影片中醒目播放，让学习更简单，重点更直观，更有超多装饰道具资源和创意DIY影片。

3.搭载智能语音，文字自动识别

除上传声音文件和手动配音之外，优芽互动电影还实现了智能语音技术，通过文字识别，自动匹配流畅语音，亲密贴合不同的日常对话、交流情境，目前已有包括中文、英文、特色中文等多种语音可供用户选择。

4.百变人物形象栩栩如生

优芽互动电影精心设计了卡通人物、写实人物、经典人物等多种风格的角色形象，另有西游、三国、水浒等特色人物主题，形象鲜活有趣，帮助用户更好地创作影片内容。

用户可自由为人物设定丰富多样的语言、姿势，声情并茂地展示人物活动，一键轻松设置走路、思考、打招呼等多种常用动作。内附多套趣味表情包，丰富展示人物内心活动，用生动情境呈现知识内容。更有通用动作模块，便捷实现所有元素多种变化效果。

5.在微课中实现教学互动

优芽互动电影创新嵌入互动试题模块，涵盖常用题型，实现实时教学互动。学生可在课件播放过程中进行练习巩固，提高学生参与度和学习积极性，寓教于乐，活跃教学氛围。

6.可跨平台、多终端传播

用户可生成或导出互动电影播放代码，通过公开链接或私密分享都可便捷进行传播与分享，也可以进行离线播放文件的下载，多种终端、多种形式轻松播放观看。

用户可以在自己的网站调用互动电影制作工具，制作影片，并在自己的网站上完成后续的影片更新与共享应用。

四、微课的设计技巧

（一）构建完整精炼的教学过程

1.切入课题要新颖、迅速

由于微课时间短，因此在设计微课时要注意切入课题的方法，途径力求新颖、迅速，而且要与题目关联紧凑，以把更多的时间分配给内容的讲授。在微课教学设计中，通常可以采用以下几种方式切题：

（1）设置一个题目引入课题。

（2）从以前的基本内容引入课题。

（3）从生活现象、实际问题引入课题。

（4）开门见山进入课题。

（5）设置一个疑问、悬念等进入课题。

2.讲授线索要鲜明

在微课的设计中，要求尽可能只有一条线索，在这一条线索上突出重点内容。在讲授重点内容时如需罗列论据，罗列的论据必须做到精而简，力求论据充分、准确，不会引发新的疑问。在设计微课时要注意巧妙启发、积极引导，力争在有限的时间内，圆满完成微课所规定的教学任务。"三小"研究：关注小现象、开发小策略、积累小故事。要使微课程更有故事感，需要灵活的教学策略。

3.结尾要快捷

在微课的设计中，小结是必不可少的，它是内容要点的归纳。好的微课小结可以起到画龙点睛的作用，可以加深学生对所学内容的印象，减轻学生的记忆负担。在微课的小结中，因为前面重点内容的讲授占用了较多的时间，因此，微课小结不在于长而在于精，小结的方法要科学、快捷。

4.力求创新，亮点耀眼

在微课的设计中，一定要有自己独特的亮点。这个亮点，可以是深入浅出的讲授，可以是细致入微的剖析，可以是精妙完美的课堂结构，也可以是准确生动的教学语言等等。

（二）制作微课课件的要点

1.要具有美感

一个好的微课课件不仅能激发学生的学习兴趣，取得良好的教学效果，而且能使人赏心悦目获得美的享受，优质的微课课件是内容与形式的完美统一。

2.动静结合

动态画面能使课件精彩动人，静态画面能给人更多的思索空间，因此在设计微课课件时要注意让动态画面和静态画面有机结合起来，这样才能增强微课堂的教学效果。

3.合理安排信息量

在制作微课课件时，充分利用认知学习和教学设计理论，根据教学内容和教学目的的需求，有效组织信息资源，提供适度的信息量，有利于突破教学重难点、扩大学生视野，使学生通过多个感觉器官来获取相关信息。在制作微课课件时，合理安排信息量可以提高教学信息传播效率，增强教学的积极性、生动性和创造性。

4.要容易操作

为了方便教学，微课课件的操作要尽量简便、灵活、可靠，便于控制。在课件的操作界面上设置寓意明确的菜单、按钮和图标，避免层次太多的交互操作，尽量设置好各部分内容之间的转移控制，可以方便地前翻、后翻、跳跃。

思政专栏

《国务院关于推行终身职业技能培训制度的意见》提出：加强职业技能培训服务能力建设……大力推广"互联网+职业培训"模式，推动云计算、大数据、移动智能终端等信息网络技术在职业技能培训领域的应用，提高培训便利度和可及性。

点评：微课是目前为止能够满足政府提高培训便利度和可及性的意见的最佳方式，所以，微课设计能力是信息化时代培训师的必备技能。

任务5　选择培训机构和培训师

▶ 学习目标

知识目标
掌握遴选培训供应商和培训师的流程；了解不同类型培训师的优缺点。

能力目标
能够根据培训目的和内容选择培训师；能够起草培训合同。

思政目标
了解政府及法规对职业培训机构的资质要求。

▶ 情境与任务

一、学习情境

人力资源部丁经理吩咐培训专员任丽，让她必须在一个月内物色一个好的营销培训师，对新市场一线业务经理进行渠道及客户管理培训，使他们在奔赴一线之前，能对渠道运作心中有底，能按照一定的方法进行招商并与经销商沟通，从而有力地开拓市场，在市场运作之初就建立好规范的运作体系，为业务可持续发展打下基础。

虽然任丽费尽心思，通过不同的渠道去了解培训市场、培训课程、营销培训师及中介培训机构，但抱着对选择培训师并不清晰的认识来对培训项目进行运作，最终培训效果不但没有让总经理满意，也没有让学员们认可。

其实，任丽的经历在很多企业中都存在。培训机构鱼龙混杂，培训师良莠不齐，培训结果不理想已成了企业聘请培训师时的心病。

二、训练任务

请你站在任丽的角度选择合适的培训师。

三、企业实践参考

◆◆◆◆➡ 案例3-4

在过去的两周里，我遇到过两个以完全对立的标准选择培训师的客户。第一个客户考虑为他的销售人员选择一门演讲培训课程，他告诉我，他需要培训师有销售经验。他认为，没有销售经验的培训师所讲授的演讲技巧，是不会被他的销售人员所接受的。

第二个客户是在为一群工程技术领域的专家们选择一门培训培训师的课程，因为这些拥有硕士研究生和博士研究生学位的技术专家们经常需要给人提供培训。当我提到"我的培训师不可能懂那些硕士、博士的专业领域"时，这位客户说：这我知道，但你们培训他们的不是他们的专业知识，而是培训他人的技能。我相信你们的培训师，一定能够在培训中，在应用到学员的专业知识时，充分利用学员群体拥有的资源，为他们创造一个相互学习的机会，这对于他们学习专业知识而言，甚至会超过一个大学教授的讲课效果。

我试图影响第一个客户，向他说明演讲技能的训练，事实上是对一个人向多个人有效传递信息，并在其中影响听众的能力训练。这种能力并不取决于演讲所需要传递的"信息"本身。如果演讲者对所需要向听众传递的"信息"了解不足，其弥补方式不应该通过演讲培训，而应该通过一个专业知识型的培训。但客户坚持自己选择培训师的标准。于是我只能建议他去找一个曾经做过销售的人做培训师，最好这个人现在还在与销售相关的高级岗位上。而我给第二个客户的建议则是，找我们就对了！

➤➤ 相关知识

一、选择培训机构

（一）需要聘请培训机构的情况

在选择内部培训还是外部培训时，企业可根据自身拥有的人员和专业水平及预算约束进行确定；如果企业内部缺乏时间或能力，那么可选择从专业机构购买培训服务。

当企业面临以下情况时，必须选择外部培训机构：

1.公司内部有某种特别的需求，公司内部培训资源不够或根本没有这种资源，无法提供相应的培训来满足这种需求。

2.参训者对内部讲师普遍缺乏信任，培训效果难以保证。

3.培训的需求比较紧急，企业来不及自己开发培训课程，拖延时间有可能对公司的生产经营活动造成较大的影响。

（二）筛选培训机构的流程

选择培训机构前，先了解组织的需求，确定期望培训机构帮助解决什么问题。千万不要以为培训机构能帮助公司解决所有问题，不要把一些公司组织上的问题交给培训机构来解决。清楚企业的需要和期望，培训管理者才能确定选择的培训公司必须具备什么样的资质，或者拥有什么样的资源才能帮助公司解决问题，培训管理者跟培训机构洽谈的时候，才不至于迷失，不会被他们的夸夸其谈搞晕了。

如果企业打算从企业外部获得培训项目而不是自行开发，那么选择一个能够提供高质量培训服务的机构十分重要。培训供应商包括咨询人员、咨询公司或大学。

选择提供培训服务的机构一般要经过以下几个步骤（如图3-9所示）：

发布通告 → 评价机构资质 → 邀请机构建议 → 评价机构建议 → 谈判，选培训机构 → 签订合作协议

图3-9 培训机构筛选流程

1.企业发布通告，邀请所有对提供培训感兴趣的培训机构表达其意愿，并要求有意愿提供服务的培训机构填写包括组织情况、能力和经验等内容的申请表。

2.企业成立成员数目为奇数的评选小组（其中必须有熟悉所需培训特点的部门经理），对申请者的情况进行评价，并列出拟邀请其提出建议的培训机构的名单。

3.企业邀请名单上的培训机构对企业培训提出建议。邀请信应包括任务的简要说明、背景情况、职责范围、提交建议的截止时间和方式等内容。培训机构提交的建议中应包括该机构的能力和经验、业绩、所建议的培训课程设计提纲和实施培训的资源条件要求、培训计划和日程表、人员安排等。

4.评选小组先对培训机构提出的培训建议进行评审，并依据事先确定的标准对所有建议进行排序，评价的指标一般包括服务专家的资质、经验、建议的工作方法等。

5.企业同培训建议排名第一的培训机构进行谈判，讨论并最终确定服务范围、工作方法和计划、企业提供的辅助服务以及财务条款和合同内容等。若在一定时间内不能达成协议，企业应邀请排名第二的培训机构进行谈判，依此类推，直到谈判成功缔结合同为止。

在某些情况下，可以采用简化的程序来选择培训机构。培训管理者可拟定一个由3～5个具有已知专长和能力的培训机构组成的名单，打电话或发传真征求他们对承担这项培训的兴趣和可能性，请有意愿的培训机构提供他们的最新培训记录和收费标准，然后将其排序，并与其就财务问题进行谈判。

（三）征询建议书的基本内容

1.对于大型的培训项目，企业可发布征询建议书来选拔能够提供培训服务的机构。征询建议书包括以下内容：

① 概括说明企业所寻求的服务种类；

② 所需参考资料的类型与数量；

③ 接受培训的人员数量；

④ 项目预算资金；

⑤ 评价满意度的方案；

⑥ 服务水平的标准和流程；

⑦ 预期完成项目的时间；

⑧ 企业接收建议的截止日期。

征询建议书提供了评价咨询的一整套规范的标准，能使企业免去对那些不能提供满意服务的培训机构进行评估的麻烦。通常,征询建议书可以帮企业找出符合标准的几家培训机构。企业可以将征询建议书通过邮寄的方式传递到潜在的培训机构手中或者通过网上站点来发布信息。

为了便于比较和评价培训机构的培训建议,企业在征询建议书中可以给出建议书的内容和格式要求,具体可参考范例3-1的提纲和内容说明。

◆◆◆◆➡ 范例3-1

表3-20   培训项目征询建议书

一、培训项目合作背景
1.培训机构对行业与本企业的了解
2.对企业培训需求的理解(含:培训需求的调查方式)
二、合作内容简要介绍
1.培训课题名称
2.预计培训可达成的效果
3.建议的培训合作形式
4.学员的构成分析
5.使用的培训方法
6.培训周期
三、培训实施计划
1.日期
2.时间
3.培训课程
4.主要内容
5.培训对象
6.培训方法简述
7.讲师
四、培训前期准备工作
说明:这部分主要是对培训场地、器材和教材制作等细节工作进行约定。所有的准备工作应该具体到个人并提供对应的联络方式。所有的准备工作应该列明完成的时间与监督人
1.培训地点与场地的基本要求
2.使用器材与准备方
3.教材制作与具体负责人
4.培训前设备调试时间与具体负责人
5.准备工作的监督人
五、培训后期效果评估与跟进建议
说明:这部分主要介绍以下内容
1.针对本次培训内容和培训对象特点应采取何种评估方法和指标
2.为延续本次培训效果,企业应该采取的后续活动
六、培训费用预算
说明:这部分要求列出以下内容
(1)主要的培训费用项目和总的预算
(2)说明培训费用是否含税,如不含税,应说明税负比例与金额
七、培训讲师介绍
说明:本部分主要就讲师的工作、培训经历、培训课题等进行简要介绍

2.对于小型的、简单的培训项目，可以要求培训机构提供课程介绍，通过课程介绍了解培训机构关于这个培训的内容和方法，看看他们是否有强于其他机构的特色，举例见表3-21。

表3-21 《沟通理念与技巧》课程简介

一、适合的对象：中层及以下级别的员工。

二、课程作用

通过学习本课程，学员可以：

1.形成重视绩效反馈面谈的观念；

2.能够按照规范的程序开展绩效反馈面谈；

3.能够按照五要素要求指导面谈对象完成个人发展计划。

三、培训内容及方式

（一）为什么要进行绩效反馈面谈

1.根据视频1讨论：上司对下属的评价结果一定准确吗？

2.根据案例1讨论：由于考核结果引发的心理不平衡是不是只有在个别员工身上才会发生？

3.根据视频2讨论：管理者有什么办法解决下属对考核产生的不公平感？

4.根据案例2讨论：帮助下属提升能力对自己是利大还是弊大？

（二）怎样做好绩效反馈面谈

1.根据视频3讨论：绩效反馈面谈需要学吗？

2.绩效反馈面谈的步骤和内容：

■ ……

■ 视频：如何对考核结果达成共识

■ 视频：提供负面反馈的技巧

■ 讨论：协商提升绩效的两种方法

■ 示例：个人发展计划的五个要素

■ ……

3.三类面谈对象的绩效反馈面谈角色扮演。

（三）培训迁移

制订行动计划。

四、课程时间：3小时

（四）遴选培训机构应考虑的问题

1.该机构在设计和实施培训方面有多少经验，属于哪些类型；

2.该机构的人员构成及对员工的任职资格要求；

3.该机构曾经开发过的培训项目和拥有的客户；

4.该机构为所提供服务的客户提供的参考资料；

5.该机构可说明其提供的培训项目卓有成效的证据；

6.该机构对本行业、本企业发展状况的了解程度；

7.咨询合同中提出的服务、材料和收费等事宜，例如，是否允许企业保留培训资料、手册和辅助材料等；

8.培训项目的开发时间；

9.该机构以前的顾客及专业组织对其声誉、服务和经验的评价。

当由咨询人员或其他的外部机构来提供培训服务时，企业培训管理者应要求培训项目针对本企业的特定需要，而不是只根据培训机构以往在其他组织中应用的培训基本框架来提供服务。培训管理者应要求培训机构在对其企业进行深入细致的研究之后，提供符合需要的因地制宜的培训项目。

此外，遴选培训机构还应该避免以下问题：

1.过于注重价格

很多企业在选择培训机构时往往过于注重价格，其实跟买东西一样，培训市场也是便宜没好货。在选择培训师或培训机构时，最重要的一点是帮助公司解决面临的问题，过于强调价格，会忽略了培训的真正目的。

2.迷信外国品牌

国内现在有不少国外知名的培训公司提供非常规范的培训服务。他们的课程大部分确实很好，也很规范，但他们的操作方法往往过于教条，是不允许修改的。这样的培训用在中国的环境中往往会水土不服，导致公司钱花了不少，而学员学到的技巧却与实际情况脱节。

二、选择培训师

对培训机构进行筛选的时候，最重要的是评估培训师本人，即使是最有名的培训机构，有最知名品牌的课程，不同的培训师还是会有不同的结果。选择培训师是能否使培训达到最佳效果的关键。每个企业在培训之前无不把选择、评估培训师看成是工作的重中之重。

（一）培训师的来源和差别

培训师主要有企业外部聘请和企业内部开发两大来源。培训管理者应该根据培训的需要选择不同的培训师。受聘的培训师必须具有广泛的知识、丰富的经验及专业的技术，才能受到学员的信赖与尊敬；同时，还要有卓越的训练技巧和对教育的执着、耐心与热心。

1.聘请企业外部培训师

优点：选择范围大，可获取高质量的培训教师资源；可带来许多新的理念；对培训对象具有较大吸引力；可提高培训档次，引起企业重视；容易营造氛围，提升培训效果。

缺点：企业与培训师之间缺乏了解，加大培训风险；培训师对企业及培训对象缺乏了解，可能降低培训适用性；可能由于缺乏实际工作经验，导致"纸上谈兵"；成本高。

外部培训资源的开发途径：从高等院校聘请教师；聘请专职的培训师；从顾问公司聘请培训顾问；聘请本专业的专家学者；在网络上寻找培训师。

2.开发企业内部培训师

优点：对各方面情况比较了解，更加有针对性，提高培训效果；与培训对象熟悉，保证培训中交流顺畅；培训相对易于控制；内部开发培训师资源成本低。

缺点：不易于在学员中树立威望；可能影响学员在培训中的参与态度；内部选择范围

较小，不易开发出高质量的培训师队伍；培训师看待问题被环境约束，不易上升到新高度。

建立内部培训师队伍的方法和过程将在后面详细介绍。

3.不同类型培训师的培训效果比较

决定培训师水平高低的因素有三个：知识和经验、培训技能、个人魅力。据此可以将培训师分为八种类型（见表3-22）。

表3-22　　　　　　　　　　　　　　培训师的分类与效果比较

知识和经验	培训技能	个人魅力	类型	效果分析
丰富	熟练	富有	卓越型	培训效果极佳
		欠佳	专业型	培训效果较好
	不足	富有	演讲型	口若悬河，妙趣横生，善于利用现场的效果，但往往掌声雷动，培训效果欠佳
		欠佳	讲师型	常常使参训者处于催眠状态，前听后忘，效果欠佳
缺乏	熟练	富有	技巧型	参训者的感觉很好，但实际效果不一定最佳
		欠佳	肤浅型	培训流于形式，不能达到应有的目的
	不足	富有	敏感型	培训中不断地提问，让参训者回答，但又不做任何指导，结果使参训者不知所措，效果很不理想
		欠佳	无能型	使参训者浪费时间、精力，效果极差

4.具体选择培训师

对于如何选择培训师，主要是看培训师在某个职位相关领域的知识和经验水平。比如，提供销售培训的培训师最好做过高级销售职位，提供团队训练的培训师最好管理过较大规模的团队，做领导力培训的培训师最好做过CXO级别的职位等，并将此作为最重要的因素。相对而言，对培训师在授课能力方面的考察居于次要地位。比如，有人建议在选择培训师时，首先要考虑的是他是否做过相应的岗位，做培训师之前在什么性质的企业工作等等。有的人则将培训师分成学院派（高学历并在大学商学院之类的学术机构工作）、实战派（曾经担任过相关岗位的高级职务）、模仿派（模仿市场上的名人）等，然后进行选择。

这种基于培训师职位经验进行选择的方式，有明显的优势，就是能够满足学员向培训师本人学习知识和经验的期望。然而，这样的选择也存在明显的不足：它将培训师视为居高临下的"专家"，而不是帮助学员学习的助力者。它同时过多地依赖于培训师个人的知识和经验，而任何一个培训师个人的知识和经验都是非常有限的。

在一个培训中，一旦学员将培训师视为那个课程领域的权威，就很有可能在"向老师学习+学员间互相学习+学员自学"中压抑了后两者，因为在这种情况下，学员的学习期望大多会集中在培训师的"精彩讲授"上，寄望于老师能够"点拨"自己，从而学到知识和技能。在这样的培训中，培训师是"演员"，而学员更多的只是"观众"。这样的培训更适合于拓展学员的视野，开阔学员的思路，带领学员做"思维的体操"。

如果一个培训不仅希望能够带领学员做"思维的体操"，也同时追求让学员做"行为的体操"，帮助学员培养在真实工作中的有效行为，那么以下观点就有非常重要的价值："一名优秀的培训师，不必关注自己是否能够成为学员的'偶像'，而更应该关注如何帮助学员掌握知识和技能，他不应该以'教'为中心，而应该以'学'为中心，不应该以自己为中心，而应该以学员为中心。在成人学习领域，尤其是面对已经在职场工作多年的学员时，学员所组成的群体已经成为各'专业知识'最强大的资源，那个资源常常是培训师无法超越的。培训师所能够并应该做的，就是帮助学员发现各自身上的潜能，并降低各种因素对他们潜能发挥的干预，让他们的能量发挥出来。"一名培训师最重要的能力不是在某个专业领域的经验和知识，而是在培训过程中，通过为学员提供支持，创造一个"向老师学习+学员间互相学习+学员自学"三者并重的氛围，培养以学员的主动学习为核心的能力。这种由"教"向"学"的转变，将学员在培训中的角色由"观众"转变成了"演员"，而培训师则成为"导演"或"教练"，所有的学习过程最终都由学员主动完成。这样的培训才真正脱离了适合未成年人的"教"，才是真正地适合成人通过培训实现行为改变的"训练"。培训之后，他们才能够拥有更多的自信心，而不只是对老师的"佩服"和"崇拜"，以及与老师提供的各类成功案例中的成功人物间的强烈距离感。

我们可以参考以下标准来选择合格的培训师：

（1）技能和态度方面的培训，要求培训师采用多种培训技巧，培训师必须具备丰富的知识和个人魅力，最好选择卓越型培训师；若找不到卓越型培训师，也可以选择专业型培训师；实在找不到，也可以选择技巧型培训师，最好不要选择其他类型的培训师。这类培训选择培训师的标准应该更多地偏重其授课技能，尤其是其训练学员行为的能力，以及在培训中引导学员提供并演练真实案例的能力。如果培训师能够在培训中引导学员真正地演练自己的真实案例，帮助他们看到自己在真实案例中的行为，就能够帮助学员对自己的行为有深入的认知，深入了解自己在日常工作中的行为对他人的影响，从而发现在自己的真实工作案例中的有效行为和需要提升的行为。所有这一切是改变未来行为的基础。

（2）知识方面的培训，宜选择演讲型培训师。这类培训是以增长学员知识为主的，选择培训师的标准自然是培训师本人的知识深度，因为在这种情况下，学员希望听到"新观点"，了解"新做法"，开拓思维；传授知识时，只要老师讲得有趣味性，使大家听得津津有味，就可达到培训的目的。

（二）筛选培训师的流程

1.筛选外部培训师（如图3-10所示）

分析简历 → 观摩培训 → 面谈 → 评价调查 → 审查培训计划 → 入库

图3-10　筛选外部培训师流程

（1）分析培训师的简历

通过简历，可以知道其受过什么教育，有什么经验，从事过什么工作，主持过什么培训。

① 培训师最好有本行业的经验或类似本公司类型的企业背景。如果一位培训师一直是做电器产品销售的，无法想象他如何给快速消费品行业的销售人员讲课；如果培训师一直为世界500强企业服务，很难想象他能对家族式民营企业的问题把握得好。

② 不要迷信培训师的学历或是社会地位，只有那些有真才实学的培训师才会有自己的东西。没有做过，或者是做得不透的培训师一般是创造不出自己的东西的。很多培训师为了包装自己，声称出过不少书。写书不难，但真正要拥有自己的东西却不是一件容易的事！现在更有许多人标榜自己是中国培训第一人、培训大师、某某传奇人物……但其实他们最擅长的只是自我吹嘘，作为客户，千万要擦亮眼睛。

（2）观摩培训师的培训

有条件的话要去旁听，旁听的时间最好是2～3小时，半个小时的旁听是听不出什么的。如果没有条件旁听，则让培训公司或讲师提供授课视频。这样可以了解培训师的知识、经验、培训技能和个人魅力。

（3）与培训师面谈

培训管理者可以提出企业现存的一些问题以观察培训师有何对策。有经验的培训师能注意倾听问题，有很好的分析能力，能提出适合企业需求的建议，是企业的顾问师；差的培训师是做不到这些的，他们只会推销现成的东西。

（4）调查客户对培训师的评价

让培训师提供2～3家类似本公司情况的客户的联系方式，给这些客户打电话了解他们对培训师的评价；本公司可能有人之前听过一些培训师的课，可以听取他们的意见。

（5）审查培训计划

在可能的情况下，请培训师到企业里进行实地考察，先对企业进行简单的咨询诊断，做出初步的培训计划。从计划中，可以知道其是否熟悉培训，是否具有培训技能，是否善于通过培训达到组织目标。如果各方面都不错，则这个培训师在能力上应该是合格的，可以考虑进行签约的谈判了。需要注意的是，由于中小型咨询培训公司往往只有几个能力过硬的顾问，因此在合同上要特别注明选择的培训师，才有可能获得货真价实的培训服务。

2.不可取的培训师

在正式开始选择需要的培训师之前，可以用排除法排除下列类型的培训师：

（1）沟通意识不强的培训师

培训是一个双向过程，培训师将知识或技巧通过特定的方式传授给学员，学员将自己理解的程度反馈回来，专业培训师应当对学员反馈出来的信息具有敏感性，适时调整方式方法，带领学员完成学习任务。有的培训师往往只注重自己的课堂表现，不太注重学员的需求和反应，甚至有的培训师自以为是、固执己见，认为自己是培训方面的专家，无论学员反馈的信息多么重要，提出的建议多么中肯，他也一定要维护自己的所谓的"专业权威"。人学东西需要经过一个过程，如果培训师只顾自己说，不清楚如何让学员掌握的过程，或者没意识到要分解相关步骤，让学员一步步掌握的话，那他是不懂培训的。很多公司的培训负责人都见到过这样的"四动培训师"：听课时候很激动，下课想想很冲动，回去不知怎么动，三天之后就不动。这种培训师往往出口成章，夸夸其谈。培训管理者不可"明知故犯"：知道从这种培训师那学不到多少东西，但因为员工参加这种培训师的课很兴奋，就聘请这样的培训师，认为只要员工开心就完成任务了。

（2）创新或信息转化能力差的培训师

这样的培训师往往缺乏真正的实力，不会根据客户的需要组织相应的教材，提供满足需求的方案。他提供的材料上什么都有，讲完了学员觉得都讲到了，也很有道理，但回去以后就是不知道该怎么做。这样的培训师拥有的是一个标准化的课程，无论什么情况下他们都只会用这个教材，不能因地制宜、因材施教。他们的法宝通常是其活跃课堂气氛的能力。培训课堂的确需要生动的气氛，但是如果把娱乐放在首位，把培训目标放在其次，就是本末倒置。

（3）学究型的培训师

大学教授常年注重科研，往往过于注重系统性。如果培训对象是公司的员工，80%的教授的培训课都会让学员打瞌睡。除了太专业之外，有的教授还往往把培训与教育搞混。企业需要的是实地演练的培训，而不是照本宣科的教育！

（三）建立培训机构/培训师数据库

培训工作应该具有"可继承性"，企业不要试图每次都从头开始，应通过企业内不同的人员对相关领域的培训机构或培训师进行评估，评估之后建立相应的档案。

如果公司比较大，或者有很多人是从其他公司跳槽过来的，应该充分利用这些资源。可以给职员提供一张表格，让他们对某方面的专业培训机构进行从专业度到价格标准方面的全方位的评估，之后把这些数据输入数据库，以后不定期对数据库进行更新，这样可以随时能查到各专业相应的培训机构或培训师。当公司有某一培训需求时，能及时快速地进行处理，节约大量宝贵的时间。

建议用Excel表建立这个档案，档案中应包含的具体项目有：机构类型、机构名称、机构背景、重点产品、价格（培训师费或公开班的收费）、培训师状况、与公司的合作历史、评估人评语、培训管理者的评分（按5分制或者100分制都可以）、评估人、评估日期、公司网址、联系人、联系电话等。每次评估或是合作之后应进行数据更新，在相关栏目中加入培训管理者的评语。

三、签订培训合同

确定了培训机构和培训师之后，企业应与培训机构签订培训合同，合同应该包含以下要点：

① 培训项目名称及培训内容；

② 培训时间和地点；

③ 培训费用；

④ 双方的责任范围；

⑤ 明确培训师；

⑥ 违约责任。

◆◆◆◆➡️ 范例3-2

培训合同

甲方：＿＿＿＿＿＿＿＿＿（以下简称甲方）

乙方：＿＿＿＿＿＿＿＿＿（以下简称乙方）

在甲、乙双方＿＿＿＿＿＿＿年＿＿＿月当面沟通后，乙方根据沟通内容和甲方的具体需求，向甲方提交了《＿＿＿＿＿＿＿培训方案》。＿＿＿＿＿＿＿年＿＿＿月＿＿＿日乙方接到该方案已经得到甲方认可的电话通知，甲、乙双方认为有必要将该方案定义为本合同附件一。

为了更好地帮助甲方提升＿＿＿＿＿＿＿人员的＿＿＿＿＿＿＿技能和＿＿＿＿＿＿＿能力，从而提高甲方的＿＿＿＿＿＿＿水平。为了有效地实施《＿＿＿＿＿＿＿培训方案》，双方就针对甲方＿＿＿＿＿＿＿人员进行＿＿＿＿＿＿＿培训的相关事宜达成以下条款：

1.乙方根据《＿＿＿＿＿＿＿培训方案》为甲方开发、准备有关课程。

2.乙方指定＿＿＿＿＿＿＿先生/女士为该项培训的培训师；指定＿＿＿＿＿＿＿先生/女士为乙方培训联络人，负责培训相关事项的沟通。

甲方指定＿＿＿＿＿＿＿先生/女士为甲方培训联络人，负责向乙方提供培训相关的资料。

3.乙方负责培训的实施及培训后的效果评估。

4.乙方负责保证课程的教学质量，配备优秀的讲师及助教。

5.乙方负责制作培训讲义，在每天培训当天上课之前发放到参训人员的手中，做到打印清晰工整、装订牢固、人手一册。

6.甲、乙方有责任按照《＿＿＿＿＿＿＿培训方案》相互配合实施培训，如确有特殊情况，须提前3天征得对方同意，方可调整培训时间。

7.甲方负责安排培训场地，并按照乙方要求提供培训所需的教学用具。

8.甲方有责任按照支付条款中规定的时间和金额向乙方支付培训费用。

9.本培训自＿＿＿＿＿＿＿年＿＿＿月＿＿＿日起，为期＿＿＿＿＿＿＿周，共进行＿＿＿＿＿＿＿小时的培训，依据下面时间表（略）进行，如遇节假日，时间自动顺延，或双方另行商议利用节假日进行培训。

10.培训场地及培训器材要求：

（1）教学白板（或黑板）1个，白板笔（或粉笔）若干；

（2）电脑多媒体投影仪1台，并配有投影幕布（或教室前面是平整白墙）。

11.培训费用支付条款：本合同标的的培训（辅导）费用总额为人民币＿＿＿＿＿＿＿元（大写＿＿＿＿＿＿＿），其中包含课程开发费、讲师授课费、演练辅导费、讲义制作费等。付款方式为转账汇款或现金支付，具体支付时间如下：

（1）＿＿＿＿＿＿＿年＿＿＿月＿＿＿日前，（培训起始日7天之前）甲方须向乙方支付培训费的50%，即人民币＿＿＿＿＿＿＿元（大写＿＿＿＿＿＿＿）；

（2）＿＿＿＿＿＿＿年＿＿＿月＿＿＿日当日，最后一次培训课程结束之前，甲方须向乙方结清培训费余额人民币＿＿＿＿＿＿＿元（大写＿＿＿＿＿＿＿）。

12.讲师及助教往返甲方培训地的车费由乙方全额承担。如需去往××之外的其他城市，讲师及助教的往返交通费、异地培训的食宿费均由甲方全额承担。

13.违约责任。

甲、乙双方按照《中华人民共和国民法典》承担违约责任。若甲方终止合同，乙方不退预收款；若乙方原因而终止合同，乙方退还预收款并按合同金额的20%支付违约金。

14.如有未尽事宜，经双方友好协商，可补充相关协议，合同附件及补充协议与本合同具同等法律效力。

15.此合同一式两份，甲、乙双方各持一份。

16.此合同自甲方第一笔预付款足额到达乙方账户日起生效。

合同附件一：《＿＿＿＿＿培训方案》（略）

甲方（盖章）：＿＿＿＿＿＿＿　　　　乙方（盖章）：＿＿＿＿＿＿

法定代表人签字：＿＿＿＿＿　　　　法定代表人签字：＿＿＿＿＿

委托人：＿＿＿＿＿＿＿　　　　　　委托人：＿＿＿＿＿＿＿

地址：＿＿＿＿＿＿＿＿　　　　　　地址：＿＿＿＿＿＿＿＿

电话：＿＿＿＿＿＿＿＿　　　　　　电话：＿＿＿＿＿＿＿＿

开户行：＿＿＿＿＿＿＿　　　　　　开户行：＿＿＿＿＿＿＿

账号：＿＿＿＿＿＿＿＿　　　　　　账号：＿＿＿＿＿＿＿＿

日期：＿＿＿＿年＿＿月＿＿日　　　日期：＿＿＿＿年＿＿月＿＿日

签约地：＿＿＿＿＿＿＿＿　　　　　签约方式：＿＿＿＿＿＿＿

▶ 课堂训练3-1

请分析以下这份培训合同存在哪些不足？

甲方：＿＿＿＿＿＿＿＿＿＿＿＿＿＿（以下简称甲方）

乙方：××人力资源培训与开发有限公司（以下简称乙方）

根据甲方委托，乙方承办＿＿＿＿＿＿＿＿＿＿培训，经双方协商，达成如下协议，共同信守执行。

一、培训目的

甲方委托乙方培训的目的：＿＿＿＿＿＿＿＿＿＿＿。

二、培训的内容范围及要求

1.（略）

2.（略）

3.（略）

4.（略）

三、培训时间

甲方委托乙方从＿＿＿＿年＿＿月＿＿日至＿＿＿＿年＿＿月＿＿日完成培训任务，乙方计划＿＿＿＿天内完成，并向甲方提供"培训课程表"一式＿＿＿份。

四、承办培训人员

由乙方指定此次培训负责人_____承办该项培训。

五、费用及支付方式

根据培训授课课时及授课老师的水平高低，经双方议定，甲方向乙方支付培训费_____元。本协议生效后，甲方向乙方预付50%的培训费，即_____元，余下部分待乙方出具培训课程表时一次付清。

六、乙方的义务

1.培训过程中向甲方提供的"培训课程表"保证按时按量地完成教学计划，管理好培训班的日常性事务，未经甲方许可，不得将此培训交予其他公司办理。

2.遵守职业道德。对甲方提供的有关资料（如人员名单）和情况保守秘密。

3.随时或定期向甲方报告培训的进展情况，培训结束时请甲方参与监考、发证等考务工作，以便验收培训结果。

七、甲方的义务

1.按约定日期为乙方提供所需培训的相关业务（培训）资料。

2.培训未完毕，但因不可归责于乙方事由使培训不能完成时，甲方也应向乙方支付报酬。

3.乙方在承办培训过程中，甲方应指定有关人员积极协助配合，给予工作方便。

八、双方的权利

按照国家有关民办职业教育的规定，保证培训的合法性。培训过程中，若一方未履行合同书，另一方则有权终止该合同；若一方未履行义务，另一方有向人民法院起诉的权利。

九、本合同未尽事宜，按国家相关法律法规办理。

十、本协议一式两份，甲、乙双方各执一份，签字盖章后生效。

甲方单位：（盖章）　　　　　　　　　　乙方单位：（盖章）

甲方代表：（签字）　　　　　　　　　　乙方代表：（签字）

联 系 人：　　　　　　　　　　　　　　联 系 人：

地　　址：　　　　　　　　　　　　　　地　　址：

_____年____月____日　　　　　　　　_____年____月____日

思政专栏 ▮▮▮▮

《国务院关于加强职业培训促进就业的意见》提出："鼓励社会力量开展职业培训工作。""完善政府购买培训成果机制……按照'条件公开、自愿申请、择优认定、社会公示'的原则，制定承担政府补贴培训任务的培训机构的基本条件、认定程序和管理办法，组织专家进行严格评审，对符合条件的向社会公示。"

《中华人民共和国职业教育法》规定职业培训机构的设立，必须符合下列基本条件：

（一）有组织机构和管理制度；

（二）有与培训任务相适应的教师和管理人员；

（三）有与进行培训相适应的场所、设施、设备；

（四）有相应的经费。

点评：选择培训机构时，要有法律意识，选择具备法定资质的机构。

任务6 编制培训经费预算

▌▌▌▌▶ 学习目标 ▌▌▌▌

知识目标

了解培训成本的内涵和构成；掌握拟订年度培训预算方案的方法；了解职工教育经费提取与使用管理的法规要求。

能力目标

能够采集培训成本信息，编制培训预算方案。

思政目标

了解政府规定企业教育培训经费提取上限和下限的意义。

▶▶ 情境和任务

一、学习情境

香露饮料公司地处上海郊区，经过多年的开拓，周边地区的市场潜力已基本开发完毕。为了拓展国内边远地区的市场，公司在内蒙古、广西等地新招了10名有行业经验的业务经理，期望利用他们在当地的商业关系打开当地市场。国庆节即将到来，公司决定利用国庆假期召集全国各地的销售人员回总部参加总结和表彰大会。销售总监决定利用这个机会给新招聘的10名业务经理进行一次为期3天的培训，任丽负责这次培训的全程组织安排工作。由于这些新的业务经理都是外地人，为了让他们感受到公司的关怀，所有费用都由公司负担。培训时间是10月2日到10月4日，参训人员必须在10月1日晚餐之前乘飞机到达公司总部，最早在10月5日早餐之后离开，每人每天交通和伙食补助80元，每张机票平均800元；参训人员住在本公司开设的三星级宾馆，1个标准间住两人，每间成本是150元/天；培训期间的伙食标准是晚餐30元，中餐20元，早餐10元；3天的培训由销售部、技术部、人力资源部的经理各负责1天，每个部门经理每天的工资平均为500元，每个业务经理每天的基本工资（不含销售提成）是120元，任丽的工资是每天100元；资料费合计约200元；各类人员的福利按工资的30%计算；公司的场地维护及水电费用估计为300元。

二、训练任务

请编制这次新业务经理培训的预算（不计加班费和高层管理者的时间成本）。

三、企业实践参考

◆◆◆◆▶ 案例3-5

表3-23是某企业某培训项目的成本分析实例。

表3-23　　　　　　　　　　　　　　　**成本分析表**　　　　　　　　　　　　　　单位：元

直接成本	培训项目购买费用	8 000
	咨询专家费用（工资、交通费及食宿）	6 500
	培训场地租借费用	3 000
	视听设备租借费用	1 200
间接成本	培训组织者及辅助人员工资及福利	7 250
	受训人员的工资及福利（根据脱产时间计算）	36 250
	因联系培训有关事宜分摊的电话费	680
	企业的总体支持、高层管理时间成本（直接成本+其他间接成本）×10%	6 288
总成本		69 168

资料来源　中国就业培训技术指导中心. 企业人力资源管理师（二级）[M]. 北京：中国劳动社会保障出版社，2007.

➤➤ 相关知识

培训规划总是需要得到高层管理者的批准，而高层管理者除了关心规划是否完善可行外，更关注培训的成本效益分析。因此，进行成本预算是得到高层批准的必需环节，同时，成本预算也是对培训实施过程中各项支出的一个参考。

年度培训预算的重点在于确定组织可用于培训的经费以及经费的分配，所以一般只考虑直接成本。单个培训项目的预算应该满足评估本次培训的投资回报率的要求，既要考虑培训项目的直接成本，也要考虑间接成本。

一、年度培训预算的拟定

（一）选用适合企业自身实际的培训预算方法

企业在培训预算编制过程中广泛使用的方法有以下几种，到底采用哪一种预算方法要根据企业的实际情况来确定。

1.推算法

推算法是指参考上年度的经费，再加上一定比例的变动的方法。这种预算法较为简单，核算成本低，国内的很多企业都采用这一方法。但是按此法预算的逻辑假设是：上年度的每个支出项目均为必要，而且是必不可少的，因而在下一年度里都有延续的必要，只是需在其中的人工和项目等成本方面有所调整而已。

这种预算方法为公司降低了预算工作本身的成本，但是它的缺点也是显而易见的：

（1）按照这样的假设得出的预算，必然会出现相应的不良倾向。培训管理者年底开始做预算时，往往会以上年实际支出为基础，再增加一笔金额，巧妙掩饰后，作为新计划提交高层领导审批。主持审批的领导明知预算里有"水分"，但因不能透彻了解情况，只好不问青红皂白，大砍一刀，随后开始了讨价还价的过程。这种"砍一刀"的做法，使有经验的预算人员有意把预算做得大大超过实际需要，以便"砍一刀"后还能满足需要，而那些老老实实者则叫苦不迭，只好明年跟着"学坏"。这样，便是鼓励下级欺骗上级，当预算最终确定以后，几乎是人人都不满意。

（2）此预算方法往往不需要做任何的公司培训需求调查和公司员工能力诊断分析，因此实际上的培训并不能真正做到"对症下药"。

2.零基预算法

零基预算法是指在每个预算年度开始时，将所有还在进行的管理活动都看作重新开始，即以零为基础，根据组织目标，重新审查每项活动对实现组织目标的意义和效果，并在成本-效益分析的基础上，重新排出各项管理活动的优先次序。资金和其他资源的分配是以重新排出的优先次序为基础的，而不是采取过去那种外推的办法。

就编制培训预算而言，零基预算法要求在编制前回答以下一些问题：

（1）公司的目标是什么？按公司目标分解的每一位员工的KPI指标是什么？员工的意识、知识、能力与公司的要求差距有多大？培训要达到的目标又是什么？

（2）各项培训课题能获得什么收益？这项培训是不是必要的？

（3）可选择的培训方案有哪些？有没有比目前培训方案更经济、更高效的方案？

（4）各项培训课题的重要性次序是什么？从实现培训目标的角度看到底需要多少资金？

从零基预算法的步骤来看，它是建立在对公司发展战略、员工培训需求调查分析、员工能力进行诊断分析的基础上的，这使得预算更具有科学性、针对性。其突出的优点在于：

（1）有利于管理层对整个培训活动进行全面审核，避免内部各种随意性培训费用的支出；

（2）有利于提高主管人员计划、预算、控制与决策的水平；

（3）有利于将组织的长远目标和培训目标以及要实现的培训效益三者有机结合。

但是零基预算法的缺点也影响了它的广泛推广，一方面企业制定预算的过程中需要花费大量的人力、时间和物力，预算成本较高；另一方面在安排培训项目的优先次序上难免存在着一定的主观性。

3.比例确定法

比例确定法的关键是确定年度培训预算的核算基数和比例，确定了培训预算的核算基数和比例也就实现了培训费用的总额控制。

企业可将过去一年的销售收入、利润额、工资总额作为基数，也可以考虑以今年适度增长后的数值作为基数。

国际大公司的培训总预算一般占上一年总销售收入的1%～3%，最高可达7%，平均为1.5%；而国内企业，这个比率一般要低得多。在市场竞争比较激烈的行业，如IT、家电等行业，有些大企业的培训费用能够占到销售额的2%左右，一般规模在十几亿元的民企，其培训费用大概只有0.2%～0.5%，甚至不少企业在0.1%以下。

据ASTD（美国培训与发展协会）统计，对于培训预算占工资总额的比例，通用电气是4.6%，摩托罗拉是4.0%，美国工业企业平均值是1.0%。

根据《关于企业职工教育经费提取与使用管理的意见》，企业应"切实执行《国务院关于大力推进职业教育改革与发展的决定》（国发〔2002〕16号）中关于'一般企业按照职工工资总额的1.5%足额提取教育培训经费，从业人员技术要求高、培训任务重、经济效益较好的企业，可按 2.5% 提取，列入成本开支'的规定，足额提取职工教育培训经费。要保证经费专项用于职工特别是一线职工的教育和培训，严禁挪作他用。"一般情况下，培训管理者可以据此确定本企业年度培训总预算的参考上限。在此基础上，再计算年度人均培训预算上限。

一般来说，当一个组织的人员处于相对稳定的状态时，组织所支付的工资应该是符合其使用的人力资源的市场价值。培训费可以理解为抵消人的知识、技能贬值的人力资源市场价值折旧成本，不同组织的人力资源市场价值折旧成本的比例也就是培训费占工资总额的比例，从较长时间段来看，应该是基本一致的，所以按照工资总额的比例来确定培训经费总额更符合将人看作是一种资源来使用的观念。

（二）培训预算的分配

确定总额后可以再根据企业年度策略进行分块预算，如偏重营销，就在营销部分多分配预算。

培训预算的具体分配在实践中通常依照下述比例：

1. 如果培训预算包含企业内部培训组织人员费用，大约有 30% 计划支付内部有关培训组织人员的工资、福利及其他费用，30% 计划作为内部培训费用，30% 计划作为派外培训费用，10% 作为机动费用。

2. 如果培训预算不包括企业内部人员的费用在内，则有 50% 计划用于企业内部培训，40% 用于派外培训费用，剩下的 10% 作为机动费用。

（三）解决培训预算与培训计划的冲突

培训预算往往会与培训计划产生冲突，最主要的冲突是培训预算不足，无法满足培训计划的需求，当然也会有培训预算费用结余情况，我们这里只讨论前者。

当企业资金紧缩时，往往会首先想到削减培训预算。让企业培训经理最头疼的事情可能就是要用削减后的培训预算去完成原定的培训计划。

1. 解决这个问题最有效的办法是加强企业内部培训。一般情况下，企业内训的费用只是外训的一个零头。有时，我们需要进行的一些培训在企业内部就可以找到培训讲师，如果我们把这些员工稍加培训，就可以发挥很大的作用。另外，在进行外派培训时，我们可以让受训人员及时将培训内容在企业内部传播。加强内训，一方面可以大幅度地降低培训成本，另一方面可以加强外派培训人员的责任感。

2. 另外一个解决办法是寻求和其他企业进行联合培训的可能性，通过分摊降低费用。

二、编制培训项目费用预算草案

培训费用预算有时候可以只列出培训项目的直接成本，但要确定培训的经济效益就要了解培训的全部成本信息。培训成本的信息之所以重要，是因为：

1. 可以了解培训的总成本，包括直接与间接成本；

2. 可比较各种可选择的培训项目的成本；

3. 考虑在培训开发、管理和评估上资金的分配比例及比较用于各不同部门的培训资金分配情况；

4. 进行成本控制。

（一）计算培训成本

培训成本包括直接成本和间接成本。

1.培训的直接成本：

（1）项目开发或购买成本；

（2）外聘教师的费用；

（3）向培训教师和学员提供的材料成本：资料购买或印刷费用；

（4）设备和硬件成本：设备、器材的购置或租赁费用；

（5）设施成本（场地费）：场所的租赁费；

（6）交通差旅费；

（7）食宿成本。

2.培训的间接成本：

（1）培训组织者和辅助人员工资及福利：培训组织人员和教学人员（内聘老师）在组织培训过程中的工资及福利；

（2）受训人员在接受培训期间的工资及福利（或发生的替代成本——代替他们工作的临时工的成本）；

（3）高层管理的时间成本；

（4）一般的办公费用分摊；

（5）自有设施、设备的维护费。

（二）预测培训收益

1.为确定培训的潜在收益，企业必须回顾一下其进行培训的初始原因。例如，培训的实施可能是要降低生产成本或额外成本，或者增加顾客重复购买量。有许多方法可用来确定收益：

（1）运用技术、研究及实践证实与特定培训计划有关的收益；

（2）在企业大规模投入资源之前通过实验性培训评价一小部分学员所获得的收益；

（3）通过对成功的任职者的观察，确定成功与不成功的任职者的绩效差别。

2.培训经费投入所产生的效益体现在以下几点：

（1）任职者可以提高本职工作的完成质量；

（2）任职者可完成超过本职位技能要求的工作；

（3）随着技能的完善和提高，任职者可以从事以前无法胜任的工作，进而减少用人，降低人工成本；

（4）为企业中远期的人才要求做好了储备；

（5）提高了企业任职人员的整体能力素质，增加了企业整体的工作效益和质量，增强了企业的市场竞争力，这一点是比较重要的，也是效益最高的。

综上所述，要用极其准确的数字来说出投资的成本是多少，效益是多少，是比较难的。投资成本中有形的投资成本可以用较准确的数字来表示，但是无形的投资成本是较难用准确的数字表示的。培训的效益同样如此。

思政专栏 ▆▆▆

关于企业职工教育经费提取与使用管理的意见（节选）

三、切实保证企业职工教育培训经费足额提取及合理使用

（一）切实执行《国务院关于大力推进职业教育改革与发展的决定》（国发〔2002〕16号）中关于"一般企业按照职工工资总额的1.5%足额提取教育培训经费，从业人员技术要求高、培训任务重、经济效益较好的企业，可按2.5%提取，列入成本开支"的规定，足额提取职工教育培训经费。要保证经费专项用于职工特别是一线职工的教育和培训，严禁挪作他用。

（二）……当年结余可结转到下一年度继续使用。

……

（四）职工教育培训经费必须专款专用，面向全体职工开展教育培训，特别是要加强各类高技能人才的培养。

（五）企业职工教育培训经费列支范围包括：

1.上岗和转岗培训；

2.各类岗位适应性培训；

3.岗位培训、职业技术等级培训、高技能人才培训；

4.专业技术人员继续教育；

5.特种作业人员培训；

6.企业组织的职工外送培训的经费支出；

7.职工参加的职业技能鉴定、职业资格认证等经费支出；

8.购置教学设备与设施；

9.职工岗位自学成才奖励费用；

10.职工教育培训管理费用；

11.有关职工教育的其他开支。

……

（七）经单位批准参加继续教育以及政府有关部门集中举办的专业技术、岗位培训、职业技术等级培训、高技能人才培训所需经费，可从职工所在企业职工教育培训经费中列支。

（八）为保障企业职工的学习权利和提高他们的基本技能，职工教育培训经费的60%以上应用于企业一线职工的教育和培训。当前和今后一个时期，要将职工教育培训经费的重点投向技能型人才特别是高技能人才的培养以及在岗人员的技术培训和继续学习。

（九）企业职工参加社会上的学历教育以及个人为取得学位而参加的在职教育，所需费用应由个人承担，不能挤占企业的职工教育培训经费。

（十）对于企业高层管理人员的境外培训和考察，其一次性单项支出较高的费用应从其他管理费用中支出，避免挤占日常的职工教育培训经费开支。

……

四、企业职工教育培训经费的补充

（一）企业新建项目，应充分考虑岗位技术技能要求、设备操作难度等因素，按照国家规定的相关标准，在项目投资中列支技术技能培训费用。

（二）企业进行技术改造和项目引进、研究开发新技术、试制新产品，应按相关规定从项目投入中提取职工技术技能培训经费，重点保证专业技术骨干、高技能人才和急需紧缺人才培养的需要。

……

五、加强职工教育培训经费的管理

（一）建立健全企业职工教育培训经费提取和使用的规章制度，严格按照规定范围和控制额度开支。企业的经营者应确保本企业职工教育经费的提取与使用。

……

（四）对自身没有能力开展职工培训，以及未开展高技能人才培训的企业，应按照《意见》要求，由县级以上地方人民政府对其职工教育培训经费实行统筹，由劳动保障等部门统一组织培训服务。

六、完善经费提取与使用的监督

……

（三）企业应将职工教育培训经费的提取与使用情况列为厂务公开的内容，向职工代表大会或职工大会报告，定期或不定期进行公开，接受职工代表的质询和全体职工的监督。

……

点评：上述规定的重点在于确保企业必须按规定提取教育培训费用，并主要用于普通职工而不是高管或少数职工的培训，确保职工的受培训权利。

任务7　编写培训计划

▶ 学习目标

知识目标

年度培训计划的内容；培训项目计划书的内容；入职培训的概念和内容。

能力目标

能够根据企业的培训项目情况编写简单的培训计划。

思政目标

了解法规对人力资源和社会保障部门制订中长期职业培训规划和年度实施计划的要求。

▶ 情境和任务

一、学习情境

见模块2任务1的学习情境。

二、训练任务

根据学习情境，无论是由波音公司还是由咨询公司来做这个培训项目，请你简单设计这个培训计划。

三、企业实践参考

◆◆◆◆➡ 案例3-6

某彩电有限公司员工计算机培训计划

根据项目开发需要，现决定对全体开发组成员进行技术培训。

（一）培训内容安排（见表3-24）

表3-24 培训内容安排

课程名称	课时数（小时）	讲课老师
1.WINDOWS操作系统	24	罗青
2.常用办公软件	24	章琳
3.数据库概述	24	赵景
4.互联网概述	20	李力

（二）培训时间

1.以一天4课时计算，每门课程需要6天时间，共需23个工作日。

2.建议时间。

上午：8：30—9：30讲课

9：30—10：00技术讨论或休息

10：00—11：00讲课

11：00—11：30技术讨论或休息

下午：14：00—15：00讲课

15：00—15：30技术讨论或休息

15：30—16：30讲课

16：30—17：00技术讨论或休息

3.具体日程安排：初步定于3月20日开课。

（三）培训形式

1.讲课形式：集中授课。

2.考试形式：由于该培训是集中式培训，并且是面向所有数据分析开发人员的，所以不应根据岗位区分考试难度，建议每门授课结束时，采取一次性笔试考试（类似于学校考试）。考试成绩分为优秀、良好、及格和不及格四类，与当月绩效考评挂钩。

（四）授课准备

1.教材：购买教材。

2.教学工具：使用投影仪，或白板书写。

（五）费用

1．教材费：以20人、每人150元计算，需教材费3 000元。

2．授课补助：以每课时50元计算，共92课时，需补助4 600元。

合计：7 600元。

◆◆◆◆➡ 案例3-7

下面是某集团公司的年度培训计划。

××××年度某集团公司培训计划

一、专题培训（见表3-25）

表3-25　　　　　　　　　　　　　　　　　　专题培训

序号	培训内容	基层	中层	高层	课时	培训方式	培训人	经费预算	4月	5月	6月	7月	8月	9月	10月	11月	12月
1	财务基础知识		√	√	2	面授	张××			√							
2	企业税务筹划及会计主要报表的综合分析		√	√	2	面授	梁××			√							
3	财务预算的编制与控制 公司或部门的成本与费用控制		√	√	2	面授	龚×					√					
4	内部控制制度的制定与监管机制		√	√	3	面授	梁×							√			
5	如何打造团队凝聚力	√	√	√	2	面授/视频/网络学习		5 000元		√							
6	档案管理知识	√	√		3	面授	外聘老师	2 000元								√	√
7	商务礼仪、工作态度训练	√				面授/视频/网络学习			√	√							
8	物业相关法律培训	√	√	√	6	面授	外聘老师	4 000元				√					
9	中层主管核心管理技能训练教程		√		6	面授/视频/网络学习										√	√
10	有效沟通技巧	√	√		6	面授/视频/网络学习								√			
11	职业生涯规划与自我管理	√			5	面授/视频/网络学习							√				
12	从专业人才走向管理层	√			6	面授/视频/网络学习									√		
13	卓越领导力的六项修炼			√	12	面授/视频/网络学习									√		
14	管理流程设计与管理流程再造		√	√	3	面授/视频/网络学习										√	
15	如何以绩效考核促进组织执行能力提升		√	√	4	面授/视频/网络学习							√				
16	非人力资源经理的人力资源管理		√	√	6	面授/视频/网络学习										√	
17	部属培育与工作教导方法		√	√	6	面授/视频/网络学习								√			
18	ISO知识以及外部审核培训	√	√	√	待定	面授	人力资源部			√							

二、人力资源理论知识（见表3-26）

表3-26 人力资源理论知识

序号	培训内容	培训对象			课时	培训方式	培训人	经费预算	培训进度							
		基层	中层	高层					4月	5月	6月	7月	8月	9月	10月	11月	12月
1	劳动合同法培训	专职人员			4	面授	外聘律师	2 000元	√								
2	企业内训师培训	专职人员			3	面授/视频/网络学习				√							
3	岗位说明书的编写与应用	专职人员			5	面授/视频/网络学习					√						
4	绩效管理实务	专职人员			8	面授/视频/网络学习						√					
5	目标与绩效管理	专职人员			6	面授/视频/网络学习						√	√				
6	招聘与面试技巧	专职人员			6	面授/视频/网络学习								√			
7	辞退员工管理与辞退面谈技巧	专职人员			4	面授/视频/网络学习									√		
8	优秀员工的选育用留方法	专职人员			5	面授/视频/网络学习										√	
9	如何建立培训体系与制订年度培训计划	专职人员			6	面授/视频/网络学习											√

注：费用总合计13 000.00元。

➤➤ 相关知识

一、培训计划的内容

（一）确定培训项目

1.培训目标：组织的目标和要求、培训需求说明；

2.培训对象：接受培训人员的有关情况。

（二）培训内容概要

（三）培训过程的设计（明确培训形式和方法）

（四）培训资源的筹备

1.选择培训师和准备培训材料；

2.日程安排，如持续时间、日期和重要的阶段；

3.落实培训地点。

（五）评价培训结果的准则和方法

（六）培训成本预算

二、制订员工培训计划的步骤

制订员工培训计划的过程包括以下步骤（如图3-11所示）：

| 培训需求分析 | → | 工作说明 | → | 任务分析 | → | 排序 | → | 陈述目标 | → | 设计测验 | → | 制定培训策略 | → | 设计培训内容 | → | 实验 |

图3-11　制订员工培训计划的步骤

三、年度培训计划的内容

年度培训计划是企业培训组织管理的实施规程，如要使培训计划顺利实施，培训计划就必须具备以下内容：

1.制订培训计划的目的。从企业整体的宏观管理角度讲，培训计划要解决问题或者要达到的目的。

2.原则。制订和实施计划时的原则或规则。

3.培训需求。在企业运营和管理过程中，某些方面与现实需要存在差距，需要弥补。

4.培训的目的或目标。培训项目需要达到一个什么样的培训目的、目标或结果。

5.培训对象。培训项目是对什么人或者什么岗位的任职人员进行的，他们的学历、经验、技能状况如何。

6.培训内容。培训计划中每个培训项目的培训内容是什么。

7.培训时间。培训时间包括三方面内容：第一，培训计划的执行期或者有效期；第二，培训计划中每一个培训项目的实施时间或者培训时间；第三，培训计划中每一个培训项目的培训周期或者课时。

8.培训地点。培训地点包括两方面的内容：一是每个培训项目的培训实施地点；二是实施每个培训项目时的集合地点或者召集地点。

9.培训形式和方式。每个培训项目所采用的培训形式和培训方式，例如是外派培训还是内部组织培训，是半脱产培训、脱产培训还是业余培训等。

10.培训教师。每个培训项目的培训教师由谁来担任，是内聘还是外聘。

11.培训组织人。培训组织人包括两个方面的人员：第一，培训计划的执行人或者实施人；第二，培训计划中每一个培训项目的执行人或者责任人。

12.考评方式。每个培训项目实施后，对受训人员的考评分为笔试、面试、操作三种方式。笔试又分为开卷和闭卷，笔试和面试的试题类型又分为开放式和封闭式试题。

13.计划变更或者调整方式。计划变更或者调整的程序及权限范围。

14.培训费预算。它分两个部分：一部分是整体计划的执行费用；另一部分是每一个培训项目的执行或者实施费用。

15.签发人，即培训计划的审批人或者签发人。

年度培训计划可以像上面介绍的那样制订得较为详细，也可只制定一个原则和较大的培训方向及内容，在每个培训项目实施前再制订详细的实施计划。

◆◆◆◆➡ 范例3-3

××公司年度培训计划

第一部分：培训需求分析与目标确定

一、企业经营战略对培训的要求

1.次年度经营计划分析

（1）次年度的经营目标阐述

（2）达成目标的关键成功因素分析

（3）达成目标的重点、难点分析

（4）培训在达成经营目标方面的贡献

2.年度人力资源计划分析

（1）组织机构的调整带来的培训需求分析

（2）内部岗位调整（晋升、新募、岗位轮换）带来的培训需求

二、外部环境变化对培训的要求

1.行业环境分析

（1）国家立法或相关规定对培训的需要

（2）本行业主要技术发展趋势

（3）新技术在本行业、本企业的应用

2.竞争对手变化

（1）本企业重要竞争对手

（2）他们采取什么样的措施提高其竞争力

（3）这些措施对市场或终端产生的影响

（4）本企业应该采取什么对策来适应竞争

（5）需要通过培训解决的工作

3.客户构成与渠道的变化

（1）本企业重要的客户

（2）这些主要客户在经营管理方面最新的动向分析

（3）这些最新动向对本企业的业务影响（正面、负面）

（4）这些主要客户对目前本企业产品、质量、服务、人员工作方面的改善建议

三、企业内部各职能部门培训需求分析

1.部门A

（1）本部门本年度培训效果总结

（2）本部门次年度经营目标

（3）本部门次年度主要工作

（4）需要通过培训完善的工作

（5）需要通过培训完成任务的技能储备

2.部门B

……

四、次年度培训的中心目标与任务

1.次年度培训的中心目标

2.次年度培训工作的基本任务

第二部分：本年度培训专项职能分析

一、本年度培训工作总结

1.本年度培训计划的整体执行情况分析

2.部门培训计划执行情况分析

3.岗位培训计划执行情况分析

二、本年度培训效果评估

1.本年度主要的培训课题与项目名称

2.各课题培训效果分析

三、本年度培训工作的经验与教训

1.本年度培训管理工作方面的经验与教训

2.本年度培训方案方面的经验与教训

3.本年度培训计划方面的经验与教训

4.本年度培训课题与内容方面的经验与教训

四、次年度培训工作面临的课题点与建议对策（略）

第三部分：次年度培训计划与相关费用预算

一、关于年度培训的基本安排（见表3-27）

表3-27   **年度培训的基本安排**

月份	部门	对象	预计人数	培训课题	讲师	费用预算
1						
2						
3						
4						
5						
6						
7						
8						
9						
10						
11						
12						

二、内部培训讲师培养计划（略）

第四部分：次年度培训计划实施关键问题

一、关键问题一（略）

二、关键问题二（略）

三、关键问题三（略）

四、关键问题四（略）

第五部分：培训工作分工与职责划分

一、培训管理体系的基本组织结构（略）

二、工作分工与职责划分（略）

三、培训工作的评估要点与关键指标（略）

四、编写培训项目计划书

下面根据 5W2H 的原理，来规划企业培训项目计划书的内容及架构。

（一）培训计划的内容

5W2H 是指 why（为什么，解释目的、目标）、who（谁）、what（什么内容）、when（时间）、where（在哪里）、how（如何进行）、how much（需要多少费用）。如将其所包含的内涵对应到制订培训计划中来，即要明确：组织培训的目的是什么？培训的对象是谁并由谁负责、授课讲师是谁？培训的内容如何确定？培训的时间、期限如何？培训的场地要求或在哪里？费用多少？如何进行教学？这些要素所构成的内容就是组织企业培训的主要依据。

1. 培训的目的（why）

培训管理者在进行培训前，一定要明确培训的真正目的，并将培训目的与企业的发展、员工的职业生涯紧密地结合起来。这样，可以使培训效果更有效，针对性也更强。因此，在组织一个培训项目的时候，要将培训的目的用简洁、明了的语言描述出来，以成为培训的纲领。

2. 培训的负责人（who）

负责培训的管理者，虽然依企业的规模、行业、经营方针、策略不同而归属的部门各有不同，但大体上，规模较大的企业一般都设有负责培训的专职部门，如训练中心等，来对公司的全体员工进行有组织的、系统的持续性训练。因此，当设立某一培训项目时，一定要明确具体的培训负责人，由其负责培训的策划和运作，尽量避免出现培训组织的失误。另外，在遴选培训讲师时，如公司内部有适当人选时要优先聘请，如内部无适当人选时，再考虑聘请外部讲师。

3. 培训的对象（whom）

人力资源开发的培训对象，可依照阶层不同（垂直的）及职能不同（水平的）加以培训区分。阶层不同的培训大致可分为普通操作员级培训，主管级培训和中、高层管理级培训；而职能不同的培训又可以分为生产系统培训、营销系统培训、质量管理系统培训、财务系统培训、行政人事系统培训等。在组织、策划培训项目时，首先应该决定培训的对象，然后决定培训内容、时间期限、培训场地以及授课讲师。培训学员可由各部门推荐，或自行报名再经甄选程序而决定。

4. 培训的内容（what）

培训的内容包括开发员工的专门技术、技能和知识，改进工作态度的企业文化教育，改善工作意愿等，可依照培训对象的不同分别确定。

在拟订培训内容以前，应先进行培训需求的分析调查，了解企业及员工的培训需要，研究员工所担任的职务，明确每项职务应达到的任职标准，然后考查员工个人的工作实绩、能力、态度等，并与岗位任职标准相互比较。如果某员工尚未达到该职位规定的任职标准，不足部分的知识或技能便是培训的内容。

5.培训的时间、期限（when）

培训的时间和期限，一般而言，可以根据培训的目的、培训的场地、讲师和学员的能力及上班时间等因素而决定。一般新入职人员的培训（不管是操作员还是管理人员），可在实际从事工作前实施，培训时间可以是一周至十天，甚至一个月；而在职员工的培训，则可以以培训者的工作能力、经验为标准来决定培训期限的长短。培训时间的选定以尽可能不影响工作为宜。

6.培训的场地（where）

培训场地的选用可以因培训内容和方式的不同而有区别，一般可分为利用内部培训场地和利用外部专业培训机构场地。内部培训场地的训练项目主要有工作现场的培训和部分技术、技能或知识、态度等方面的培训，主要是利用公司内部现有的培训场地实施培训。其优点是组织方便、费用节省，缺点是培训形式较为单一，且受环境影响较大。运用外部专业培训机构场地的培训项目主要是一些需要借助专业培训工具和培训设施的培训项目，或是利用其优美安静的环境实施一些重要的专题研修等的培训。其优点是可利用特定的设施，并离开工作岗位而专心接受训练，且应用的培训技巧亦较内部培训多样化；缺点是组织较为困难，且费用较大。

7.培训的方法（how）

在各种教育训练方法中，选择哪些方法来实施教育训练，是培训计划的主要内容之一，也是培训成败的关键因素之一。根据培训的项目、内容、方式的不同，所采取的培训技巧也有区别。从培训技巧的种类来说，可以划分为讲课类、学习类、研讨类、演练类和综合类，不同的技巧与方法所产生的培训效果是不同的，需要我们在制订培训计划时与授课讲师共同研讨与确定，以达到培训效果的最大化。

8.需要多少费用（how much）

培训费用应提前做预算，且应做到专款专用，而且资源是有限的，要将资源进行合理的分配。

（二）培训项目计划书架构（见表3-28）

表3-28   培训项目计划书范例

培训项目名称	
培训内容	做什么？
培训目标	
培训需求分析（培训目的）	为什么做？
培训预算及收益预测	需要多少费用？是否值得？
培训负责人	
培训对象	谁来做？
培训师	

续表

培训时间（及进度）安排	什么时候做？
培训地点	在哪里做？
培训方式	怎样做？ 怎么增强培训效果和检验培训效果？
培训步骤	
意外控制	
注意事项	
促进转化的措施	
培训考核	
策划人	日期

（三）列出培训的任务清单

培训计划是否能够落地实施，其中一个重要的问题是培训计划中完成培训的步骤和任务是否清晰。为了更好地做好培训计划，培训组织者应该列出任务清单，将一次培训应做的工作一一列出，然后在计划中逐项加以明确，避免疏漏（见表3-29）。

表3-29　　　　　　　　　　　　　　　培训的任务清单

序号	工作项次	起止时间	负责人	需要投入的资源
1	与培训机构签订协议			
2	与员工签订协议			
3	课程目标确认			
4	与培训提供单位协调完成课程表			
5	课程表（含日期）与主管（或高层）确认			
6	与培训师确认课程大纲			
7	接受报名，人数统计			
8	场地确认（含设备需求）			
9	发放课程通知			
10	签到表制作			
11	课程讲义确认与制作			
12	投影片制作			
13	课后行动制作			
14	分组名单确认			
15	餐饮准备			
16	教室布置			
17	上课文具准备			
18	课程串场活动设计			
19	前一天提醒讲师上课			

（四）画出任务流程图

为了便于执行和实施，一个好的培训计划还应该将各项培训任务用流程图（或网络图）的形式表现出来，这有助于执行时分清楚任务的先后次序。以图3-12为例，各个方框中的字母代表了需要完成的工作，方框前箭头上的数字代表了完成该项工作需要花费的时间，G项工作必须在D、E、F三项工作都完成以后才能开始。

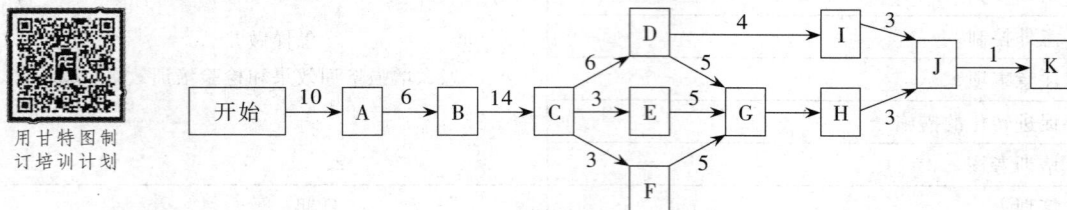

用甘特图制订培训计划

图3-12　任务流程图

五、制订新员工培训计划

（一）新员工培训的目的

企业在录用一个新员工之后，首先要做的事就是在最短的时间内通过培训让员工熟悉企业的各个方面，尽快进入角色，以良好的方式开始工作。

1.减少启动费用。培训使新员工明确自身的岗位职责，适应新的业务流程和管理方式，掌握基本的技能，可以更快地进入角色，胜任工作。

2.使新员工能够更好地融入团队，并增强员工的团队意识与合作精神。刚刚进入企业的员工，无论过去是否具备工作经验，都会为自己能否适应新的环境和文化、能否胜任新的工作、能否和上下级以及同事之间处好关系、个人未来发展前景如何等问题产生不同程度的忧虑。通过帮助新员工建立良好的人际关系、培训新员工解决问题的能力及提供寻求帮助的方法，让新员工感受到公司对他们的欢迎，体会到归属感。

3.降低因不适应环境造成的离职。通过让新员工了解公司历史、政策、企业文化等价值理念和规范行为，改善新员工的思想和行为。

4.通过新员工培训中发现的各种问题和积累的信息，为今后的招聘、选拔、职业生涯规划等提供信息反馈。

（二）新员工培训的内容、时间及方法（如图3-13所示）

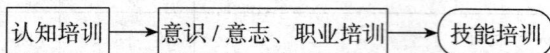

图3-13　新员工培训的内容

1.认知培训

认知培训主要包括企业概况、企业的组织结构及企业主要管理者介绍、企业制度、员工守则、企业文化宣讲等内容。企业概况包括工作环境、工作设施、企业的产品、服务及工作流程、企业的客户和市场竞争状况、企业的创业过程、经营理念等，可通过总裁致辞、员工手册、视频等方式传达给新员工。培训学习的方式是实行集中培训，并由企业领导和人力资源部门主讲。认知培训主要是帮助新员工全面而准确地认识企业、了解企业，减少陌生感，增加亲切感和使命感，从而尽快找准自己在企业中的定位。

认知培训时间以 2 天为宜，应该包括带领新员工参观企业的工厂或有代表性的地方，并安排座谈交流。认知培训结束后一定要进行认知性测验，以强化员工对企业的各项基本情况的记忆和理解。

2.意志/意识培训

意志培训的方法主要是军训，其目的是培养新人的吃苦耐劳的精神、勤俭朴素的作风和团队协作的意识。

军训的时间长短需要根据企业的实际情况确定，但最少一周，最多一个月为宜。时间太短，新员工还没进入状态就结束了；时间太长，会造成员工的厌烦心理，培训成本也会大幅增加。

3.职业培训

职业培训是为了使新员工尤其是刚走出校门的学生完成角色转换，成为一名真正的职员。其内容主要包括：社交礼仪、人际关系、沟通与谈判、科学的工作方法、职业生涯规划、压力管理与情绪控制、团队合作技能等，培训的方式是集中培训，根据企业实际情况，选择内、外部讲师均可。

需要注意的是：职业培训的方法一定要多样化，不宜采用宣讲方式，尽可能采用互动方式，让新员工在互动的过程中领悟所学的知识，这样才能在以后的工作中运用自如。职业培训结束时可以进行考核，建议采用开放式的考核方式，比如论文或者情景模拟等。

4.技能培训

技能培训主要是结合新员工即将上任的工作岗位而进行的专业技能培训，很多企业的"师徒制"就是技能培训的表现形式之一。

技能培训有两种培训模式：一是集中培训，即将岗位技能要求相同或相似的新员工集中起来进行培训，这样可以扩大技能的传播范围，节约培训成本，但沟通难以深入，并且要达到一定的人数才适合集中培训；二是分散式培训，即由技能熟练的老员工对相应岗位的新人进行指导，并确定指导责任制，一名老员工可以指导一名或多名新员工。不过实际工作中，常常是将这两种培训模式结合起来运用，以使技能培训做得更好。

新员工培训并不是其上岗后就结束了，应该在一定时间里面继续保持，最好能保持 1~2 年，因为这个时间是新员工的快速适应期和成长期，需要企业从不同的角度给予支持与引导，从而使员工能够更快地进步、更好地发展，也能为企业做出更大的贡献。

（三）新员工培训的职责划分

新员工培训不是人力资源部一个部门的事情。对于新员工培训的责任，一定要明确人力资源部、高层管理者、岗位所在部门负责人及相关部门负责人的职责划分，明确不同内容的责任主体，以保证各岗位和部门担负起各自应尽的职责。

（四）新员工培训的考核

为了保证实际效果，新员工培训实施之后应及时进行效果评估和记录归档。新员工培训的效果评估由培训管理部门、用人部门、新员工三个方面的评估构成。认知培训由人力资源部组织新员工进行测验和座谈，对于不合格者应给予补充培训。部门主管负责就部门内工作引导对新员工进行测验，通过之后才能予以转正。这些信息记录将为改进和提高以后的招聘、选拔工作提供依据。

思政专栏 ▓▓▓▓

《国务院关于加强职业培训促进就业的意见》要求：各地要根据促进就业和稳定就业的要求，在综合考虑当地劳动者职业培训实际需求、社会培训资源和能力的基础上，制订中长期职业培训规划和年度实施计划，并纳入本地区经济社会和人才发展总体规划。各地人力资源和社会保障部门要结合本地区产业结构调整和发展状况、企业用工情况，对劳动力资源供求和培训需求信息等进行统计分析，并定期向社会发布。

点评：不但企业要制订培训计划，国务院也要求各地政府制定自己的职业培训规划，这说明职业培训对地区经济社会发展的重要性。

◇◇◇◇ **课外训练任务**

制订新生入学教育计划

请学生根据表3-30新生入学教育时间安排表提供的信息，并回忆自己接受入学教育的过程和内容，编写一份《新生入学教育计划》。

表3-30　　　　　　　　　　　　　　**新生入学教育时间安排表**

内容	课时
1.新生分班，与系领导和辅导员见面； 2.参观学院及系部有关实验室	2
1.介绍高职发展与建设理论； 2.介绍所在系的基本情况、专业前景与个人发展； 3.介绍校园生活常识教育	4
1.分专业进行专业教育、就业教育； 2.由专业教师分班分组召开专业座谈会	4
1.法纪教育：组织学习公民道德建设纲要，开展荣辱观精神文明活动及文明修身工程等活动；以社会主义价值体系为引领和主导，加强法制和诚信教育，加强社会公德、职业道德和家庭美德教育； 2.安全教育：学习《学生手册》及国家法律法规	4
1.就业教育及创业教育（外请毕业生和在校学生）； 2.布置军训注意事项	4
1.党的基本理论和党建教育（学生党员上党课）； 2.学生座谈会（由助理班主任安排）	2
观看视频： 1.心理健康教育； 2.进行"拒绝毒品，珍爱生命"教育； 3.正确的恋爱观教育 讲座：医疗卫生健康教育（0.5学分）	4+6
1.学生座谈会（由助理班主任安排）； 2.感恩父母情——给父母写一封信（集中完成）； 3.新老生学习经验交流（英语、计算机过级）； 4.做新生家庭经济调查	4
1.新生教育阶段总结会； 2.各班布置新生军训前准备工作	2
学生军训（7：40穿好军训服装到第二教学楼前球场集合）	10天

知识掌握

一、选择题

1.培训计划作为实现企业人力资源开发的目标、满足员工培训需求的活动实施方案，其制订设计过程必须达到（　　）要求。

A.系统性　　　　　　　　B.标准化　　　　　　　　C.有效性

D.先进性　　　　　　　　E.普遍性

2.（　　）不属于培训课程内容选择的基本要求。

A.价值性　　　　B.相关性　　　　C.有效性　　　　D.普遍性

3.课程内容选择的基本要求中，（　　）既是课程内容存在的前提，也是培训课程开发的内在动力。

A.价值性　　　　B.有效性　　　　C.相关性　　　　D.系统性

4.（　　）是制订好培训计划的基本问题。

A.培训课程设计　　B.课程目标　　　C.课程评价　　　D.课程模式

5.培训课程内容应（　　），是培训工作取得成功的关键之举。

A 讲求授课效果　　　　　　　　B.实现培训课程目标

C 做好充分准备　　　　　　　　D.调动学员参与的积极性

6.课程设计的基点是（　　）。

A.有效利用培训资源　　　　　　B.满足组织的培训需求

C.提高个人和组织的绩效　　　　D.最大限度地调动受训者的积极性

7.人员培训开发计划的具体内容不包括（　　）。

A.培训的目标　　B.培训费用的预算　C.培训的内容　　D.培训人员的激励

8.企业员工培训规划的基础是（　　）。

A.人力资源开发体系　　　　　　B.培训需求分析

C.企业薪酬管理体系　　　　　　D.组织结构分析

9.（　　）不是企业年度培训计划的组成部分。

A.目录模块　　　B.需求分析模块　　C.计划概要模块　　D.主题计划模块

10.培训项目规划中较容易被企业忽略的是（　　）。

A.培训内容的开发　　　　　　　B.培训资源的筹备

C.培训成本的预算　　　　　　　D.效果评估的规划

11.培训课程设计步骤分为：①目标；②策略；③模式；④定位；⑤评价。正确的顺序为（　　）。

A.④①②③⑤　　B.①④②③⑤　　C.①④③②⑤　　D.④①③②⑤

12.（　　）是整个培训教学方案的重心。

A.确定教学目的　　B.检查培训内容　　C.确定教学方法　　D.设计教学方式

13.（　　）对企业培训工作起全局性的指导和控制作用。

A.管理性培训规划　　B.战略性培训规划　　C.培训课程规划　　D.培训需求分析

14.年度培训计划设计的基本程序有（　　）。

A.培训调查与分析研究   B.前期准备

C.年度培训计划的制订   D.培训课程设计

E.年度培训计划的审批及展开

15.培训课程设计的基本原则包括（   ）。

A.满足市场发展要求   B.满足企业与学习者的需求

C.兼顾实用性和系统性   D.体现成年人的认知规律

E.体现现代系统理论的基本原理

16.为使培训计划顺利实施，培训计划一般应包括（   ）。

A.培训的目的   B.培训主体   C.培训的内容

D.培训的时间和期限   E.培训的场地

17."受训者培训前后，在知识以及技能的掌握方面有多大程度的提高？"属于（   ）。

A.行为层评估   B.知识层评估   C.反应层评估   D.结果层评估

18.层次评估法的主要特点不包括（   ）。

A.层次分明循序渐进

B.考虑因素全面客观

C.定性和定量分析方法相结合

D.将评估转移到对整体组织绩效提高的评估上

19.培训有效性评估应该始于（   ）。

A.培训目标   B.培训需求分析   C.培训方案   D.员工培训计划

20.在态度型培训法中，行为模仿法不适宜于（   ）的培训。

A.高层管理人员   B.基层管理人员   C.中层管理人员   D.一般生产人员

21.讲授法会使受培训者感到传授方式较为（   ）。

A.难以接受   B.新鲜   C.和实际脱节   D.枯燥单一

二、案例分析题

国内某家电生产企业对营销人员进行了一次专业知识培训，受训对象大都是刚刚走上工作岗位的专科毕业生。培训结束后，他们将被派往当地各大商场，成为常驻商家的推销员，协助商家直接面对面对消费者提供咨询服务，以提高企业产品的知名度。公司人力资源部和销售部门没有为本次为期2周的培训制定培训内容，而是由来自某高校的几位市场营销学教授作为培训师来自行安排。培训教室选择在公司空置的厂房内，由于是炎热的夏季，教室里没有空调等降温设备，使受训人员的注意力难于集中，而且，教授们所讲授的内容，学员早已在学校系统地学习过。开始时，培训还能引起大家的专注，但终因"灌输式"的教学方式枯燥无味，使学员们觉得十分困倦，最后，公司的培训师讲授了公司主打产品的主要性能等内容。

培训结束后，学员被派到各大商场参加公司产品的促销活动，当顾客问及有关产品的性能和特点时，他们还能作答，但是遇到更深一层提问时，这些新上岗的推销员常常是无言以对，甚至当着顾客的面反复翻阅说明书和宣传材料。一个月下来，该公司主打产品销售量和市场占有率并没有任何起色，大家纷纷抱怨这次的培训没有起到什么作用，人力资源部的负责人也检讨，认为没有制订清晰的培训计划是导致本次培训失败的原因之一。

根据本案例，回答以下问题：

（1）本次培训没有达到预期效果的原因有哪些？

（2）若为本公司设计下一年度的员工培训计划，应按哪些具体步骤进行？

（扫描二维码，查看模块3参考提示）

模块 4　组织和实施培训

培训专员在组织和实施培训阶段，既是培训活动的管理者，有时又是实施授课的培训师。作为培训管理者，需要为培训师和参训者提供培训前支持、培训中支持、培训后支持；作为培训师，需要熟练运用各种培训技能。

任务 1　开展培训实施的组织工作

➤ 学习目标

知识目标

掌握培训通知的要求；了解培训桌椅布置的基本类型。

能力目标

能够按注意要点起草员工培训通知；能够设计"培训签到表"。

思政目标

在员工违反培训协议时，应该友善地行使违约金追偿权利。

➤ 情境和任务

一、学习情境

为了提高企业的竞争力，香露饮料公司正在全公司内建立和推行 ISO 9000 质量管理体系。为了通过 ISO 9000 质量管理体系认证，香露饮料公司请某专业培训机构对全公司近 1 000 名员工进行了一系列 ISO 9000 质量管理体系相关知识培训；同时公司派出 20 名骨干员工去参加 ISO 9000 质量管理体系内审员的学习和考证。由于这段时间工作比较繁忙，一些部门经理对派人外出参加学习并不是很乐意。培训专员任丽负责这一系列培训的组织和协调工作。

二、训练任务

请你帮助任丽确定，正式培训之前应该做好哪些组织和协调工作。

三、企业实践参考

➤ 案例 4-1

某企业开展培训工作的实际情况如下。

（一）准备提前期

常规单项培训提前一周，专项系列培训（如新员工入职培训、精英训练计划等，这些培训包含多个课程内容的培训）提前一个月。

（二）准备内容

1.明确时间、地点、人员。通过沟通协调，提前把培训开展的时间（具体到几点几分开始，预计几点几分结束）、地点（培训教室或场地）、人员（受训对象和具体人员名单、培训讲师与助教、培训服务组人员名单和分工）三个最基本的信息确定下来。

2.通知到位。通过邮件或公告栏发放或张贴正式的培训通知，并打电话给培训讲师和受训人员（人不多时）或部门负责人（人多时），确保将培训信息通知到相关人员。

3.培训课件PPT。实际操作中，由企业内部讲师负责做内训时，至少要提前半个月就开始跟进这件事，而且要保证课件质量，即根据培训需求调研分析报告和课程大纲要求审核课件内容是否合格。外训课件的准备相对就比较简单，不用怎么操心。

4.课前作业或调查问卷。这个根据培训计划或课程/讲师的需要，有时候也需要在培训前让学员提前做好并上交。这主要是为了让学员带着目的和问题来学，方便讲师抓住重点或有针对性地穿插一些实际案例进行授课，以提升培训效果。

5.课后测试题及参考答案。这个往往要求跟课件一起提前准备好，由制作课件的讲师一并提交。如计划培训后要考试的，HR也要去跟进这项内容。

6.培训道具、物料设备等。例如，培训中案例演练、游戏所需道具；培训中所需影音材料、背景音乐、各类纸质材料和表格（教材、试卷、签到表、反馈表）、大张白纸、记号笔、奖品及荣誉证书等。另外，还有笔记本电脑、投影仪、音箱、麦克风、电源插排、电池、充电器、摄像机、照相机、录音笔等，有需要的都要提前两三天准备好。

7.场地布置和氛围营造。这是培训前一天要准备好的工作。例如，拉横幅、贴标语、学员分组排座位、制作并张贴培训纪律看板等，并最后检查一次电源、灯光、音响、空调、电脑、投影、麦克风等是否正常可用。

8.培训开场前准备。培训当天，提前一个小时到达现场，做好接待引导、秩序维护、督促签到、主持或开场等工作。

9.后期保障安排。例如，提前安排讲师、学员的食宿，准备现场饮用的水、茶、咖啡等。

（三）准备工作注意的细节

1.列明准备计划与物品清单，一一准备并细心检查。

2.严格按准备计划时间表来保证各项准备工作的完成进度。

3.做好分工协作，互相补位，查缺补漏。

4.要有预案和备案，以便能及时应对和处理突发事件。例如，培训信息变更、课件无法保证等。

5.积极做好各项沟通协调工作，尤其是跟讲师和学员的提前互动交流，获得一些对培训准备工作有用的信息和建议。

➤➤ 相关知识

一、学员的学习通知与提醒（人力资源共享服务1+X职业技能连通）

（一）撰写并发布培训通知

培训通知一般包含如下要素：

1. 培训日期。

2. 培训地点。

3. 培训日程安排。

4. 课程介绍。

5. 讲师介绍。

6. 请假规定。

7. 报名确认方式。

8. 培训实施负责人及联系方式。

9. 其他注意事项。

••••➤ **课堂训练4-1**

下面是某公司的培训通知，从提高培训的效果出发，请分析一份培训通知应明确哪些问题。

关于公司员工内部培训的通知

亲爱的各位员工：

自8月27日开始，连续四周每周星期一下午4：00—5：30进行内部培训。

培训的目的有两个：

一是提高员工的整体素质，建立学习型团队。通过培训，更新员工的知识，使员工的进步能够跟上社会发展的要求。员工不断进步，公司才能持续成长。

二是提高个人素质。请一定要把培训当作公司的福利去珍惜。公司培训是我们不断进步、不断充实自己、知识不断更新的重要途径。我们都知道，没有学习，我们的进步将会很慢，长此以往，我们不仅不能适应本公司的工作，也将不能适应其他公司，也就是说，不学习，面对不断涌现的优秀新人，我们将失去竞争力，我们将无法适应社会！

实际上，每个员工都很希望参加培训，但是由于工作的繁忙及劳累，在面对培训机会时不能好好把握。鉴于这种情况，只能望各位克服困难，把握机会，能够在培训中有所得。当然也希望各位能够为我们的培训制度提出建设性建议！

人力资源部

8月22日

我的分析：

_____

_____

_____

（二）确认学员报名

为了保证公司培训资源的充分使用，应促使目标学员尽可能出席培训。在开课前，最好提前一周、提前三天、提前一天分别跟目标学员确认报名及出席情况，如确有工作冲突，无法按时出席的学员可以调整培训班次，采取其他解决办法。

（三）沟通讲师

如聘请外部培训师到企业授课，为了做好周全的培训物料准备以及现场支持工作，培训专员还需要联系培训师，就以下关键点做好沟通：

1.为培训师介绍学员情况，如学员的数量、年龄、性别、职务等。

2.培训场地情况，如场地大小、场地里培训设备情况、给学员准备的物料情况等。

3.询问培训师：除公司已准备的物料之外，还有哪些要求，比如培训中需要使用的道具、礼品等。

4.询问培训师讲课期间有无互动设计需要支持。比如，及时提醒发放材料、奖励、积分记录等。

5.培训师行程安排要求，比如是否需要接送，是否需要预订酒店，有无特殊餐食要求等。

二、培训行政供应商管理及对接（人力资源共享服务1+X职业技能连通）

在企业培训实施中，有些工作需要利用供应商完成。比如培训场地，供应商负责按企业对场地大小、场地条件、使用时间、价格预算等要求提供合适的场地，保证在培训实施过程中场地、设备能够满足培训需求。培训物料制作供应商负责按企业物料制作要求、使用时间、价格预算等要求完成物料制作。课程内容供应商负责按企业的课程目标、课程大纲、使用时间、价格预算等要求完成课程制作。培训拓展活动供应商按企业拓展项目、参与人数、活动形式、实现价格等要求，设计并实施拓展活动。

为了在需要供应商支持时，可以快速找到合适的合作供应商，确保供应商在限时内保质保量按企业的要求完成服务供应，企业需要维护一个供应商资源库，明确供应商服务流程，制定服务质量评价标准。

供应商的开发和管理，关系到培训实施的效果。一般来说，供应商开发包括的内容有：供应市场竞争分析；寻找合格的供应商；潜在供应商的评估；合同条款的谈判；最终供应商的选择。供应商开发的基本准则是"Q.C.D.S"原则，就是质量、成本、交付与服务并重的原则。

三、场地布置和设备检查

（一）桌椅的布置

桌椅如何布置要结合场地的形状、大小以及学员的数量，还有分组互动的需要，综合考量。

1.圆桌型（如图4-1所示）

这是一种微型培训中最常见的桌椅摆放方式，常用于高级管理人员的培训；学员一般为10人左右，围坐在一张大圆桌旁。在这种培训当中，培训者与学员之间互动较少，而学员之间沟通较多。

图4-1　培训桌椅的圆桌型（高管型）摆放

2.团队型（如图4-2所示）

这是小型培训中最常见的桌椅摆放式样，适合受训人数较少并以小组为单位进行竞赛性学习的情况。培训总人数最好是20～30人，分4～6组最佳，每组人数以6～7人为宜。人数太多，不能保证各团队有足够的时间展示自己的风采，组内成员也可能意见相左、争论不休，培训师也不能有效地与学员互动；人数太少，则场面冷落、学习的气氛不浓，也很难选拔到合格的队长。

图4-2　培训桌椅的团队型（小组竞赛型）摆放

3.扇形（如图4-3所示）

这是中型培训中较常见的桌椅摆放式样，适合于受训人数较多、培训室场地狭长并且要求团队学习、培训者和学员之间保持较密切沟通的情况。培训总人数以40～60人为最佳，以8～10组为宜，每组人数以6～7人为宜。人太多，师生难以沟通，活动场面难以控制。

图4-3　培训桌椅的扇形摆放

4.U形（如图4-4所示）

在中小型培训中，如果对培训师与学员沟通交流有一定要求，但对学员之间的沟通交流不做要求的，适合用U形摆放桌椅。培训总人数应在80人以下，不分组，学员很少走动。

图4-4　培训桌椅的U形摆放

5.弹簧型（如图4-5所示）

这是大中型培训中需要分组讨论的桌椅摆放式样，比较适合以培训师讲授为主且有限度的大组讨论的情况，学员人数可以在60人以上。

图4-5　培训桌椅的弹簧型摆放

6.影院型（如图4-6所示）

如果总人数超过80人，可采用传统的影院型摆放。这是大中型培训中比较常见的桌椅摆放式样，对于人数很多并且对培训者和学员之间互动沟通不做较高要求的情况比较适宜。

图4-6　培训桌椅的影院型摆放

（二）讲师物品摆放

物品包括白板架、白板笔、板擦、白板纸、磁贴、纸笔等，应该至少准备两种颜色的白板笔，比如黑色的和红色的。

（三）电化教学设备的准备

首先检查开关、插座是否满足要求，灯光照明是否正常；另外，电化教学设备包括多媒体（投影仪、电脑、麦克风、翻页器、音响）、录像设备等，培训前需要检查并调试好。

（四）受训人员用的纸和笔

如果培训通知中没有要求学员自带纸笔，培训组织者应为学员准备好纸和笔。

（五）服务设施

培训组织者需要准备好水、饮料和杯子等，如需就餐，还需要做好就餐安排；如果培训师有要求，还需按照培训师的要求准备相应的道具。

（六）交通工具准备

如果需要的话，培训组织者还需联系安排好交通工具。

四、文件准备

（一）培训讲义或辅导材料

如果培训时学员需要用到培训讲义或辅导材料，培训组织者必须在培训之前印制好。图4-7是学员培训手册参考式样（适当留空是为了便于学员做学习笔记）。

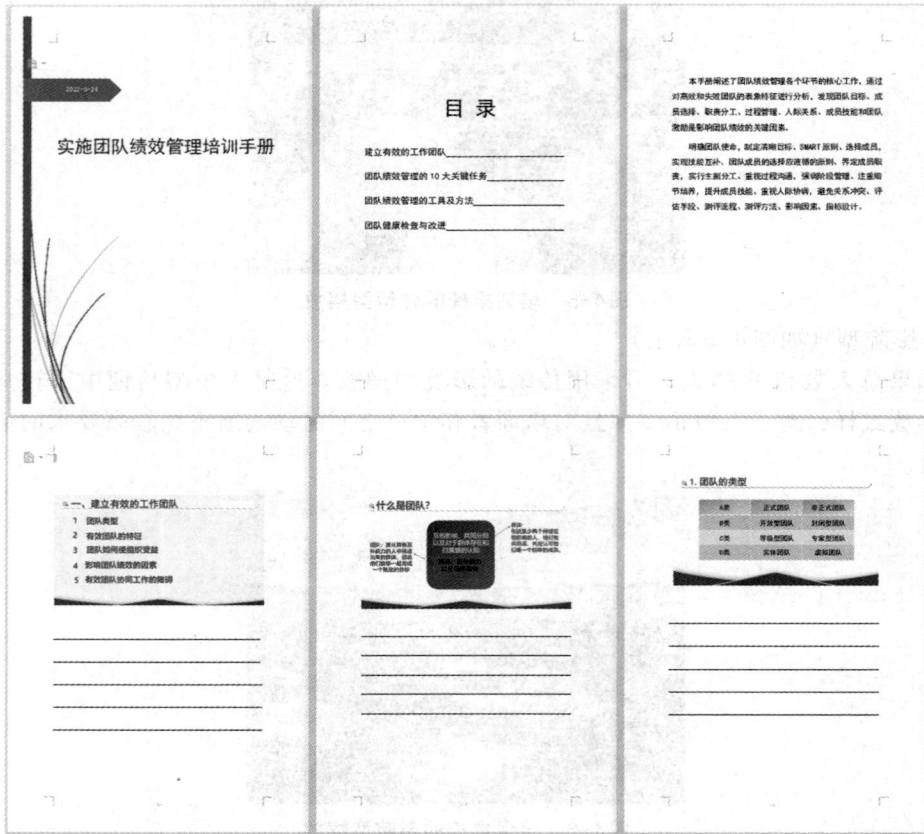

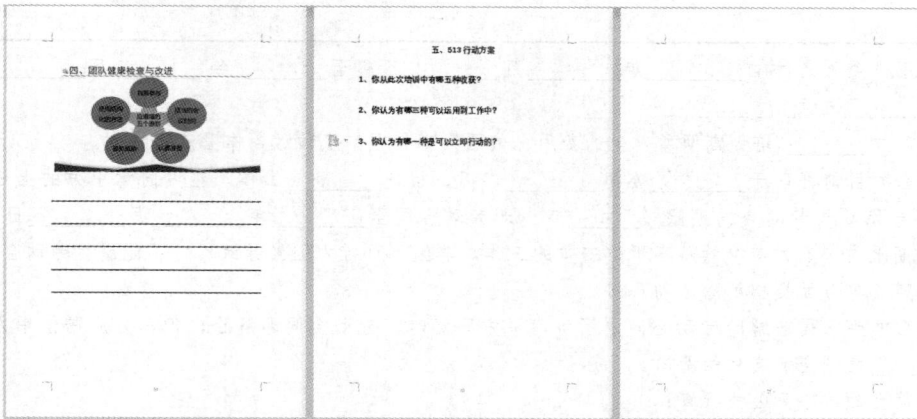

图4-7 学员培训手册参考式样

（二）表格、证书的准备

培训组织者应设计并打印好"培训签到表"，学员报到时要求其在签到表上签名；如果需按要求就座，还应该打印"座位安排表"；对于比较正式的培训，还需准备结业证书。

◆◆◆◆➡ **课堂训练4-2**

为了便于考核（如是否迟到、早退等），需制作一份"培训签到表"。

（三）培训效果评估文件准备

1.设计和打印好"受训人员满意度调查表"（参见模块5"评估培训效果"中"收集评估培训效果的信息"的相关内容），以便收集培训效果反应层评估所需的信息。

2.设计和打印好笔试试卷（参见模块5"评估培训效果"中"收集评估培训效果的信息"的相关内容），以便收集培训效果知识层评估所需要的信息。

（四）培训协议的准备

对于费用较高的专业技术培训，企业应与学员签订培训协议，培训协议的要点包括：

1.培训内容；

2.培训时间；

3.培训费用；

4.服务期限；

5.违约责任。

◆◆◆◆➡ **范例4-1**

××××公司员工培训协议书

甲方：××××公司

乙方：＿＿＿＿＿＿身份证号码：＿＿＿＿＿＿户籍地：＿＿＿＿＿＿＿＿

甲、乙双方秉持诚信公平原则，互相协商就甲方委派乙方＿＿＿＿＿＿＿＿＿事宜达成

以下协议：

续表

1.甲方委派乙方自_____年_____月_____日起至_____年_____月_____日止赴_____进行_____。

2.乙方_____培训期间所发生的费用，依照人事管理制度和财务作业流程报支。

3.乙方目前任职于_____公司_____部门，担任_____工作。乙方同意甲方的上述安排并同意自愿延长劳动合同期限_____年，即劳动合同至_____年_____月_____日终止。在上述期限内，乙方应继续从事甲方安排的工作。非因不可抗力因素导致乙方不能履行劳动合同时，乙方承诺不单方面提出解除劳动合同。

4.乙方要求提前解除劳动合同，经协商甲方同意时，劳动合同即解除，但乙方应赔偿甲方为乙方_____培训交流支付的费用。

赔偿金额依下列公式计算：

赔偿金额=因培训所产生费用总额×未服满劳动合同期/应延长劳动合同期

（培训所产生的培训费用包括：培训的学费、杂费、办理相关证件费用，培训期间所发生的住宿、膳食、交通、出差补助、技术交流费用等在甲方实际报支或由甲方实际支付的费用）

5.甲方不同意乙方提前解除劳动合同，乙方执意解除或擅自离职或因违法、违纪被公司辞退的，除按上述公式计算赔偿金外，还应交纳违约金。

6.乙方提前解除劳动合同的违约金/赔偿金应于甲方办理终止劳动合同手续前交纳。

7.乙方向甲方提供担保人_____（身份证号码_____，户籍地_____，任职_____，担任_____），担保人应向甲方出具担保书，保证乙方履行本协议书的义务。在乙方解除劳动合同时，担保人向甲方承担保证责任，保证乙方按约定支付赔偿金/违约金。

8.本协议自双方签订之日起生效，至乙方劳动合同期满后终止。

9.本协议书一式两份，具同等效力，甲、乙双方各持一份。

甲方代表（公章）：　　　　　　　　　　　　　　　乙方：

　年　　月　　日　　　　　　　　　　　　　　　　年　　月　　日

附件：

担保书

兹为_____同志在××××公司工作期间外派培训事宜提供担保：

1.保证遵守《××××公司员工培训协议书》的内容，遵守公司管理规定。

2.如违反《××××公司员工培训协议书》的内容，我愿意承担由此行为所带来的责任。

担保人（签名）：_____

担保人联系电话：_____

担保人工作单位：_____

担保人与被担保人关系：_____

年　　月　　日

思政专栏

《中华人民共和国劳动合同法》第二十二条规定，用人单位为劳动者提供专项培训费用，对其进行专业技术培训的，可以与该劳动者订立协议，约定服务期。

劳动者违反服务期约定的，应当按照约定向用人单位支付违约金。违约金的数额不得超过用人单位提供的培训费用。用人单位要求劳动者支付的违约金不得超过服务期尚未履行部分所应分摊的培训费用。

用人单位与劳动者约定服务期的，不影响按照正常的工资调整机制提高劳动者在服务期的劳动报酬。

点评：对于费用高昂的培训，管理者应该通过与受训员工签订培训协议，约定服务期，保护企业自身的利益。如果员工违约，应该以不超过法律规定的违约金标准要求员工支付违约金，不可漫天要价，这也是一种友善的表现。

任务2 了解培训师需要的技能

▐▐▐▐▊➡ **学习目标** ▊▐▐▐

知识目标
了解编写教案的格式和控制授课过程的技巧；掌握常用培训方法的操作程序。
能力目标
通过观看实际培训的视频材料，分析培训师应该具备哪些技能。
思政目标
了解政府管理部门对职业教育教师的能力要求。

➤➤ **情境和任务**

一、学习情境
任丽担任香露饮料公司的培训专员，与她一起进入公司的还有其他二十几个员工。为了让新员工快速地融入企业之中，人力资源部丁经理要求任丽给新员工做一次企业文化的培训。这将是任丽第一次真正地担任培训师，她心里感到有点紧张。
二、训练任务
作为培训师，任丽需要运用哪些技能来帮助她做好这次培训？
三、企业实践参考
根据情况在学习理论部分之前播放一段15分钟左右的培训视频材料（要求能体现一个内容比较完整的培训过程）。

◆◆◆➡ **案例4-2**

TTT企业内部培训师培训课程大纲

……

第二单元：培训师讲师风范
1.专业讲师形象
2.培训师肢体语言的运用（表情、眼神、手势、移位）
3.培训师上场和下场原则
4.培训语言的魅力

（1）发声技巧与训练；（2）善用声音的六要素；（3）有效表达方式。

5.精彩开场技巧

（1）开场的重要性；（2）精彩开场白的结构；（3）闪亮导入六项技法。

6.有力结尾技巧

（1）有力结尾的作用；（2）有力结尾的结构；（3）完美结尾的五项技法。

第三单元：专业的课程设计

1.成人学习的特点

2.快速课程设计的七步

3.课程设计五线谱

4.课程设计四元素

第四单元：培训师有效课程呈现技巧

1.讲授法

2.小组讨论法

3.案例分析法

4.角色扮演法

5.游戏培训法

6.头脑风暴

7.其他培训方法（演示法、拓展培训法等）

第五单元：培训现场掌控技巧

1.如何有效控制紧张

2.课堂互动技巧

（1）有效的提问技巧；（2）处理学员提问技巧；（3）课堂突发事件应对策略；
（4）处理难缠学员应对策略。

3.培训时间的把控

4.培训金手指——有效点评技巧

➤➤ 相关知识

一、做好授课准备

（一）编写教案

教案主要包括课程名称、培训目的和目标、培训内容、时间分配、培训方法提要、案例、教具、提问、现场讨论与练习、作业、思考题、学习参考资料等的设计。

◆◆◆◆➡ 案例4-3

编写教案举例见表4-1。

表4-1 编写教案举例

课程名称	内部培训师的培训技能培训			
培训目的	提升内部培训师的培训技能		培训时数	2小时
培训目标	态度目标	能力（技能）目标	知识目标	
	形成××观念	在××条件下，能够按照××标准完成××操作	了解××××理解××××掌握××××	
培训对象分析	新挑选出来的内部培训师，还没有执行培训的经验和相关知识			

培训内容与设计（包括培训内容、培训方法提要、案例、教具、提问、现场讨论与练习等的设计）：主要陈述训练（讲授）方式（方法和手段）、步骤（流程）和时间安排

教具：多媒体投影

1.热身游戏（5分钟）

2.培训目的与目标说明（3分钟）

3.任务引入（2分钟）

作为培训专员，经常要在员工培训中担任培训师的角色，因此必须掌握培训师需要的培训技能

4.操练（20分钟）

播放心灵财富培训视频材料，根据培训师的培训过程，请受训人员分析培训师应该具备哪些技能，根据学员的分析总结培训师需要的技能。

5.介绍如何编写教案（7分钟）

6.提问受训人员：作为新的培训师，你授课感到焦虑吗

介绍培训师克服焦虑的办法（8分钟）。

7.介绍调节课堂气氛的方法（15分钟）

运用眼神、控制音调、把握语气、运用手势、设计板书。

8.讨论：如何处理授课过程中出现的困难局面（13分钟）

9.介绍授课应注意的其他要点（5分钟）

10.课堂总结（2分钟）

编写教案这个环节的注意要点：

1.培训内容必须量身定做，突出实用性；

2.注重课程编排的逻辑性；

3.自我操练。

在培训课程正常开展之前，培训师最好能够将准备好的课程自我操练一下，其好处主要表现在：

（1）检验授课时间和讲授速度是否合适；

（2）检验培训课程设计是否合理；

（3）巩固授课内容；

（4）熟悉培训方法；

（5）熟悉授课过程。

（二）制作课件

当前企业培训中，Power Point（PPT）是常用的手段。以下是制作PPT的几个小技巧：

1.Power Point制作的"三字经"

（1）三种颜色：一个页面的颜色不超过三种；

（2）三个动画：一个页面的动画不超过三个；

（3）三种字体：一个页面的字体不超过三种。

2.一个重点

每页文字不超过12行，每个段落控制在2.5行左右。

3.KISS原则（Keep it Simple，Stupid，简单化、"傻瓜"化）

（1）能用短语就绝不用句子；

（2）能用图形就绝不用文字，文不如表，表不如图；

（3）巧妙运用图像、声音、影片；

（4）课件简单化，教具熟练化，手册口语化。

（三）准备音乐

音乐在培训中能够起到渲染环境气氛、引发生理及心理"共鸣"、引发联想及思考、增进彼此感情、陶冶情操、增加行动的欲望等作用。如果培训音乐使用得当，会起到事半功倍的效果。

1.入场签到和中场休息音乐。培训活动开场之前通常会进行签到和发名牌，同时学员在开场的等待时间里会进行初步的交流。在培训活动当中还会有若干次中场休息，这个时间通常是吃点心、喝饮料、学员之间进行交流等。这时的音乐应以舒缓、轻柔、亲切、温馨为主。

2.上下场音乐。政府官员、企业高管参加的培训通常比较严肃、庄重，尽可能使用有气势的音乐。普通学员可以选择休闲、活泼些的音乐。

3.培训中的背景音乐。培训过程中可以穿插一些符合主题的音乐，以起到推波助澜、引导情绪、锦上添花的良好效果，音乐主要分为五类：

（1）激励型：培训过程中涉及高潮、转折、激励内容和学员亲自参与的活动时，可以配上一些富有节奏感和催人奋发的音乐。

（2）团队型：如果进行的是一场关于团队合作的培训，可以穿插一些以团结互助、众志成城为主题的音乐。

（3）煽情型：通过设置一个感人的场景，配以煽情的音乐和必要的灯光，培训师引导学员走进对方的心灵世界，让他们领悟和感受其中的道理。听众感同身受，非常容易产生共鸣，达到良好的视听效果。

（4）交流型：这是为了增进学员之间的感情，配合培训师的语音，使之声色圆润，并且拉近培训师与受众之间的距离。

（5）活动型：在培训游戏和团队互动活动过程中，通常会配以轻松、欢快、节奏感强的音乐，以期达到更好的活动效果。

4.颁证颁奖音乐。培训结束后，通常会当场颁发培训证书，这时的音乐应以喜庆欢快为主。[①]

（四）设计自己的形象

培训师应根据不同的要求和对象着装，让自己看上去很专业。如果打算在游泳池边向游泳者传授抢救技能的话，当然不能西装革履，但如果要在办公室里向一群高级经理讲解抢救的技能，就不应该穿汗衫短裤。总之，培训师不能在人群里标新立异，但也得保证与其他人有所区别。表4-2为基本着装建议。

表4-2　　　　　　　　　　　　　　　　　　**基本着装建议**

男性讲师的基本着装建议	女性讲师的基本着装建议
•衣服的选择应以得体、大方、简洁为主要原则，建议穿西装 •不要穿有太多装饰物的衣服 •应尽量选用冷色调衣服，如蓝色、灰色、黑色等，这些衣服可以使讲师显得稳重、成熟 •不仅衣服的款式，衣服的面料也很重要，最好选用纯毛质地的衣服 •要注意衬衫、领带与西服外套的颜色搭配 •衬衫的袖子要比外衣长2厘米左右 •皮鞋、袜子要讲究颜色搭配，尽量选择同种颜色 •皮鞋要擦拭干净 •不可染发、烫发 •精心梳理好头发 •避免使用气味浓烈的香水 •尽量不要佩戴首饰	•不能穿过于暴露的衣服和奇装异服，建议着套裙或其他职业装 •切忌穿超短裙 •尽量少佩戴珠宝首饰，以免分散学员注意力 •化妆要淡雅，不应使用鲜艳的口红或指甲油 •切忌在脚指甲上涂鲜艳的指甲油 •可以穿平底鞋 •发型要得体 •不可使用气味浓烈的香水

（五）克服紧张情绪

对于培训师来讲，当他成为众人关注的焦点或临场发挥即兴加入很多新的内容时，通常会产生紧张情绪。以下是克服紧张情绪的有效技巧：

1.充分掌握材料。充分的准备和事前练习是克服紧张心理的基础。

2.预想可能遇到的问题。预想学员可能提出哪些问题，自己心中要先大概有个答案。

3.进行自我暗示。如果你认为自己的宣讲会成功，那么你也许真的就会做得很好；如果你总是觉得自己可能会讲得一塌糊涂，那么你很可能真的如此不幸。

4.提前到达培训现场，这样可以熟悉环境并与学员沟通，使自己有所调整。

5.检查与培训有关的设备，这样才能在正式宣讲时做到心中有数。

6.做深呼吸：人感到紧张时，呼吸会变得急促，通过深呼吸可以使人缓解紧张情绪。

7.进行适当的热身：宣讲前应该"吊吊嗓子"，不要站在一个地方一动不动。

---

① 鲍立刚. 培训活动组织的3个小技巧［J］. 培训，2008（8）.

二、练习常用培训方法的操作程序或要点

（一）讲授法的运用要点

1.讲授要有系统性，条理清晰，突出重点、难点。

2.讲授时语言清晰，生动准确。

3.必要时运用板书，应尽量配备必要的多媒体设备，以加强培训的效果。

4.讲授完应保留适当的时间让培训师与学员进行沟通，用问答方式获取学员对讲授内容的反馈。

（二）研讨法的操作程序

1.建立明确的研讨目标。

2.选择研讨题目，题目应具有代表性、启发性，题目难度要适当。

3.事先将研讨题目和目标提供给学员，以便做好研讨准备。

4.要使受训人员对讨论的问题产生内在的兴趣，并启发他们积极思考。

（三）工作指导法的操作程序

1.培训前要准备好所有的用具，摆放整齐。

2.让每个学员都能看清示范物。

3.培训师一边示范操作一边讲解动作或操作要领。

4.示范完毕，让每个学员反复模仿练习。

5.对每个学员的操作给予立即反馈。

（四）案例研究法的操作程序

1.向培训对象提供一则描述完整的关于经营问题或组织问题的案例，案例要和培训内容相一致。

2.培训对象组成小组来完成对案例的分析，做出判断，提出解决问题的方法。

3.各小组在集体讨论中发表自己的看法，同时听取别人的意见。

4.讨论结束后培训师总结讨论结果，并对培训对象进行引导分析，直至达成共识。

三、控制授课过程

（一）说好"开场白（破冰）"

俗话说"好的开端是成功的一半"，培训师在破冰阶段的表现将影响整体培训过程和培训效果。

下面介绍几种破冰的方法：

1.沉默法

如果培训师个人比较紧张，则比较适合采取此方法。先保持几分钟沉默，用目光扫视台下听众；在缓解自己情绪的同时，树立培训师权威，并组织破冰的语言。

2.询问法

如果学员状态慵懒，或者是早上培训、夜间培训，则比较适合采取本方法。培训师根据不同的情形问学员："吃了吗？""困了吗？""累了吗？""饿了吗？"然后说："我和大家一样，不过……"

3.直接法

在助教介绍后，培训师向学员谢礼，然后说："学员朋友们，今天让我们共同学

习××课程。"

有些培训师还会使用震慑法，向全体学员大声询问："我想请问在座诸位，我们今天上的是什么课？你们准备好了吗？"学员回答第一遍时装作未听见，第二遍时借助手势，装作努力倾听状，第三遍和学员一起喊准备好了。然后说："我也准备好了，请学员朋友们尊重老师的劳动，我也尽量努力，让我们使今天的培训课圆满地开展，取得最好的培训效果。"编者认为这种方法弊大于利，参训者可能有不受尊重的感觉，应慎用。

（二）调节课堂气氛

1.运用眼神

培训师应该通过目光的接触表达自己对学员的关注，并大致了解学员对培训内容的接受程度，以便及时进行调整。培训师可以把整个培训会场分为4个区域，眼神在4个区域中不断交替巡视，这样可以及时发现学员的反应，避免某些学员感到不被尊重，把握课堂气氛的主动权。

2.控制音调

培训师需要发挥学员的听觉作用来强化授课效果，在授课时音调要高低结合、快慢结合，对重点内容要用音调重点提示，对于需要调动学员情绪的内容要低缓平和或激昂高亢，但不宜过于刻意地变化音调，那样会令学员感到做作，反而难以达到效果。

3.把握语气

培训师尽可能采用肯定的语气来授课，不肯定的语气会让学员感到不可信，降低学习的兴趣。

4.运用手势

授课时手势运用得好可以帮助学员理解培训师所讲授的内容，也可以使授课更加生动、有感染力。

（三）处理困难局面

1.对分散学员注意力的人进行必要的干预。

某些学员喜欢高谈阔论、滔滔不绝，分散了其他学员的注意力，培训师应当进行必要的干预，果断地打断谈话者，为他的发言做总结并直接进入下一个议题。

2.不让讨论偏离主题。

当出现讨论偏离主题的情况时，培训师可以问学员我们的讨论是否已经偏离主题，或者更加简单地告诉学员：我们的时间有限。这样做使学员在偏离主题时会有所察觉。

3.不要把时间浪费在无法改变的问题上。

如果有学员抱怨组织，培训师应该告诉他们，培训并不能解决所有的问题，抱怨只能把大家的时间浪费在这些我们无法改变的问题上。

（四）培训总结

培训结束后的总结对培训效果起着概括和回顾的作用，可以加深学员的印象和培训效果。在总结时培训师需要注意以下几点：

1.最好请学员回顾，如果难度太大，带领大家做回顾。

2.从回顾中归纳学习成果，如有必要，应予以记录。

3.向全体学员寻求感受、意见和反馈。

4.带领大家讨论如何把所学应用到工作中。

（五）授课应注意的要点

1.使用自己的语言

培训师应该避免模仿别人，使用自己的语言可以增加学员对培训师的信赖，这种信赖可以增加学员对培训的投入，便于培训师更好地控制培训授课过程。

2.改变主题时，应提示学员

不要在没有任何提示前直接讲下面的内容，培训师应该说："既然我们已经讲完了这一点，让我们继续下面的要点……"

3.保持耐心

有时候需要花很长的时间才能使学员完全理解培训的内容，所以培训师要保持耐心。同时，不同的学员有不同的学习习惯，培训师在培训时要考虑到这一点。

思政专栏

《教育部关于进一步完善职业教育教师培养培训制度的意见》要求："全面推行新任教师上岗培训，重点提升职业教育认知水平、师德素养、教学能力，……定期组织教师岗位培训，帮助教师更新教育理念，学习掌握新知识、新技能、新工艺、新方法，提高教育教学能力，……加强骨干教师和专业带头人培训，重点提升专业建设和课程开发能力、教学科研能力。"《国务院关于加强职业培训促进就业的意见》提出："建立和完善职业培训教师在职培训和到企业实践制度。"

点评：培训师不但要持续更新生产、经营管理等职业知识，还要更新教育理念，不断提高自身的教育教学能力，才能更好地服务企业。

任务3　入职培训实训

新员工培训的形式多种多样，企业可以根据自己的实际情况选择采用。对于企业基本情况介绍，可以采用参观、讲解、亲身体验等形式；对于职业基本素质培训，可以由企业内部领导、老员工与新员工座谈，现身说法，也可采用演讲的形式；对于团队与沟通的培训，可以采用游戏、户外拓展等方式，让每一个参与的人能够有切身感受；对于融洽新老员工的关系，可以采用文娱、体育比赛等多种形式；对于岗位工作，部门负责人可以采用讲解、演示、示范操作等形式。

◆◆◆◆➡ 案例4-4

某公司新招聘销售人员20名，总经理要小张全权负责此次培训。经过片刻混沌之后，小张开始理清思路，他拿出一张纸，在上面写道：

1.新员工群体的特点是什么？

2.培训的目的或目标是什么？

3.借助什么搭建以上两者的联系？

接下来，小张逐个问题进行分析：

1.新员工群体的特点

公司新员工全部是应届大学毕业生，他们的特点有：

（1）有学识。培训内容、培训形式没有新意，很难吸引他们。

（2）对社会缺乏了解，但又轻视社会经验的积累，认为一学就会，过多介绍前辈经验会招致反感。

（3）胸怀大志，雄心勃勃，积极热情。对忠告的话很难听进去，不能打击。

（4）相互之间缺乏了解，要着手培养团队精神。

（5）对企业的了解和认识停留在表面、感性的认识上，要加深对企业的了解，将企业目标、前景与大家共同分享。

2.培训的目的或目标

培训的目标是把员工培养成公司期望的优秀资源。人员培训的目的就是使公司的这项资源得到充分运用，发挥最大效益。

（1）了解公司，对公司产生兴趣并形成忠诚。

（2）了解职业，对工作产生兴趣并形成偏爱。

（3）技能培训，马上成为"熟练工人"。

3.借助什么搭建以上两者的联系

（1）轻松的培训环境。

（2）良好的互动式培训方式。

（3）新颖的培训内容（来源于书本，又超出书本）。

（4）培训者个人的影响力与凝聚力。

写完这些，小张心里已经有底了。

第一步：确定培训内容。

内容要求：实用、通俗、有新意。小张根据这几年的培训经验以及与新员工的沟通，拟定培训内容。

第二步：确定培训讲师，并与讲师进行沟通。

讲师的发挥将直接影响培训效果，所以在培训前与讲师要进行充分沟通。

（1）内容：30%理论+70%实际（案例）。

（2）每次讲解时间不超过30分钟，即10分钟理论+20分钟案例。

（3）采取"座谈+培训"的方式。每项培训前，先进行座谈，了解新员工对此问题的看法，调查收集他们想知道什么，再进行培训。

（4）讲师魅力要求：100%理论知识+100%实践经验+100%技巧。要求讲师不仅要有丰富的理论知识和实践经验，还要有很好的培训技巧。技巧主要包括：表达能力、普通话水平、调动情绪水平、把握现场局势能力……

第三步：确定培训地点、器具。

为了营造一个良好的培训环境，小张借用了公司五个高档会议室、一个培训中心进行此次培训。通过变化培训环境，让新员工多了解公司的一些辅助设备，从多方位接触公司。同时，培训地点的变换有助于吸引被培训者的注意力，缓解培训的疲劳。

培训器具：小张充分利用公司先进的设备，力争给新员工带来一种正规、有档次的感觉。利用投影仪、笔记本电脑、易拉宝、灯光设备等，制作幻灯片、投影卡、图片，收集案例、笑话等。

第四步：召集讲师模拟培训。

小张召集所有讲师，共同修改讲稿，制作幻灯片，并进行模拟培训，主要就培训者语气、现场互动技巧方面进行修正。

每位讲师脱稿至少模拟两次，大家一致通过后，才能正式进行培训。

第五步：整装待发。

小张最后一次召集所有培训人员，核实场地、内容、器具、人员安排、时间、就餐、开幕式等每一个细节。

第六步：培训开始。

经过一周的准备，培训正式开始了。在开幕式上，公司总经理给大家鼓了鼓劲，接着大家开始进行互动。

互动节目：

（1）将桌子摆成四个菱形，大家分成四个小组，每组6~7人。

（2）每组的人花3~5分钟进行自我介绍，目的是记住小组每个人的姓名与爱好。

（3）每个人花1分钟向所有人推销自己。

（4）进行调查：你记住了谁？

（5）点评。

（6）重新向别人推销自己。这一关每个人都要过。

（7）每小组共同确定组名、口号，选一名组长。

（8）组长进行就职宣誓。

（9）讲述团队的作用、意义。

（10）介绍此次培训的内容及一些要求。

……

实训项目1　操练"破冰游戏"

▧▧▧➡ 学习目标 ▧▧▧

知识目标

理解选择"破冰游戏"时需要考虑的因素。

能力目标

能够以小组合作的形式实施"破冰游戏"或暖身活动，提高新员工参与培训的热情，增强培训效果。

思政目标

理解国家实行劳动者在就业前或者上岗前接受必要的职业教育的制度。

➤➤ 情境和任务

一、学习情境

考虑到新来的这20几名普通员工之间比较生疏，为了调动新员工参与培训的积极性，增强培训的效果，任丽决定在培训开始时运用"破冰游戏"。为此，任丽收集了许多"破冰游戏"，准备在这些游戏当中选出1~2个在实施培训时使用。

二、训练任务

下面是任丽收集的"破冰游戏"，请大家通过实际应用感受各个"破冰游戏"的操作要点和效果，帮助任丽选出适合的"破冰游戏"。

游戏一：大树与松鼠游戏（如图4-8所示）

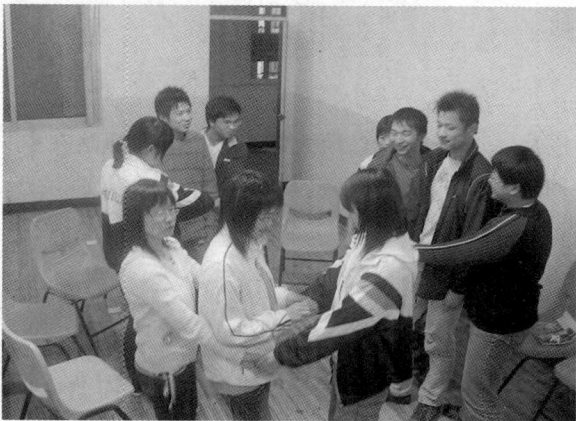

图4-8　大树与松鼠游戏

1.适合人数：10人以上。

2.场地要求：空地。

3.适用对象：所有学员。

4.时间：5~10分钟。

5.操作程序：

（1）事先分组，三人一组。二人扮大树，面向对方，伸出双手搭成一个圆圈；一人扮松鼠，并站在圆圈中间；培训师或其他没成对的学员担任临时人员。

（2）培训师喊"松鼠"，大树不动，扮演"松鼠"的人必须离开原来的大树，重新选择其他的大树，培训师或临时人员临时扮演松鼠并插到大树当中，落单的人要表演节目。

（3）培训师喊"大树"，松鼠不动，扮演"大树"的人必须离开原先的同伴重新组合成大树，并圈住松鼠，培训师或临时人员临时扮演大树，落单的人要表演节目。

（4）培训师喊"地震"，扮演大树和松鼠的人全部打散并重新组合，扮演大树的人也可扮演松鼠，松鼠也可扮演大树，培训师或其他没成对的人亦插入队伍当中，落单的人要表演节目。

6.活动分享：

（1）在这个活动过程当中大家最大的感受是什么？

一般是感觉竞争激烈、感觉到变化或者感觉到压力等。

（2）一个人让别人了解自己的途径大概有多少种呢？除了自己主动，或别人主动，还有什么？

一般是环境的推动或外界的变化促使自己必须让别人了解你。

（3）在工作中角色的转变是经常的，如何才能做到收放自如？

在混乱的状态下寻找规律，冷静沉着地处理变化、分析变化，从而解决出现的问题。

游戏二：随波逐流

1.适合人数：8人以上。

2.场地要求：空地。

3.操作程序：

（1）将学员分为8人一组。

（2）让每组学员围成一个圆圈，直径大约2米，培训师站在中央。

（3）每个人都要伸出自己的双手，培训师要双手抱在胸前，并进行如下对话：

培训师："我带头做一下示范，我准备好了，你们准备好了没有？"

学员："准备好了。"

培训师："我倒了？"

学员："倒吧。"

（4）这时培训师要完全放松，将自己的身体完全倒在团队成员的手中，团队成员将培训师按顺时针方向转一圈。

（5）培训师做完之后，小组成员可以每个人都做一遍。

（6）注意，中央倒下的人应该将双手抱于胸前，以免误伤他人。

4.活动分享：

（1）当你在中间被转的时候，有没有一种自己像一棵小草，在风浪中随波逐流的感觉？会不会感到很害怕？但是当你完全信任团队成员之后，你是否会很享受这一过程？

（2）在活动过程中，你是否体会到了团队的合作精神？

游戏三：1块钱、2块钱

1.适合人数：10人以上。

2.场地要求：空地。

3.游戏时间：10分钟。

4.游戏操作：

（1）根据男女学员不同比例，比如男生比例远远大于女生比例的话，女生就当"2块钱"，而男生则是"1块钱"；如果女生比例远远大于男生比例的话，女生就当"1块钱"，而男生则是"2块钱"。

（2）根据培训师说的钱数，所有学员组成相应的数字，没组成符合要求的数字的，均被淘汰。例如，培训师喊7块钱，所有学员就组成一个个小组，每个小组所有人的面值加起来应该是7块钱，没有组成小组的学员将被淘汰。

（3）剩下的人继续组合，直到剩下 4～5 人为止，游戏结束，可以给剩下来的人颁发奖品。

游戏四：魔法师变石头

1.活动场地：室内或室外平坦的场地均可。

2.活动器材：2～5 颗软性安全球（或毛线球）（球体以一手可握住为佳）。

3.适合人数：16～50 人，人数不宜过少。

4.操作程序：

（1）一开始可由培训师或由一位学员自愿担任"魔法师"，并发给其一颗球施法；

（2）魔法师施法时，所有伙伴开始行进躲避，活动中只要被魔法师拿着球碰触到就会变成石头；

（3）如要避免被魔法攻击，就必须找到另一位伙伴，手拉着手在原地合唱一首歌，就可以形成保护罩，但歌曲如果重复就无效，一样会变成石头；

（4）行进期间除躲避攻击外，不可和其他人手拉手；

（5）过程当中，不可以跑步，只可以快步走，避免学员产生碰撞或跌倒；

（6）活动进行几分钟后，魔法师可改变方式，把被碰触的学员也变成魔法师，并给其一颗球执行任务。

5.活动目标：

通过初步的肢体接触，拉近学员之间的距离；通过活动让学员可以在短时间内增进熟识度、融入课程。

游戏五：吸引力

1.适合人数：不限。

2.操作程序：

（1）培训师说："吸引力！"

学员问："吸什么？"

培训师答："吸第三排的第一个女同学！"

（2）根据培训师的指令，全场所有学员都伸出右手，搭在相邻同伴的肩上，形成一条或若干条线路，这个线路可以延伸到培训师所指的物体或人身上。

（3）培训师继续说："吸引力！"

学员问："吸什么？"

培训师答："吸老师！"

则所有人按上述步骤重新操作。

（4）培训师可选择教室内所有的东西，比如天花板等。如果有人没有和别人连在一起，则培训师可进行相应的趣味惩罚。

3.活动目标：

短暂的暖身活动，通常不做分享，时间也不宜过长，主要让学员情绪兴奋起来，并投入活动中。

游戏六：解手链（如图 4-9 所示）

（1）

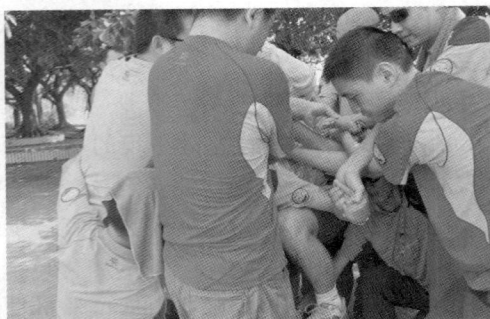
（2）

（3）

图4-9　解手链游戏组图

1.游戏简介：所有的队员手牵手结成一张网。队员们这时是亲密无间、紧紧相连的，但是也限制了大家的行动。我们这时需要的是一个圆，一个联系着大家、能让大家朝着一个统一方向滚动前进的圆。在不松开手的情况下，如何让网成为一个圆？这是对团队的挑战。

2.游戏人数：8～12人/组。

3.场地要求：开阔的场地。

4.游戏时间：15分钟左右。

5.活动目标：锻炼新团队的沟通能力、执行能力及领导力。

游戏七：晋级

1.参与人数：全体。

2.时间：15分钟。

3.场地：不限。

4.游戏规则和程序：

（1）让所有人都蹲下，扮演鸡蛋；

（2）相互找同伴猜拳，或者其他可以决出胜负的游戏，由成员自己决定，获胜者进化为小鸡，可以站起来；

（3）然后小鸡和小鸡猜拳，获胜者进化为凤凰，输者退化为鸡蛋，鸡蛋和鸡蛋猜拳，获胜者才能再进化为小鸡；

（4）继续游戏，看看谁是最后一个变成凤凰的。

5.活动目标：

（1）促使学员相互熟悉；

（2）用于制造出快乐、轻松的办公室氛围。

三、教师示范

教师通过"勇于承担责任"游戏示范游戏实施过程（如图4-10所示），具体如下：

图4-10　"勇于承担责任"游戏

1.游戏名称：勇于承担责任。

2.选择场地：空地。

3.介绍活动程序：让学员相隔一臂站成若干排。教师说："我喊'一'，请大家向右转；我喊'二'，请大家向左转；我喊'三'，请大家向后转；我喊'四'，请大家向前跨一步；我喊'五'，大家不动。做错的人走出队列，站到大家面前鞠躬，并举起右手高声说：'对不起，我错了。'然后做错的人罚做俯卧撑。"

4.教师引导学员交流。

5.教师点评（引导学员体会培训作用）：这个游戏的培训目的是帮助学员面对自己的弱点，克服心理障碍，勇于承担责任。

➤➤ 相关知识

"破冰游戏"大多设置在培训开始的环节，这甚至已经成为许多培训师的课程必经步骤。"破冰"之意，是打破人际交往间怀疑、猜忌、疏远的樊篱，就像打破严冬厚厚的冰层。"破冰游戏"能帮助人们放松并变得乐于交往和相互学习。有人把"破冰"称为"暖场"，其实也很恰当。归根结底就是一个目的，使课程更为顺畅地完成，最大限度地被学员喜欢和接受。

不是所有的"破冰游戏"都会起作用，当培训内容属于意识类的课程时，效果往往比较好，但有一些甚至会出现反弹，给随后的培训造成阴影。为避免出现此种结果，应考虑以下几方面因素：

1.调整长度以适合个案。一个2～5天的培训可采用复杂的"破冰游戏"，一个几分钟的快速练习则适合一天以内的课程，"破冰"时间过长会使培训气氛转为游戏气氛。

2.了解你的学员。并不是所有的成年人都愿意一开始就在教室里做一些他们觉得有点琐碎的小事。一般而言，地位越高的人越不愿冒险做可能使他们看上去愚蠢的游戏。人们的穿着打扮、表情可能给你一个暗示，帮助你判断一开始究竟有多少学员愿意冒险尝试。你应根据他们的穿着打扮、表情来选择游戏的开放性程度。

3.已经互相认识的人会发现这类练习没什么意思。来自不同公司的人组成的学员队伍往往会感觉"破冰游戏"有助于相互了解。

4.在企业内部举办的培训应选择冒险较少的"破冰游戏"。

5.富有启发性。"破冰游戏"如果与培训内容有关联、有助于启迪学员思维，那就更好了。

思政专栏 ▋▋▋▋

《中华人民共和国职业教育法》规定："国家实行劳动者在就业前或者上岗前接受必要的职业教育的制度。"

点评：对新员工开展培训不是企业愿不愿意做的问题，而是企业必须做的问题。让未经培训的员工直接上岗工作属于违法行为，员工有权拒绝。

实训项目2　企业文化培训

▋▋▋➡ **学习目标** ▋▋▋▋

知识目标

了解如何描述企业文化；理解企业文化与培训的关系；掌握员工培训中游戏法的应用要点。

能力目标

能够运用企业文化知识，实施企业文化导向培训。

思政目标

理解政府部门对劳动者的工作态度和观念的培训要求。

➤➤ **情境和任务**

一、学习情境

任丽担任香露饮料公司的培训专员，与她一起进入公司的还有二十几个员工。为了让新员工快速地融入企业之中，人力资源部丁经理要求任丽给新员工做一次企业文化的培训。丁经理告诉任丽，该公司的企业文化是"服务客户、精准求实、诚信共享、创业创新"。

二、训练任务

1.请你明确该公司企业文化的价值追求，并运用培训师的技能，实施一次企业文化的培训。

（1）"服务客户"体现了外部导向。

（2）"精准求实"体现了在真理和理性导向方面该企业规范和实用并重。

（3）"诚信共享"体现了合作导向。

（4）"创业创新"体现了变革导向。

2.编写教案。

学生 6~7 人为一组编写教案。在准备过程中，小组需重点讨论一个问题：采取什么培训方法比较有效？

3.制作 PPT。

学生根据前面介绍的制作 PPT 的几个小技巧制作 PPT。

4.准备音乐。

学生根据本模块任务 2 的介绍选择符合培训主题需要的音乐。

5.实施培训。

教师从每个小组任选两名学生分别担任培训师和助手，根据课前的准备（可加入一些团队训练游戏）实施企业文化培训。

三、企业实践参考

◆◆◆◆➡ 案例4-5

为了帮助员工理解企业文化的作用，宝洁公司运用了"搭建纸塔"的管理游戏。

游戏要求学员们以小组为单位，在 15 分钟内，仅用报纸和透明胶带在地上搭一个塔，越高越好。学员们在完成任务的过程中发现：垒到一定高度后，塔根本站不住，因为中间有些"关节"比较脆弱。于是他们在每个关节处加固，但最后还是站不稳，因为毕竟只用了报纸和透明胶带，塔基根本不牢固。一个较好的解决办法是：用胶带从四个方向把塔身和地面连起来，起到平衡作用。

到这里，宝洁想要告诉员工的已经很清楚了：每张报纸正如宝洁的每项业务，目标是"塔尽可能高"，即公司要不断开拓新的业务，这样才能使企业不断成长和发展。而在这些产品开发和业务拓展的过程中，产品和产品的关联度、业务与业务的衔接是很重要的，体现在"报纸与报纸的黏合处"，这说明了管理的重要作用。然而解决了这个问题，却还没解决好"稳固"的难题。最后解决的办法是用胶带"一以贯之"，将地面、塔基和塔身在各个不同的方向用胶带连起来。在公司的经营过程中，这"一以贯之"的胶带就像企业的文化。企业文化具有强大的黏合力，只有具有共同的价值观、共同的理念，整个企业才能稳固地不断成长。

资料来源　佚名.宝洁培训游戏［EB/OL］.［2015-07-05］.https：//www.docin.com/p-1210260404.html.

➤➤ 相关知识

新员工与老员工相比，可塑性比较好，入职培训时对他们实施企业文化培训是最好的时机。

一、企业文化培训的必要性

组织文化的
定义与作用

制度管理和文化管理是企业规范员工行为的两种基本手段。相较而言，良好的文化管理比制度管理具有成本更低的优势，同时其也存在见效比较慢的缺陷。在企业管理的实践中，制度管理与文化管理应该两手都要抓，两手都要硬。

企业文化是企业成员共有的价值观和行为方式，它在很大程度上决定了企业员工的行为方式。

企业文化的价值观和经营哲学作为企业的灵魂，决定着企业的发展走向：

1.企业文化引导人们应该做什么和不应该做什么，有利于提高工作的效果。

2.良好的企业文化有利于减少人才流失。优秀的企业文化具有强大的凝聚力和向心力，能增强员工的忠诚感和归属感，减少人才流失。

3.培训有助于优秀企业文化的塑造和形成。

二、如何描述企业文化

一般可以通过以下八个维度描述所在企业（或组织）的文化：

（一）企业对真理和理性认识的程度

这个维度是指企业对规范观念或实用观念的选择程度是什么。人们对如何找到真理这一问题的看法不同。例如，在教育组织中，真理通常被认为是专业化的和心照不宣的，因此，教师用个人经验和直觉来检测效果。在一些组织中，真理来自于系统的科学研究，硬数据被认为是解决问题的关键。在不同的组织中人们对什么是真理和真理是如何决定的这两个问题的各种各样的概念化，最终会影响人们对规范观念还是实用观念的选择程度。

（二）时间视野

这个维度是指一个企业的时间视野，即企业的成员和领导是采取长期的计划及目标设定方法还是主要关注于解决当前的问题。

（三）内部激励与外部激励

这个维度是指企业倾向于认为什么能激励员工。员工主要是被内部精神层面的需求还是外部金钱与物质的力量所激励，是否能够通过操纵激励措施来影响员工的努力水平和产出。

（四）稳定与变革

这个维度是指企业需要稳定还是变革。有些人喜欢变化，有些人有很高的安全需求，对变化感到恐惧。当组织作为一个整体努力提高对风险的偏好时，革新就占据了组织活动的中心地位。革新型的组织推动经常的、持续的改进，有一个制度化的信念："我们总是能够做得更好。"在风险规避的组织中，焦点是"不要玩火"，做"好的事情"或当"好人"的观念充斥着组织。

（五）工作导向与社会导向

这个维度是指企业认为工作和生活哪个更重要。有些人认为工作本身就是目的，对这些人来说，工作就是要关注任务，关注的最基本的东西是工作的完成和生产力。还有一些人把工作看成是为了达到其他目的的手段，对于这些人来说，生产力相对于工作中形成的社会关系来说是第二位的。

（六）孤立与合作

这个维度是指企业是强调单独工作还是集体工作。在一些组织中，几乎所有的工作都是由个人来完成的。在这些组织中，一起工作或者被认为是没有效率，或者是违反了个人自主性。相反地，一些组织青睐合作，认为它是达到更好决策和更多全体产量的手段。这些组织更可能形成团队，任务根据团队而不是个人来组织。

（七）控制、协调与责任

这个维度是指企业的控制是集中的还是分散的，其程度决定了企业是松控制文化还是紧控制文化。如果控制是集中的或者说是很紧的，就会由少数人制定的正式的规章和程序去指导大部分人的行为。在紧密控制的环境下，决策是集中的。如果组织中人们较注重灵活性和自主性，工作就会被控制得较松。在控制较松的组织中，只有少量的规章和正式的程序，权利和决策在整个组织内部被分享。松控制的文化和紧控制的文化在协调各种各样的个人、集团和地区的工作时面对不同的需要和挑战。

（八）内部与外部导向

这个维度是指企业认为成功的关键是聚焦于组织内部的人员和工作程序，还是聚焦于外部要素——顾客、竞争对手和环境。组织是否假设自己控制外部环境或者为外部环境所控制，对这一关系的认识导致了组织的一些基本导向：内部导向、外部导向，或者两者兼有。有些组织假设组织成功的关键必须聚焦在组织内部的人员和工作程序上。例如，内部导向的组织的革新主要建立在工程师、经理、科学家等对现存产品、流程和程序的改进的基础上，这些组织假设只有内部专家才懂得对现有条件的改进应该如何进行。但是，有些组织主要聚焦于外部要素：顾客、竞争对手和环境。对这些组织来说，革新建立在满足外部利益相关者的需要上，改进也是由外部标准决定的。而且，这些组织积极地从他们的传统束缚之外寻求新观点或者领导地位。

综合以上八个维度就能全面地描述一个企业的文化。

▶▶▶ 课堂训练 4-3

请你用一句话来描述你所在的学校，然后分析你是从哪个维度来描述学校文化的：

_____

_____

如果你是班长，学校的组织文化对你开展工作将会有何影响？

_____

_____

思政专栏

《国务院关于推行终身职业技能培训制度的意见》提出：（九）强化工匠精神和职业素质培育。大力弘扬和培育工匠精神，……增强劳动者对职业理念、职业责任和职业使命的认识与理解，提高劳动者践行工匠精神的自觉性和主动性。

观念培训的
必要性

点评：从国务院的意见中我们可以发现，除了职业技能之外，劳动者对于工作的态度和观念也是培训的主要内容。企业文化的本质就是一种价值观念，告诉员工企业鼓励什么行为，反对什么行为。

我们经常谈论东、西方文化的差异，本书作者认为两者最明显的差别就是如何看待个人利益和集体利益的关系。东方文化更强调个人利益服从集体利益和社会利益，即社会利益为主，个人利益为次；而西方文化更强调个人利益，即个人利益为主，社会利益为次。以之前推行的新冠肺炎防疫措施为例，中国人大多觉得待在家里也是对社会的贡献，人们对政府的要求采取配合的态度；而许多西方人则认为防疫措施限制了他们的自由，更多人采取的是抵制态度。不同的历史与自然环境形成了不同国家的文化，我们要学会尊重与包容不同的文化。

任务4　角色扮演实训

▶▶▶▶ 学习目标 ◀◀◀◀

知识目标
理解角色扮演法的作用；掌握角色扮演的实施步骤。

能力目标
能够通过角色扮演实训，总结角色扮演培训方法的优缺点。

▶▶ 情境和任务

一、学习情境

香露饮料公司的基层管理人员常常因为沟通不良造成班组或部门之间不必要的摩擦，影响了运营的效率。公司因此决定对基层管理人员进行一次沟通技能培训，这次培训由任丽负责。

任丽考虑到这次培训的目的是行为能力开发，一般的课堂讲授作用很小，因此她设计了以下的角色扮演培训。

羊羊乳品厂角色扮演实训

羊羊乳品厂是××公司下属的一个分厂，由于业务的扩展，需要增设一名分管采购和销售的副厂长。

这几天，公司总经理王有德正在为羊羊乳品厂副厂长的人事安排犯愁。

本来，王总经理的心里早已有谱：让公司人事部老贾当副厂长。老贾这人十分忠厚，打从公司初创之日便跟随自己，在公司做了20多年的部长，让他当副厂长，资格应当是没有问题的。

不过几天前，羊羊乳品厂厂长张贤才却推荐该厂采购科科长小李作候选人。王总经理曾见过小李，他年纪很轻。他认为年轻人办事有时过于轻率，作副厂长尚缺少经验。然而，听张厂长的意思，这个副厂长的人选非小李莫属！这个张厂长有时也很固执。

就羊羊乳品厂副厂长候选人之事，王总经理打电话请张厂长过来亲自谈一谈。

对于这个副厂长的人选,张厂长心里早已有个候选人,此人就是现任采购科科长李剑龙,小李今年38岁,身体健康,业务熟悉,交际能力强,而且人品不错。

接到王总经理打来的电话,张厂长从王总经理的语气中听出他似乎另有一个人选。

张厂长认为,目前厂里除了小李外,没有更合适的人选。张厂长思忖着,"不管怎样,这个候选人必须年富力强、有开拓精神、熟悉业务,同时还要有一定的群众基础。"想到这里,张厂长便快步走向总经理办公室。

步骤一:

1.每6个学员分为1组。告知学员应做到以下要求,即:

(1)接受作为角色的事实,只是扮演角色。

(2)在角色扮演的过程中,注意自己态度的适宜性改变。

(3)使自己处于一种充分参与的情绪状态。

(4)注意理解角色扮演的原始资料,不要偏离案例的主题。

(5)在角色扮演中,不要向其他人进行角色咨询。

(6)不要有过度的表现行为,那样可能会偏离扮演的目标。

2.角色分配:学员甲扮演张厂长;学员乙扮演王总经理;其他学员扮演观察者。

3.阅读材料,做好准备,大约5分钟。

4.张厂长与王总经理进入角色,大约10分钟。

5.观察者开始观察。

在角色扮演练习过程中,观察者应注意以下情形:

(1)作为倾听者,王总经理对张厂长的表述是否表现出兴趣?

(2)在沟通过程中,王总经理是否对张厂长的表述做出客观的评价?

(3)在沟通过程中,王总经理是否有能力引导表述者?

(4)通过倾听,王总经理是否意识到张厂长确实想物色一名德才兼备、年富力强的候选人?

(5)在沟通过程中,王总经理是否认识到他对小李的了解是不全面的?事实上,小李确实是一位不可多得的年轻人才。

(6)在沟通过程中,张厂长是否与王总经理发生争执?

6.观察者谈自己的所见所闻,约3分钟。

步骤二:

完成步骤一后,小组内学员们可交流各自的体会。培训师选某些组回答下列问题:

1.张厂长和王总经理分别从对方那里了解到了什么新信息?如果没有获得应有的信息,是陈述方还是倾听方的问题?

2.通过沟通,如果张厂长没能让王总经理认识到他对小李的了解是不全面的,原因会是什么?

3.如果张厂长和王总经理发生争执,原因是什么?应怎样运用反馈技巧使沟通更为有效?

步骤三:

培训师点评。

二、训练任务

学生 3 人为 1 组，按照任丽的设计进行角色扮演模拟培训，练习角色扮演培训的操作，总结角色扮演的培训效果。

三、企业实践参考

◆◆◆◆➡ 案例 4-6

2×21 年 11 月 12 日中午，信贷部组织了一场生动的角色扮演活动。在活动开始前，苏主任把客户经理分成 4 组，分别扮演客户经理和客户，每组 1 个问题，每个问题都是平时在接待客户、贷前调查、贷中调查及贷后方面客户可能出现的情况，角色扮演中穿插大家在做业务过程中遇到的各种问题，以及解决问题时所暴露的缺点。客户经理能够通过对比看到自己的不足之处，改进并提高自己的业务水平。会上信贷部经理和风险部经理对每组的角色扮演活动进行了点评。大家一致认为这种生动活泼、形式新颖、寓教于乐的培训形式在不知不觉中使大家提高了业务能力，信贷部会在以后的培训学习中继续进行类似的角色扮演活动。

大家都非常投入自己所扮演的角色，以下是关于角色扮演的 4 个问题：

（1）一个小企业主上门咨询贷款，客户经理是如何接待的？

（2）客户经理做目标市场时，该如何介绍自己和公司的贷款品种？

（3）客户申请的贷款，贷款审核委员会未通过，客户经理怎样向客户解释？

（4）已发放贷款的客户，出现利息或者本金逾期的情况，客户经理该如何应对？

通过这次情景模拟，客户经理丰富了业务知识，提高了沟通技能。

➤➤ 相关知识

角色扮演法通过情景和问题的设置要求学员运用已有的经验与技能进行表演，一部分学员充当观众，表演结束后，扮演者、观察者和教师共同对整个情况进行讨论。图4-11 是某人民医院对工作人员的角色扮演培训。

图4-11　角色扮演培训

一、角色扮演法的作用

角色扮演法是开发行为能力的一个手段。通过学员的角色扮演，可以从多方面反映出实际问题；通过对表演中的成功与失败之处的点评，可以让参与者认识到自己的不足，并明确改进方向；其他学员也可在相互的交流中获取宝贵经验。角色扮演法是基于成人学习的特点而采用的有效的培训方法之一，可以让学员在互动、轻松的学习氛围中达到培训的目的。

在日常工作中，每个人都有其特定的工作角色，但是，从培养管理者的角度来看，需要人的角色的多样化，而又不可能满足角色实践的要求。因此，在培训条件下，进行角色扮演同样可以达到较好的效果。

角色扮演法适用于领导行为培训（管理行为、职位培训、工作绩效培训等）、会议成效培训（如何开会、会议讨论、会议主持等）、沟通、冲突、合作培训等；此外，还适用于培训某些可操作的能力素质，如推销员业务培训、谈判技巧培训等。角色扮演法是一种难度很高的培训方法。要想达到理想的培训效果，就必须进行严格的情景模拟设计，同时，保证角色扮演全过程的有效控制，以纠正随时可能发生的问题。

二、角色扮演法的事前准备

角色扮演法在实施之前的准备是否充分，将直接影响到实施效果。一般来说，角色扮演法的事前准备包括以下6个步骤：

1.选定主题。

2.设定场景。

3.设定角色。

4.准备剧本。

5.设定时间。

6.设定重点。

下面是绩效考核反馈面谈角色扮演的剧本示例[①]：

郭总：小郑，这两天我想就你的绩效考核结果和你聊一聊，你什么时间方便？

郑火：郭总，我下周三准备到外地出差，下周三之前事不多，您定吧。

郭总：我下周二也没有其他重要安排，那就下周二上午9：00怎么样？

郑火：没问题。

周二之前，郭总认真准备了面谈可能用到的资料，他事先分析了郑火的个性，并对面谈中可能遇到的情况做了准备。在这期间，郑火也对自己一年的工作情况对照考核结果进行了反思，并草拟了一份工作总结和未来发展计划。

（周二上午9：00，公司小会议室，宽敞明亮，郭总顺手关上了房门，在会议桌一端坐下，郑火侧坐在郭总右侧）

郭总：小郑，今天我打算用一个到一个半小时的时间对你在过去一年中的工作情况做一个回顾。在开始之前，我想还是先请你谈一谈你认为我们做绩效考核的目的是什么？

郑火：我觉得绩效考核有利于对优秀员工进行奖励，特别是在年底作为发放奖金的依据。不知我说得对不对，郭总？

郭总：你的理解与我们做绩效考核的真正目的有些偏差，这可能主要是由于我们给

---

① 资料来源　钱路. 绩效反馈面谈，不容粗糙的艺术 [M]. 人力资源，2007（5）：56-58.

大家解释得不够清楚。事实上，我们实行绩效考核，最终是希望在绩效考核后，能通过绩效面谈，将员工的绩效表现——优点和差距反馈给员工，使员工了解在过去一年中工作上的得与失，以明确下一步改进的方向；同时也提供一个沟通的机会，使领导了解下属工作的实际情况或困难，以确定彼此的看法是否一致。

郑火：（不好意思地）郭总，看来我理解得有些狭隘了。

郭总：（宽容地笑笑）我们现在不又取得一致了吗？我们现在逐项讨论一下，你先做一下自我评价，看看我们的主要看法是否一致。

郑火：去年我的主要工作是研发团队建设，这是我在这段时间耗费精力比较多的一项工作，我觉得通过我的调整和组织，研发成果和效率都有所提高，但是还不是很令人满意。这一项我给自己"中"。

郭总：事实上我觉得你们的这项举措是很值得鼓励的，虽然结果不是很理想，但想法和方向都没问题。我们可以逐步完善，这项我给你"良"。

郑火：谢谢郭总鼓励，我一定努力。

郭总：下一个。

郑火：在为领导和相关人员提供数据方面，我觉得做得还是不错的。我们从未提供不正确的数据，别的部门想得到的数据我们都会送到。这项我给自己"优"。

郭总：你们提供的数据准确性较高，这一点是值得肯定的。但我觉得还有一些有待改善的地方，比如你们的信息有时会滞后。我认为还达不到"优秀"的等级，可以给"良"。你认为呢？

郑火：谢谢，我一定会更加努力的。

郭总：下面我们来讨论你今后需要保持和需要改进的地方，对此你有什么看法？

郑火：我觉得我的主要优点是做事情比较认真、负责任，对待同事、下属都比较热情，跟人合作的能力比较强。我的弱势就是有时候做事计划性不够好、对他人的要求比较严格。我今后的发展方向是做一个优秀的部门经理，培养一个坚强有力的团队，为公司创造更好的业绩。

郭总：我觉得你还有一个长处，就是懂得如何有效授权，知人善任，但有待改进的是你在授权后缺乏有力和有效的控制。我相信，你是一个有领导潜力的年轻人，你今后一定会成为公司的中坚力量。

郑火：谢谢郭总。

三、角色扮演法的实施步骤

教师要为角色扮演准备好材料以及一些必要的场景工具，确保每一事项均能代表培训计划中所教导的行为。有时为了激励演练者的士气，在演出开始之前及结束之后，全体学员应鼓掌表示感谢。演出结束，观察者和教师针对各演示者存在的问题进行分析和评论。角色扮演法应和授课法、讨论法结合使用，才能产生更好的效果。

（一）介绍怎么做

1.引导参训人员缓解心理压力，引起他们的参与兴趣。

2.介绍演练内容、背景及技巧要点，务必使每一位参与者都能明白演练及观察重点。

3.给学员充足的时间理解并改编剧本。

4.帮助学员认清主题：需要解决什么问题。

5.相互印证、澄清关键问题。

（二）示范怎么做

示范能使参训人员领悟演练过程中的要点，做好角色心理模拟准备，可以选择的示范方式一般有：

1.主持人示范。

2.影音示范。

3.有业务经验的辅助人员示范。

（三）解答怎么做

1.分派角色。

2.向参训者清楚地说明细节要求及演练重点。

（1）接受作为角色的事实。

（2）只是扮演角色。

（3）在角色扮演过程中，注意态度的适度改变。

（4）参训者要使自己处于一种充分参与的情绪状态。

（5）如果需要，注意收集角色扮演中的原始资料，但不要偏离案例的主题。

（6）在角色扮演中，不要向其他人进行角色咨询。

（7）不要有过度的表现行为，那样可能会偏离扮演的目标。

3.分发演练步骤清单。

4.确定观察者检查的任务：

（1）训练观察者准确地观察：把握检查点。

（2）指定观察任务。

（3）积极地反馈和点评。

（四）学员尝试怎么做

此时培训师应该监督角色扮演的实施情况，注意以下要点：

1.注意维护纪律，避免学员嬉笑胡闹。

2.不要在演练进行中评论学员的表现。

3.不论成员有多少，角色扮演都应在10分钟左右完成。如果是长时间的面谈，可分成几个环节。

4.多鼓励和赞扬，强化正确的演练行为。

一次演练结束后，培训师可以要求学员交换角色，如此循环以帮助学员加深理解。

（五）总结怎么做

为了增强培训效果，评价是必需的，一般在表演结束后进行。常用的角色扮演法的反馈方法有：

1.感想交换法：这是对表演者的体验进行询问，把简单的感受表现出来。

问主角的主要问题有：

（1）你进入角色时有什么感觉？

（2）如何能使你做得更好？下次如何改善？

（3）你与你扮演的角色有何区别？

问配角的主要问题有：

（1）主角给你的感觉如何？

（2）如果你是他，你如何做？

问观察者的主要问题有：

（1）你认为主角的表现如何？

（2）他有没有遵循角色扮演的规则？

（3）他有没有确实解决问题？

2.圆桌评价法：这是坐在圆形桌旁，表演者依次陈述感受的方法，用于人员较少时（3~5人）。

3.缺席评价法：这种方法类似于缺席判决，表演者虽然在场，但当其不存在，观察者分为两组，一半指出"优点"，一半指出"缺点"。评价结束后，互换角色，站在相反的立场进行评价。

4.观察评价法：这是观察者直接扮演一部分角色进行观察评价的方法。通过直接表演，简单表现"优点"和"缺点"。

5.再现评价法：这是用摄像机进行摄录，结束后通过摄录内容的重放，对于每一个细节进行详细研讨的方法。因需要详细的分析，需要时间可能会很长，但效果是最好的。

任务5　拓展训练实训

学习目标

知识目标

了解典型拓展培训项目的作用；掌握拓展培训的引导技巧。

能力目标

能够运用拓展培训方法的实施要领实施拓展培训。

情境和任务

一、学习情境

在沟通过程中，态度比技巧更重要。因此，为了减少班组或部门之间不必要的摩擦，香露饮料公司除了对基层管理人员进行沟通技能培训以外，还安排了一次团队协作方法和意识的培训。为了增强参训人员对团队协作方法和效果的体验，任丽决定采用一个叫作"齐眉棍"的拓展培训项目来实施这个培训。下面是这个项目的介绍：

（一）操作程序

1.让小组成员站成相面对的两列，小组成员全部将双手食指水平伸出，统一到胸口的高度。

2.将齐眉棍放在每个人的食指上，必须保证每个人的食指都接触到齐眉棍，并且手都在齐眉棍的下面（如图4-12所示）。

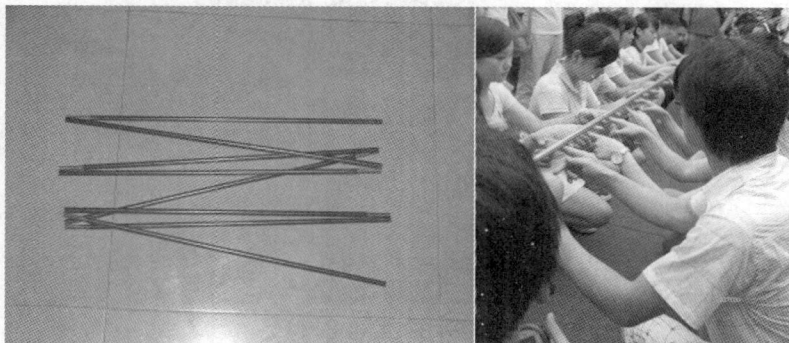

图4-12 齐眉棍游戏培训图片

3.要求小组成员使齐眉棍保持水平，小组的任务是：在保证每个人的手都在齐眉棍下面的情况下，将齐眉棍完全水平地往下移动。一旦有人的手离开齐眉棍或齐眉棍没有水平往下移动，任务就算失败。

4.受训人必须全部参加，培训师要严格监督，同时引导大家在活动过程中思考和调整方法。

（二）游戏人数

游戏人数为10～15人。

（三）场地要求

场地要求为开阔的场地一块。

（四）需要器材

需要器材为一根3米长的轻棍。

（五）游戏时间

游戏时间为30分钟左右。

二、训练任务

根据上面的学习情境，实施"齐眉棍"拓展项目模拟培训，引导拓展培训中的发表和分享。

三、教师示范

教师通过"穿越电网"拓展项目示范拓展培训时培训师的引导技巧。这个项目的培训目标是：

1.培养学员合理计划、有效组织、统一行动的意识；

2.增强学员对资源的配置能力；

3.认识合理分工的重要性；

4.培养团队的科学决策方法；

5.培养学员严谨细致的工作作风。

（一）"穿越电网"培训项目准备

要求学生12～14人为一组，每组课前准备一张约有一人高的布满大小不一孔洞的绳网并带到课堂上，如图4-13所示。

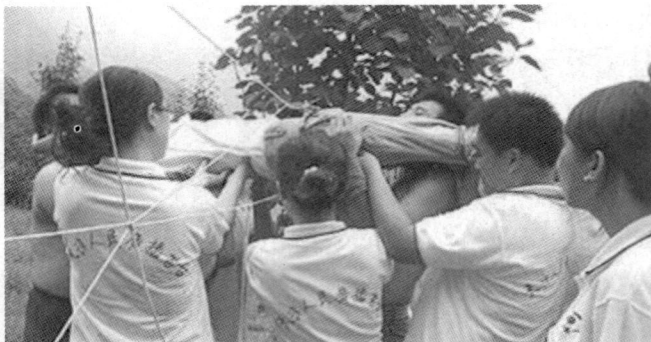

图4-13　穿越电网

（二）介绍拓展项目的规则

在各组学生面前悬挂准备好的绳网，要求学生把它想象成一张充满电的铁丝网，网上的洞口大小不一，要求学生在40分钟内从网的一边依次通过到达另一边。在此过程中学生的任何部位都不允许触碰网，否则该洞口将立刻被封闭。每一洞口只能用一人次，由教师在旁边监督。

（三）引导学员实施拓展项目

为了使拓展活动能够按设想的过程开展，培训师需要对学员进行适当的引导。

1.队长在活动当中应起什么作用？

2.开始阶段的讨论对后面的行动能起什么作用？每个成员在此过程中是否都愿意倾听别人的意见？

3.大家在进行计划和决策时考虑了什么？

4.大家在活动过程中有没有进行明确的分工（如谁负责运送，谁负责动作控制和时间控制）？

5.为什么比较容易穿越的网洞却出现了问题？

6.如果我们站在离电网远一点的地方观察电网、分配人员，会怎样？

（四）帮助学员总结和提升

在发表和分享阶段，应该让每个人都有机会畅所欲言，培训师应巧妙地把活动延伸到工作中，帮助学员总结如何能将工作做得更好。

1.队长的作用在这个项目中体现得非常明显，队长的作用必须得到充分的发挥，才能保证任务的顺利完成。他不仅要投入，还要能够跳出局部来思考问题，不仅要能倾听每个成员的意见，还要有自己的主见，当我们管理团队或者管理下属时也应该具备这些素质，才能真正起到领导的作用。

我们把领导定义为一种影响群体实现目标的能力。一个管理者的领导能力包括四个要素：

（1）有效并负责地运用权力的能力。

（2）对环境的认识能力。

（3）激励的能力。

（4）以某种方式形成有利气氛并使人们响应的能力。

2.行动前的讨论实际上是一个群体决策的形成过程，我们在工作和生活中除了个体决策之外，面对更多的是群体决策，这个过程对于能否达到组织目标是必不可少的，如何使群体决策过程成为一个有效的沟通和协调过程，是高效率决策的关键。

在一个团队当中，很少有人愿意认真地倾听和考虑别人的想法，从而导致团队内部许多很好的意见被忽视，影响团队的绩效改进，这也是我们为什么在讨论项目方案时经常会走入各持己见的误区。

3."穿越电网"具有时间的紧迫性，要求迅速完成，我们在实际生活和工作中也要学会在短时间内从大量的外界信息中抽取有效的信息，并进行冷静的分析和思考。一个决策有时候不可能是最优的，因为时间是有限的，在实际工作中，我们经常寻求的是次优决策或满意决策，而决策也是在工作过程中不断得到完善的。

4.绳网上大小不一的洞以及时间都可以看成有限的资源，面对有限和稀缺的资源，要进行合理的配置，使得物尽其用，人尽其才，只有这样，才能有效地达到组织和个人的目标。

在一个组织当中会经常碰到各个部门之间争夺资源的情况，一个部门占用太多的资源，就会导致其他部门甚至整个组织的资源紧缺，就如同在绳网中一个小个学员占用一个大洞，会给整个团队完成项目带来困难。因此，需要系统思考，合理应用资源，不能仅仅关注本部门的利益。

5.网口的分配过程涉及方方面面，既要考虑每个成员的特点，又要考虑网口的大小和高低，还要考虑网口使用的顺序，正如我们实际工作中的许多决策和工作安排问题，都需要有大局观，事先要进行调查并做出详细周密的计划，做到统筹安排。

（1）计划工作包括：为组织选择任务和目标，以及完成任务和目标的行动方案。虽然那些超出我们控制的因素可能干扰制订最佳的计划，但是如果没有计划，我们就只能听其自然，也就谈不上有效地工作。

（2）计划的步骤：确立目标，分析前提条件，提出备选方案，评价备选方案，确定执行方案，具体实施。

6.我们在项目进行过程中出现的很多问题都是因为没有明确的分工导致的，谁在上下左右进行动作控制，谁负责搬运，谁分别在两侧负责指挥，分工明确了，就可以避免因混乱造成的违规和时间浪费，因此在实际工作中明确职责和分工能够大幅度地提高工作效率，这实际上是一个组织中的人力资源配置问题。

没有无用的人，只有放错地方的人。协同效应包括正协同和负协同，群体活动的结果大于个体努力累加之和为正协同，反之为负协同。一个团队在群体互动过程中，只有通过沟通和协调，产生正协同，才能保证绩效的不断提高。

组织分工是把组织中工作任务划分成若干组成和完成步骤的细化过程，其实质是：完成一项工作的全部，依靠每个人专门从事工作活动的一部分。实际管理工作中，通过复杂工作的专门化，一方面可以最有效地利用员工的技能；另一方面可以提高组织的整体运行效率。在"穿越电网"这个项目中，我们可以充分体会到分工的重要性。

"穿越电网"这个项目充分体现了合作的必要性和重要性，仅凭一己之力是很难穿越电网的，只有大家群策群力才能完成看似非常艰难的任务，这足以表明在一个组织中每个成员的协作和配合是何等重要。

7.在明确了行动计划和方案后，为了达成目标，除了依计划行事外，还需要对过程进行监督，需要根据行动过程中出现的问题对行动方案进行调整，这就是控制过程。控制职能是对业绩的衡量与校正，以确保组织目标得以实现。许多团队刚开始时总是不够投入，很轻易地就触网了，这都是由于没有细致的工作作风造成的，工作的失误会导致机会的丧失，有时机会失去了还会再来，而有时机会失去了就无法挽回了。

8.最后点评："穿越电网"项目向我们昭示了"强有力的领导、合理计划、严密组织、团结协作、严格执行是我们完成集体任务的根本保证"的道理。

▶▶ 相关知识

一、拓展训练介绍

拓展训练包括场地拓展训练和野外拓展训练两种形式，是一种模拟探险活动进行的体验式心理训练、人格训练、管理训练。它利用大自然及人工设置的各种环境，通过各种精心设计的、既具有挑战性又富有冒险精神的活动项目，在保证安全的前提下，在解决问题和应对挑战的过程中，实现学员"磨炼意志、陶冶情操、完善人格、熔炼团队、挖掘个人潜力、提升管理水平"的目的。

在整个培训期间，培训师应引导和鼓励学员在小组讨论时发现自己的优缺点，清楚地了解自己在小组中的作用，怎样才能对同伴产生积极影响，避免消极影响，使学员不断探索、了解自我，增进交流和沟通，培养团队精神、坚毅性格及社会责任感，使学员学会生活、学会工作、学会发挥自身优点，并对自己有一个正确的认识，在团结协作、乐于助人、积极参与、尊重别人、尽职尽责、充满自信和想方设法解决难题等方面具有显著进步。

（一）传统培训方式与体验式培训的区别

培训管理者和培训师应根据体验式培训的理论（见表4-3）及户外拓展训练的特点，结合团队和个人意向确定培训课程。

表4-3　　　　　　　　　　　　**传统培训方式与体验式培训的区别**

传统培训方式	体验式培训
过去的记忆	即时的感受
记忆	领悟和体验
自主学习	团队学习
注重知识、技能	注重观念、态度
无接触	直接接触
单一刺激	高峰体验
以教师为中心	以学员为中心
标准化学习	个性化学习
理论化	现实化
强调学	强调做中学

（二）拓展训练的作用

1.感受企业文化，培养员工的归属感。

2.建立良好的同事关系。

3.培养团队的合作精神。

4.培养积极进取的心态。

通过拓展训练，参训者对"团队意识""纪律意识"等内容将有新的认识。培训师应该帮助参训者认识到，人生就像一架永远爬不完的天梯，当你克服了一个困难后，就会有另一个困难摆在你面前，是迎接挑战，还是放弃？参训者经历着浓缩的人生，在坚持的一刹那，参训者能够感受到成功的喜悦。企业的事业何尝不是一架天梯，要成长就必须面对挑战；要成功就得战胜自己；征程中会有许多荆棘，众志成城，就能翻越无法企及的高墙！

二、场地拓展训练

（一）场地拓展训练的应用条件

场地拓展训练可以在会议厅里进行，也可以在室外的操场上进行，因此它既可以作为一次单独的、完整的团队培训项目来开展，又能很好地和会议、酒会、其他培训相结合。

（二）场地拓展训练的作用

场地拓展训练使团队从以下几个方面得到收益和改善：

1.变革与学习：训练中将会设置和日常环境中不同的困难，迫使团队以新的思维方式解决问题，建立新的学习和决策模式。

2.沟通与默契：有意识地设置沟通障碍，促使团队建立新的沟通渠道，提高沟通的效率，培养团队的默契感。

3.心态和士气：变换环境，调整团队状态，通过新因素的刺激提升团队士气。

4.共同愿景：在微缩的企业团队实验室中检验和明确团队的努力方向，从而在大的环境中把握正确的方向。

场地拓展训练可以促使团队内部和谐，对形成从形式到内涵真正为大家认同的企业文化发挥明显的作用，也能作为企业业务培训的补充。

（三）场地拓展训练的特点

1.有限的空间，无限的可能。

2.有形的游戏，锻炼的是无形的思维。

3.简便，容易实施。

三、户外拓展培训的步骤

（一）仔细检查项目设施

安全是拓展培训的关键，为了保证培训能安全、顺利地进行，拓展培训师必须增强安全意识，时刻保持警觉性。培训之前培训师应该进行以下检查：

1.培训装备、器械检查；

2.培训人员技术检查；

3.培训方案执行过程检查。

（二）"破冰"

在户外培训课即将开始前，培训师首先要让大家进入"破冰"状态，讲一些风趣幽默的话，做一些如击掌、手形变换等小游戏，让气氛活跃起来。然后，各队通过自我介绍、选举队长、确定队名、制定队训、演唱队歌的形式，达到"破冰"的效果，营造团队和谐的气氛，保持严肃认真的态度，同时团队要形成共同的团队目标。

（三）热身

在"破冰"之后，还要热身。培训师像普通的健身教练一样，带领大家来到户外场地，先做一些肢体伸展运动。由于是户外培训，有些活动对体能还有一定的挑战性，必须让学员先活动一下。图4-14为拓展训练的热身步骤示例。

图4-14　拓展训练的热身步骤示例

（四）户外拓展项目训练阶段（体验阶段）

根据课程要求和项目特点，由培训师介绍项目特点和安全注意事项，开始训练。

个人项目注重提升和强化个人心理素质，帮助学员建立高尚的人格，培养学员坚韧不拔的意志和创新进取的精神。团体项目注重培训相互信任理解的人际关系、集体意识和个人对集体的荣誉感及责任心等。在训练过程中培训师不仅要把握全局，还要能及时发现学员的情绪波动，及时做好引导，帮助学员克服心理障碍。

在拓展培训中，培训师一方面要保持以客观的态度去观察活动；另一方面当个别学员在面对挑战感到困难或者恐惧想退缩时，必须去做些工作，不能袖手旁观。

（五）户外拓展项目训练小结（发表和分享）

每个项目结束后，必须及时进行回顾和小结，培训师鼓励每个参训者发表自己的体验和感受，也可以提出困惑和疑问，大家一起探讨。培训师作为谈话引导者，同时也控制着谈话的气氛与主题。不要就游戏本身过多地探讨，培训师要引导大家对工作现状进行更多的思考。当然，引发这些话题，本身需要培训师具有一定的语言技巧和心理技巧，不要让学员觉得枯燥和说教。通过培训师的引导，帮助学员建立自己的体验和感悟，并使团队中的每个学员得以分享和提升，最终提高整体培训的效果。

（六）户外拓展项目训练整理、消化总结阶段（提升和应用）

拓展训练全部结束之后，要求学员整理、消化培训内容，填写培训总结表，并形成文字总结，总结形式可多种多样，可以写体验和感受。培训管理者应对典型的总结予以宣传，建立相应的案例档案，做好后期跟踪反馈工作。

四、户外拓展和场地拓展的区别

1.户外拓展借助自然地域，轻松自然。

2.户外拓展提供了真实模拟的情境体验。

3.户外拓展使参与人员拥有开放接纳的心理状态。

4.户外拓展使参与人员拥有与以往不同的共同生活经历。

五、典型户外拓展项目介绍

(一)"信任背摔"

"信任背摔"是拓展培训的经典项目，由一名队员站在离地1.6米左右高的平台上，双手被缚，看不见身后的情形，然后背朝后仰面笔直摔下，其余的队员在下面接应，该项目需要所有队员齐心配合，共同执行保护任务，如图4-15所示。

"信任背摔"项目让学员充分体验信任的快乐。当一个人站在1.6米的高台上，蒙着眼睛，手脚被捆，半只脚悬空的时候，往往会感觉到一种无助的恐惧，只想马上找一个支点。在往后仰倒时，大脑完全是空白的，只有选择相信别人。在安全着陆的一瞬间，会一下子感到团队的温暖和踏实。信任你的同伴，相信你的集体，他们会在你需要帮助或孤立无援时给予你最无私、最真诚的支持。

(二)"高空断桥"

此项目是在距地面8米的高度搭起一座独木桥，桥中间是断开的，间距1.2米，要求所有参训者爬上8米高的断桥，从桥的一端迈到另一端，完成一个来回，如图4-16所示。"高空断桥"是一项能有效激发潜能的户外高空运动项目，挑战每一位参训者的意志和勇气。"断桥一小步，人生一大步"，从"高空断桥"项目中参训者将领悟到要敢于迈出人生关键的一步。

图4-15　信任背摔

图4-16　高空断桥

(三)"空中单杠"

参训者攀上约8米高的圆盘，从圆盘上奋力跃出，双手将单杠抓住，如图4-17所示。"空中单杠"项目让人领悟到：一个人只要相信自己，敢于挑战自我，就能战胜一切困难，实现自己的人生价值。

(四)"孤岛求生"

"孤岛求生"是一项风险低、操作容易的户外活动，适合基层员工、中层管理人员和高层决策者一起参加。将每队学员分成三组，即健全人(即高层决策者)、哑人(暗指中层管理人员)和盲人(暗指基层员工)，分别安置在健全人岛、哑人岛、盲人岛，要求在规定时间内完成各自的任务并集合在一处安全的地方，如图4-18所示。此项目使参训者体会到主动沟通、信息共享对于一个组织的发展会起到重要的作用，尤其说明了主管者运用资源和决策的重要性。

图4-17　空中单杠

图4-18　孤岛求生

（五）"攀岩"

此项目是从登山、攀岩中分离出来的一项时尚运动，把队员分成2～4组，按照培训师的要求，每人攀爬到12米的高处来完成一项特殊任务，如图4-19所示。这不但是意志的磨炼、体能的挑战、勇气的培养，还有智慧的大比拼。"攀岩"项目让参训者体会到团队士气的鼓舞，可以让一个人的潜能得到最大限度的发挥。

（六）"天梯"

此项目是把直径大于20厘米的6根木桩成梯状悬于12米的高处，最低一根距地约1.2米，且间距自下而上逐渐增大，小组成员被随机分为2人一组，相互配合，共同登顶，如图4-20所示。攀爬"天梯"设定的主题是"让个人英雄主义在天梯的晃动中解体"，它能给参训者留下深刻的感悟：团结就是力量，个人的力量是渺小的，集体的力量是战无不胜的。

图4-19　攀岩

图4-20　爬"天梯"

（七）"有轨电车"

"有轨电车"项目要求10名队员两脚分别踩着两根长3.6米、宽0.15米的木板，按照教练的命令前进或后退（上坡、拐弯等），所有队员必须同时站在木板鞋子上行走到达目的地，如图4-21所示。"有轨电车"项目让学员懂得只有齐心协力、步调一致，才会顺利地到达胜利的彼岸。

（八）"毕业墙"

"毕业墙"项目是参训者毕业前面临的最后一关，全体参训者在规定的时间内翻越一面4米高的光滑墙面，没有任何可以借助的工具，包括衣服、皮带、绳子等，如图4-22所示。团队的力量在"毕业墙"面前得到最好的验证，大合作把培训推向高潮。

图4-21 有轨电车

图4-22 翻越"毕业墙"

▶▶ 训练任务完成

一、分组和准备

1.学生12～14人为一组，每组选出1人担任培训师，1人担任助手。

2.各组课前准备一根直径不超过2厘米、长度为3米的铝合金或者不锈钢管，要求管很轻，并将管带到课堂上。

二、了解培训目标

在团队中，如果遇到困难或出现了问题，很多人会马上找到别人的不足，却很少发现自己的问题以及队员间的抱怨、指责、不理解对团队的危害。这个项目能够提高队员在工作中相互配合、相互协作的能力，并让学员明白："照顾好自己就是对团队最大的贡献"，统一的指挥和所有队员的共同努力对团队成功起着至关重要的作用。

三、引导学员实施拓展项目

为了达成培训目标，培训师可以参考以下引导语：

1.在过程中问学员："请问大家，我刚才要求大家的是往下放还是往上放？"

2.请问大家刚才发生了什么？

3.请问刚才你看到了什么？

4.请问大家听到最多的是什么？

5.请问大家为什么会发生这样的情况？

6.请问由刚才的活动你想到了什么？

7.请问在把棍子放下的过程中，很像企业中的什么事情？

8.请问在我们的工作当中，有没有这样的事情发生？

9.请问在我们的工作当中，只有目标清楚还不够，那么还需要具备什么？

10.大家是不是都很用心？我们的工作除了自己用心外，你觉得还应该怎么做？

四、帮助学员总结和提升

面临以下典型场景时，培训师应该帮助学员分析和总结。

场景1：管子很轻，10个人的食指如果都要托着它，还要放下来，的确比较有难度。

___

场景2：有人问咨询师："可以只用2个人做吗，这样很容易！"培训师回答："不行，是所有人都必须参加！"

___

场景3：所有的人都议论纷纷，好像都有方法，但谁都没有站出来，一时间场面有些混乱。

其中的一个小组突然有人站出来，大声说："大家保持安静，听我说，咱们要保持一致，听我口令，我喊1、2、3，所有的人就开始慢慢往下放，好吗？"

大家精神一振，都说："行！快点吧。"

___

场景4：这根难以驯服的管子并没有放下来，虽然所有的人都全神贯注，但是总是一头高，一头低，这边的人已经放下了，而另一边的人还在原地，管子倾斜得厉害，于是有的人食指离开了管子。

"停！有人食指离开管子了，重新开始！"培训师毫不客气，一次次把管子重新归位。

___

场景5：有的人开始怀疑，抱怨道："这种游戏是不可能完成的，管子太轻了！"

有的人开始指责别人："都是××的错，我每次都发现他那里下不去，你以后要注意点！"那位学员也毫不客气地回敬了他几句，所有的人都把焦点集中在别人身上，好像都是别人犯的错。

于是学员们又尝试一次，培训师依然毫不客气地把犯规的学员找了出来，宣布游戏重新开始。

___

场景6：争论不休，怨气四起，场面有些失控。

培训师站出来，大声说："安静！安静！首先告诉大家，这个游戏是一定能够完成的，但是你们必须想办法，时间还剩下15分钟。"

场面马上安静了不少，大家开始冷静下来。

___

场景7：有人说："问题的关键是我们都不要看别人怎么样，要注意自己的手指，不要总去指责别人！"

有人赞同，也有人怀疑，这时有人说："好吧，大家试验一下，大家都先不要急着往下放，而是先轻轻托着这个管子，找准每个人的感觉，看着自己的手指，只要我们能托着它，就一定能把它放下。"

大家异口同声："行！快点开始吧。"

这个组所有的人都全神贯注，大家在找感觉，每个人都各司其职，关注自己的手指，有的人看着有些紧张，但绝对看得出，大家都想成功地完成这项工作，而且全身心投入。

其中一个大家选出的"领导"轻轻说："好，大家注意听我口令，1、2、3，下！"

所有的人都开始轻轻往下放这根管子，这一次管子虽然摇摆了几下，但毕竟开始慢慢下降。

但还是有人犯规了，培训师又一次宣布重新开始。

_____

场景8：这次学员们彼此并没有埋怨，"领导"鼓励那个犯规的人："没关系，我们这次已经比上次进步多了，下次一定更好！"

_____

场景9：有人说："我觉得我们应该分阶段来完成这个工作，比如喊完1、2、3后我们都往下放，然后'头儿'叫一下'停'，我们都先停下来，稳定一下，再喊1、2、3，再停，这样分步走比较容易。"

_____

场景10：又有人说："我看可以再定一个标准，比如第一次我们放到胸部的位置，再次放到腹部的位置，以'头儿'的口号和位置为准，每个人都用余光看着旁边的人，这样就可以保持一致。"

_____

任务6 促进培训成果的转化

▶ 学习目标 ▮▮▮

知识目标
了解影响培训成果转化的工作环境因素；掌握培训成果转化方法。
能力目标
能够运用培训成果转化的知识设计培训成果转化方案。
思政目标
理解政府部门对劳动者接受创业培训之后的配套服务。

➤➤ 情境和任务

一、学习情境

任丽所在的香露饮料公司准备研发一种新的饮料，为此决定派技术部的工程师高志到某高校学习一种新技术。

高志参加完培训回到公司后，由于技术部的陈经理对高志所接受培训的内容不是很了解，没能有针对性地为高志提供应用新技术的机会；另外，个别员工担心高志采用的新技术会影响到他们的工作安排，常常劝高志按照原来的技术进行工作；再加上资金和设备没有及时到位，使得高志没能及时地应用所学的新技术。一段时间过去，高志对所学的新技术有些已经印象模糊了，他不禁担心起来，如果到了真要应用新技术的时候，他还要花很多时间复习学过的知识，这对他的工作效率会有很大的影响。

二、训练任务

作为培训专员，任丽应该如何做才能避免出现上述情况？

三、企业实践参考

◆◆◆◆➤ 案例4-7

今年是公司的"执行力年"，我们做了一个"中高层管理人员执行力提升"课程。这个课程由公司总裁直接关注，培训费用也比较高，成果转换的压力自然也就大了。我做了以下几个方面工作：

（1）图文并茂的培训回顾：在整个培训过程中，我一分钟也不敢耽误，仔细关注课堂上发生的情况，并动用了录音笔、数码相机等设备。在训后两周，将课程知识点结合学员在课堂上的表现，编写了一篇图文并茂的培训回顾，以邮件的形式发送给所有参训学员，同时在内刊上发表，也做成了大幅培训看板在公司内部展示。

（2）知识点内部分享：要求每个学员在规定时间内在各自的管理范围内做内部分享，按时提交内部分享记录。

（3）关键工具运用转换：与OA研发部密切配合，将关键工具"YCYA"搬上办公平台，在全公司范围内推广使用。

（4）培训标语的展示：在公司适当的位置，张贴与执行力相关的培训口号。

（5）训后感想及本次内训专题内刊特辑的推出。

完成了上述工作，执行力培训的关键知识点成了公司上下的热门话题，巩固了培训成果，实现了培训最初设定的目标。

➤➤ 相关知识

培训的期望是学以致用，因此，课程结束是运用的开始，若不去巩固和运用，培训就是成本的浪费。培训师或培训管理者应该针对已经实施的培训，设计一些课后作业或采取某些措施帮助学员将所学技能运用于工作当中，即促进培训转化。

影响培训成果转化的工作环境因素包括管理者支持、同事支持、技术支持、推进学习型组织的建设和在工作中应用新技能的机会。

一、获得管理者的支持

管理者能为培训活动提供不同程度的支持，支持程度越高，越有可能发生培训效果的转化。

1.培训管理者应把学员的上司该做的促进培训转化的有关事项的日程表发给他们。这样有助于提醒学员的上司在工作分配中给学员提供能够应用培训中学到的新知识、技能和行为方式的机会。

2.培训管理者应该鼓励学员的上司与学员一起去发现问题，将其列入培训后的行动计划，并安排学员与他们的上司共同完成培训后的行动计划。

培训课程结束后，可以要求学员制订行动计划，明确行动目标，确保回到工作岗位上后能够不断地应用新学到的技能。为了确保行动计划的有效执行，可以请求学员的上司给予支持和监督。行动计划表见表4-4。

表4-4 **培训后行动计划表范例**

姓名		部门		职位	

尊敬的经理：

通过为期　　　天的　　　培训，我学到了以下知识：

在今后的一个月内（自　　年　月　日至　　年　月　日），我将做以下事情以巩固并应用我的所学，期待您的指导与督促：

本人签字：

二、获得同事的支持

1.建立学习小组。建立学习小组有助于学员之间相互帮助、相互激励、相互监督，使学员可以共享在工作中应用培训内容的成功经验。

2.让员工向其他同事汇报在培训项目中学到的知识。

这样做可以有两方面的好处：

（1）根据学习的金字塔理论，这种学习的效率最高，可以达到90%。因为一个人如果要去给别人当老师，自己必须把所要教的内容彻底搞明白才敢去教别人，也就是说其已经完全掌握了这些内容。

（2）让同事了解其学到的东西，更有利于其在工作当中运用所学的知识时获得同事的支持，同时也让没有参加培训的同事也学到相应的知识，进一步提高培训费用的价值。

3.利用内部简讯，在简讯中刊载与那些成功应用新技能的学员所进行的访谈。

其他人的成功能够激励别的学员坚持将所学的知识应用到工作当中去，提升他们运用新知识的信心。

三、提供技术支持

1.如果条件许可，培训管理者可以利用企业的内部计算机系统设计练习项目，为学员提供应用培训项目中学到的知识的机会。

2.应用表单。培训管理者可以要求培训师应用表单，如核查单、程序单等，将培训中的程序、步骤和方法等内容用表单的形式提炼出来，然后印发给学员，以便于受训人员在工作中应用。学员可以利用这些表单进行自我指导，养成利用表单的习惯后，就能正确地应用所学的内容。为了防止学员中途懈怠，可以由其上司或者培训管理者定期检查。此类方法较适合技能类的培训项目。

四、推进学习型组织的建设

1.建立培训档案，将学习培训、技能、效率提高与员工个人职业生涯发展、薪酬福利相联系。

2.制定符合企业发展战略和员工追求的远、近期目标，形成企业与员工共同发展的规划。

五、根据培训内容选择转化方案

1.新员工入职培训类课程。此类课程的目标在于帮助新员工尽快地融入新的工作环境，了解公司的文化，知道在遇到问题的时候从哪里取得相应的支持。可以要求此类课程的所有老师为做课堂提问和答疑留出时间，并把这个要求写进讲师手册。这样有助于学员在课程上及时消化一些知识，与公司步调一致。在此基础上，会在训后两周左右安排一次考试，帮助学员巩固知识。

2.知识技能类培训课程。此类课程的目标通常是让学员获得新的知识或技术。这类课程成果转换比较麻烦，应尽可能与讲师或相关技术总监做事先沟通，要求他们布置作业，或者设计案例，用来做考核。如果遇到需要在公司内部推广的知识和技术，会在训前跟参训学员提出训后做内部分享的要求，分享的形式可以是文字、教材，也有开展局部小内训的形式。

实践证明，最有效的方法是内部分享。内部分享会让学员带着任务去学习，压力和动力并存，对知识的掌握程度比较好。同时，又能在公司内部推广学习成果，用另外一种方式摊低了培训成本，让领导觉得培训物有所值。但是，在执行过程中，遇到的阻力也比较大，学员常常以工作太忙为由来推拒。所以，与业务部门经理保持良好的沟通，并取得他们的支持非常重要。

◆◆◆◆━━➤ 案例4-8

表4-5中，培训师针对某公司培训的实际情况设计了课后作业，提供了相应的建议。

表4-5　　　　　　　　　　　　　　　　**培训课后作业设计实例**

课程名称	作业	备注
管理者应有的职责	对照课程内容的要求，每位管理人员对自己进行SWOT分析，并制订出对劣势的详细改善计划（具体到每天的行为改善）	注明开始日期、检查方式和频率（可自评提供报告，也可请上级评估）
高效时间管理	结合工作清单，对自己的所有工作使用优先矩阵进行分类，请主管评估修正，作为日常工作的优先考核标准	拖延是目前需要重点改善的问题，建议在"业务日报表"中列出每日反省项目，例如，守时：_____（填写具体事例）
销售技巧	以部门为单位，运用FAB销售话术，对本部门产品进行介绍，每种产品至少准备三种说辞	定期召集业务人员进行销售技巧讨论分享，并整理汇总，作为新人培训的教材

3.思想、意识、态度类课程。此类课程的培训目标是思想意识行为的转变，让学员明白什么是好的，什么是不好的，我们提倡什么，反对什么。

对于此类课程，在争取到公司领导支持的情况下，在全体学员范围内，要求写训后感想或行动改善计划。如果企业有内部刊物，可以挑选一些写得好的训后感想或行动计划在内部刊物上发表，并由内刊编辑部按字数支付稿费。这样，既提高了学员写感想的积极性，也在某种程度上对学员的行为改善有一定的监督力度。当然，学员写好的感想不能石沉大海，可将这些感想发到他们的直接上级那里，这样既让领导看到培训部门在工作，也让学员的行为改善有一定压力。

针对某些内容，可能写一次感想不能解决问题，可以定期多次地写感想，每次写感想都能让员工反省自己的态度，通过多次反复来实现加强其思想、观念的作用。

◆◆◆◆➡ **案例4-9**

××公司培训效果强化方案

为了真正达到学以致用的目的，确定以下的培训效果强化方案：

1.分组

培训分组时，已经综合考虑，把同一部门、同一职务学员打散，并考虑性格因素进行分组，确保同一部门学员分布在不同的小组中。

目的：

学员在培训中充分沟通，从不同角度讨论问题，便于增进学员对各部门、各岗位的了解，有助于换位思考；同时，在为达到共同目标而竞赛的过程中，增进彼此的感情交流，增强团队凝聚力，希望以此改善公司本位主义严重的情况。

2.竞赛规则

按照培训时的分组，每两周召开一次培训运用发表会，根据竞赛项目和规则进行评比。

累计评比成绩，一个月一次总评，星号最多的一组获胜。获胜组将得到L总亲笔签名的"干部核心技能培训优胜团队奖"笔记本，以及平均每人500元的小组活动经费（作业中的项目大多需要团队合作完成），每组轮流主持发表会。

竞赛表将公告于公司的公告栏，每月各组的竞赛结果均会显示在此看板上。

目的：

运用制度化的定期发表，在公司内部建立学习和运用的氛围，加上精神和物质奖励，强化习惯的养成。延续培训的形式和规则，学员们容易接受，公司也便于操作。

每组轮流主持，增强学员们的责任感和参与感。培训运用效果上墙，且公布每组负责人的姓名，这就是一种公众承诺。在全公司的监督下，在自尊心的驱使下，会大大强化各组人员的培训运用效果。

六、培训成果的"5—3—1"强化方案

5——找出培训课程中自己认为有收获的5个方面；3——从上面的5个方面，找出3项对自己工作有帮助的内容；1——从上面3项内容，找出1项可马上开始行动的内

容，制订明确的执行计划。具体如图4-23所示。

图4-23　"5—3—1"原则培训效果强化方案

注：下面两表中填写部分仅为案例，供参考。

"5—3—1"强化方案的合理性分析：写出培训中的5项收获，是帮助学员总结培训中学到的东西。写出可用于工作中的3个方面，是帮助学员区分哪些内容在工作中暂时无法应用。改变原有的做事方式总会让人感到痛苦，每次只选择一项开始行动，让变化带来的痛苦降到最小，员工更容易坚持下来，直到形成新的做事习惯。许多有利于改善工作的事情，员工知道但并不去做，就是因为他们讨厌变化。原来的做事方式即使比较复杂，但是由于已经熟练，不需要思考，所以付出的脑力劳动是很小的。新的方法即使更简单，但由于不熟悉，运用时就需要进行更多的思考，短时间内付出的脑力劳动会更多。

1.编制"5—3—1"计划表（见表4-6）。

表4-6　　　　　　　　　　　　　"5—3—1"计划表实例

课程名称	5项收获	3项运用	1项行动	备注
有效的沟通技巧	1.沟通漏斗 2.态度比技巧重要 3.先处理心情，再处理沟通 4.听的技巧 5.沟通要因人而异	1.态度比技巧重要 2.听的技巧 3.沟通要因人而异	1.听的技巧	
高效时间管理	略	略	略	
有效会议技巧	略	略	略	
部属培育与激励	略	略	略	
销售技巧	略	略	略	

计划提交人：

2.将"5—3—1"行动计划表中的"1项行动"内容进行细化，填写于行动计划表（见表4-7）中。

表4-7　　　　　　　　　　　　　　　　培训转化行动计划表实例

课程名称	行动项目	计划具体内容	开始时间	检查人	追踪情况	备注
有效的沟通技巧	听的技巧	1.带着理解去听：跟客户沟通时，先耐心了解客户的需求和关注点，再对症下药地介绍公司的产品 2.听时应该有积极的回应，做双向沟通：与同事、上司沟通时，认真倾听他们的观点和话语，积极反馈，必要时予以重复 3.注意听时的肢体语言，做到目光专注，表情适度变化，手脚尽量不要乱动	2×21.12.12	自己、上司、同事	1.在每天的"业务日报表"上，对此项内容进行自评，并交主管审核 2.和3.在每周一次的例会上做专项追踪，由同事、主管评估	
高效时间管理	略	略	略	略	略	
有效会议技巧	略	略	略	略	略	
部属培育与激励	略	略	略	略	略	
销售技巧	略	略	略	略	略	

思政专栏 ▮▮▮▮

《国务院关于加强职业培训促进就业的意见》中提出："要强化创业培训与小额担保贷款、税费减免等扶持政策及创业咨询、创业孵化等服务手段的衔接，健全政策扶持、创业培训、创业服务相结合的工作体系，提高创业成功率。"

点评：国家重视职业培训后的服务衔接，同样地，在企业培训当中，除了课堂上的培训，企业还应该具有相关促进培训效果转化的措施。

◇◇◇◇课外训练任务

企业文化表述训练

每个学生上网搜索一家知名企业的企业文化表述，分析它是从哪个（或哪些）维度来描述本企业的文化的？

我的分析：

_____

_____

_____

➡ 知识掌握

一、选择题

1.专业技能提升培训的内容是（　　　）。

A.专业知识　　　　　　　　　　　　　B.企业文化

C.规章制度　　　　　　　　　　　　　D.管理能力提升

2.培训材料中，工作任务表的作用不包括（　　　）。

A.强调课程重点　　　　　　　　　　　B.提高学习效果

C.关注信息反馈　　　　　　　　　　　D.节约培训时间

3.个别指导法的优点包括（　　　）。

A.有利于新员工尽快融入团队　　　　　B.可以避免新员工的盲目摸索

C.有利于企业传统优良作风的传递　　　D.有利于新员工的工作创新

E.消除刚毕业员工开始工作的紧张感

4.培训前对培训师的一般要求有（　　　）。

A.应取得教师职业资格证书　　　　　　B.做好培训前各项准备工作

C.决定如何在学员之间分组　　　　　　D.根据培训指南进行检查

E.检查日程安排并留有余地

5.培训中使用的印刷材料有（　　　）。

A.岗位说明书　　　　　　B.工作任务表　　　　　　C.学员手册

D.培训者指南　　　　　　E.测验试卷

二、简答题

如何描述企业文化？

三、案例分析题

这是一次为SH物流公司举行的培训课。课堂上，培训师时而长篇大论地讲述，时而在白板上书写着，但是讲台下面却很混乱。中间下课休息时，学员聚集在一起议论，仓储主管小李说："你们觉得这位名师如何？我可是耐着性子听了这两天半的课了，本以为他可能会讲些实用的内容，可是这三天的培训课快完了，我也没听到与我工作相关的内容！"而货运主管小齐大声说道："主管在培训前可是已经发话啦，受训完回岗可是有任务的！我是做运输的，我想知道如何解决运输中的突发事故，比如遇到发错货了、途中遭劫或货物被人做手脚了等问题时该如何处理。结果听了半天，还没有摸到门道！""这可不行啊，我们可是花了大价钱请他来上课的！工作这么忙，能坐到这里听课非常不容易啊！要不是看他斯斯文文的样子，要是以前在学校上课，我早就提议大家将他赶下台了！"检验员小杨也急切地插话。仓储主管小李又接着说："我们抱怨也没用啊，还是快想想办法吧。要不我们将这些情况向HR经理反映一下。"货运主管小齐说："对！对！我们花钱并不是坐在这里听听课就行了，他虽然讲得都没错，但对我们没用啊！这些想法一定要讲出来，一定要讲出来！"

结合本案例，回答以下问题：

1.请您分析说明是什么样的原因导致上述教学质量问题的发生？

2.为了提高培训师的教学质量和效果，简述选配培训师的标准有哪些？

（扫描二维码，查看模块4参考提示）

模块5 评估培训效果

▰▰▰▰➤ 引导任务 ▰▰▰▰

最近，一家建筑设备公司发现它的市场份额在不断地下降，后来他们做了一项培训需求分析，结果认为他们需要马上进行培训，因为他们应具备的基本销售技能不够，特别是如何与竞争者进行对抗销售的技能。对抗销售讲的是如何打败竞争对手，从哪方面打败，他们需要这样的技能，该公司的销售人员都参加了这项耗资20万元的培训。为了评价这个方案是不是有效，这家公司对培训前和培训后几年的销售收入做了比较，结果发现销售收入比前几年增加了500万元。

1.你能不能确定这500万元就是通过培训得来的回报呢？

2.怎样分辨这500万元里到底有多少是培训产生的效果呢？也就是说这个培训的回报有多少呢？

▶▶ 教师点评

培训效果是指培训后学员工作绩效的改变状况。培训效果可能是积极的，这时工作绩效得到提高；也可能是消极的，这时工作绩效可能会出现退步的情况。西方的企业组织都很重视对员工培训项目的结果进行评估。通过评估，可以了解某一培训项目是否达到了原定的培训目标和要求，也可以了解学员技能是否有所提高。

培训效果评估对于培训项目的重要意义：

1.培训效果评估有助于确定是否成功地实现了项目的培训目标。每一个培训项目都是与组织目标、任务目标或个人目标相联系的，没有哪个培训是脱离组织目标、任务目标或个人目标而开展的。通过对所获取的信息和数据的分析，组织可以实现对培训效果的评估，确定是否达到目标或达到目标的程度。

2.增强对人力资源开发过程的认识。培训效果评估活动可以使组织者对人力资源开发项目的各项内容和活动有清楚的认识。通过评估，可以帮助学员确定他们是否应该参加将来的培训；可以对培训中的各种测验、案例和练习的有效性有清楚的认识；可以确定学员在培训项目中的受益情况，对进一步的人力资源开发有非常重要的指导作用，而且对员工的调动、晋升或工作提供了重要的参考信息。

3.有助于培训资金得到更加合理的配置。企业以经济利益最大化为目标，对于员工培训也一样。评估培训效果可以让组织者把握哪些培训项目是有效的，哪些培训项目是无效或低效的，是否有改进的空间，明确各种培训项目的收益率情况。在确定培训项目无效或低效和无改进空间的情况下，组织者就可以通过删减培训项目来减少无效和低效的培训投入，从而实现对成本的控制。

4.可以为管理层做出决策提供所需的信息。任何一个培训项目，都存在各种相关的信息和数据。通过培训，可以实现对各种相关的信息和数据的收集。通过对这些信息和数据的收集和整理，建立起相应的培训项目的数据库。它有助于企业将来制订更加合理的培训计划，有助于提高培训项目的有效性，有助于为管理层做出决策提供依据。

5.可以比较客观地评价培训组织管理者的工作

培训效果评估对人力资源培训与开发部门来说是非常重要的，它可以在一定程度上说明人力资源培训与开发部门所做的工作的成绩，这对增强他们的工作自我满意度是比较重要的，因为如果对所做工作没有成就感的话，那他们可能会对培训失去兴趣。

评估培训效果的程序可以分为以下六个步骤（如图5-1所示），前两步已在设计和策划培训中完成，第三步的一部分工作在组织和实施培训中完成，其余在培训结束后完成。

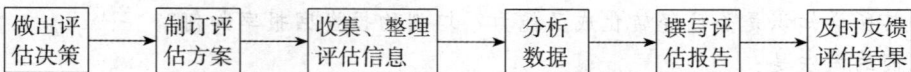

做出评估决策 → 制订评估方案 → 收集、整理评估信息 → 分析数据 → 撰写评估报告 → 及时反馈评估结果

图5-1 评估培训效果的程序

任务1 收集评估培训效果的信息

学习目标

知识目标

掌握评估不同层次的培训效果所需信息的收集方法。

能力目标

能够设计收集评估培训效果信息的方案。

思政目标

了解政府对于提升技能培训和鉴定评价信息化水平的要求。

情境和任务

一、学习情境

香露饮料公司针对商场促销人员实施了一项互动式销售技能培训，希望能借此大幅度增加销售额。该培训项目是由一家外部供应商设计和实施的，主要针对提高销售人员与客户之间信息沟通水平这一需求。该培训项目包括为期2天的技能培训、为期1天的后续跟踪与附加培训，以及为期3周的技能在工作中的应用。初步计划是首先实施一项示范性培训项目，对来自不同超市的促销人员进行培训。参加该培训的员工总数为

50人。

二、训练任务

为了确定这个培训项目是否值得在全体促销人员中推广实施，需要评估这次示范性培训的效果，请你为这次培训设计收集评估培训效果信息的方案。

三、企业实践参与

◆◆◆◆➡ 案例5-1

摩托罗拉的培训评估

摩托罗拉公司于1992年推出"西格码黑带"项目（以下简称"黑带项目"），其目的是培训一批具有丰富经验的专业技术人才，在其领域内推广、应用解决问题的技能和改进质量系统，从而取得产品在制造、服务等各方面的不断进步。经过几年的发展和完善，黑带项目已显示出巨大的功效。对黑带项目评估的结果表明，黑带项目专业人才通过带领团队解决公司内部的质量问题，提高生产率的成果甚为可观，为摩托罗拉带来了丰硕的成果和回报率。

摩托罗拉公司在培训过程中随时收集大家非常关心的有关信息，如学员的感受是怎样的？培训是否达到了所设定的目标？其效果如何？通过培训，学员是否掌握了所学的知识？其所学知识是否已经转化成了能力？培训的投资回报率如何？

他们的做法是：

（1）在摩托罗拉，每个员工参加培训后都要填写一份课程评估表，其中的内容包括学员对教师、教材、时间安排等各项问题进行评估，并提出建议。这些都将成为课程设计部改进课程的重要依据。

（2）为了不给学员带来不必要的负担，他们采取许多灵活、有趣的方式（如通过游戏活动）对学员的学习情况进行评估。

（3）为了配合摩托罗拉在中国四大业务方针之一的加速管理员本土化进程，摩托罗拉大学设计发展了"中国强化管理培训"。学员在即将接受培训前，要接受多项评估以确定其培训前的能力水平。接受培训后3~6个月，进行再次能力评估。通过两次评估结果的对比分析，就可确定培训对学员能力发展所带来的影响和作用。

（4）通过上述评估体系，一方面，验证了培训的结果是否达到了各事业部及员工个人的培训期望；另一方面，也为培训需求分析、课程设计、实施与管理提供了有科学价值的反馈信息，为改进系统与效果提供了可靠的依据。

➤➤ 相关知识

布鲁沃和拉姆勒的培训项目评价标准和衡量方法表（见表3-5）为我们展示了在收集评估培训效果材料时可以采用观察法、面谈法、文件检查法和问卷法等多种方法，以及针对不同的评估项目，它们该如何组合、如何有效运用。

一、收集反应层评估信息的方法

反应层评估信息主要利用问卷来进行收集，可以提出以下一些问题：学员是否喜欢这次培训？是否认为培训师很出色？是否认为这次培训对自己很有帮助？有哪些地方可以进一步改进？

◆◆◆◆➡ **范例5-1**

表5-1是员工培训反馈信息表。

表5-1 **员工培训反馈信息表**

培训名称及编号		受训人姓名	
培训时间		培训地点	
培训方式		使用资料	
培训师姓名		主办单位	
培训后反馈信息	1.课程安排是否合理 2.所学内容与工作联系是否密切 3.主管是否支持本次培训 4.对所学内容是否感兴趣 5.所学内容能否被用于工作中 6.对教师的授课方式是否满意 7.教师授课是否认真 8.教师是否能够针对学员特点安排课堂活动		
受训人意见	受训心得值得应用于本公司的建议		
	需要什么后续培训		
	对公司下次派员参加本训练课程的建议		
			年　月　日

二、收集知识层评估信息的方法

培训效果的知识层评估信息主要通过笔试法、操作性测试和工作模拟（或角色扮演）等方式收集。

（一）笔试法

笔试法的具体操作步骤如下：

1.确定培训目标。

2.起草测试题目。

3.选择、排列测试题目。

4.为学员准备考试说明。

5.准备记分卡。

6.进行测验。

7.分析测验结果。

（二）操作性测试

操作性测试是指通过对实际操作过程的观察和评价来进行评估测试的方法。它可以应用于整个培训过程，能加强学习效果，鼓励学员在工作中应用培训内容；能让培训师和学员了解培训效果。

（三）工作模拟（或角色扮演）

在模拟的现实工作环境中让参加者操作，以了解其解决实际工作中可能出现的各种问题的能力。

三、收集行为层评估信息的方法

培训效果的行为层评估信息可以通过学员的上司、同事、客户和下属等进行收集。

（一）学员的上司

学员的上司往往对评估培训效果感兴趣，因为一般情况下就是他们批准学员参加某个培训的。在许多情况下，他们会观察到学员试图运用培训中所学到的知识和技能的情况。

（二）学员的下属

如果学员有下属，那么他们的下属可以提供培训结束后该学员的行为变化方面的信息。尽管从这个渠道收集的信息非常有用和具有建设性，但是人们往往避免使用这种数据，因为在意见反馈的过程中可能会由于利害关系而得不到真实的信息。

（三）同事

学员的同事可以提供学员行为变化方面的信息，但这种数据所具备的主观性和对技能运用缺乏全面的评估，使得这个渠道的信息具有一定的局限性。

（四）外部团队

来自外部团队、以对在岗行为表现的观察为基础的意见反馈应该是恰当的。

四、收集效果层评估信息的方法

（一）学员问卷或面谈调查

学员最清楚，他们工作业绩的改进在多大程度上是因为应用了培训中所学的技能和知识。这虽然只是一个估计，但其具有很高的可信度，通常通过以下问题加以了解：

1.此项业绩的改进有百分之多少是因为应用了在培训项目中所学习的技能、方法、知识？

2.此项估计的基础是什么？

3.你对此项估计的信心是多少（请用百分比表示）？

4.还有哪些因素对此业绩改进产生了影响？

5.还有哪些个人或小组可以估计这个百分比或确定其数量？

例如，学员认为业绩改进中有50%是因为培训项目产生的，但是对该估计值的信心水平为70%，将信心百分比乘以估计值得到35%，将计算出的这个百分比再乘以业绩改进的数量，可以估算出培训所产生的效果，然后将这些数据换算成货币价值，最终用来计算投资回报。

（二）学员上司问卷或面谈调查

在学员评估的基础上，还可请学员的主管就培训在工作业绩改进方面的作用及程度提供信息。因为学员的主管可能更熟悉影响工作业绩的其他因素，所以他们可以更好地提供对培训效果的估计，可以通过以下问题加以了解：

1.业绩改进中有百分之多少是因为培训项目产生的？

2.此项估计的基础是什么？

3.你对此项估计的信心是多少（请用百分比表示）？

4.还有哪些因素可能对此项业绩产生影响？请在随附表格中列出所有因素及其估计。

5.还有哪些其他个人或小组也了解此项业绩改进情况，并可对此进行估计？

对上司调查结果的分析方法与对学员的调查结果的分析方法相同。这两个培训效果的估计，如果有理由确定某一个更可信，就应该采用这个估计。保守的做法是采用最小的数据，并加以相应的说明；另一种做法就是采用两者的平均值。

（三）文件检查

用于投资回报率分析的最有效和最可信的数据应该是组织的记录档案和报告。组织的记录一般反映出个人或者小组、部门、区域或整个公司的业绩情况，通过这个渠道得到的数据容易收集。

（四）对照组法

对参加过培训的人员组和未参加过培训的人员组进行比较，如果其他条件没有太大差异，就可以确定两个小组在工作上的差别主要是由培训引起的，但这种方法在实践中难以实现，原因之一是小组成员不易选择，因为要想安排完全相同的对照组几乎是不可能的。

思政专栏 ▰▰▰▰

《国务院关于推行终身职业技能培训制度的意见》提出："建立职业技能培训质量评估监管机制……结合国家'金保工程'二期，建立基于互联网的职业技能培训公共服务平台，提升技能培训和鉴定评价信息化水平。探索建立劳动者职业技能培训电子档案，实现培训信息与就业、社会保障信息联通共享。"

点评：许多企业不愿意开展培训效果评估的一个主要原因是收集培训效果信息需要花费大量的时间，成本也很高昂。因此，提高培训管理的信息化管理水平具有很大的价值，这也是政府所提倡的。

任务 2　分析培训效果评估数据

▰▰▰▰➡ **学习目标** ▰▰▰▰

知识目标

掌握计算培训的投资回报率的方法。

能力目标

能够根据业绩变化数据，通过趋势曲线分析计算培训的投资回报率。

思政目标

理解国务院提出"建立以培训合格率、就业创业成功率为重点的培训绩效评估体系"的意义。

➤➤ 情境和任务

一、学习情境

2×21年6月底，香露饮料公司对50名商场促销员进行了一次销售技巧培训，培训费用总共为10 000元。人力资源部丁经理要求任丽评估这次培训的投资回报，以便向公司总经理汇报，总经理将根据这次培训的结果决定是否扩大这种培训的范围。

为了评估培训的投资回报，任丽收集了培训前后参训商场促销员的人均销售数据（见表5-2）；另外，任丽从公司财务部了解到，公司产品商场促销的利润率为20%。

表5-2   人均销售数据

月份	2月	4月	6月（培训前）	8月（培训后）
人均销售数据	20 000元/月	20 200元/月	20 400元/月	20 900元/月

任丽根据收集的数据绘制了商场促销员人均销售数据的趋势曲线分析图（如图5-2所示）。

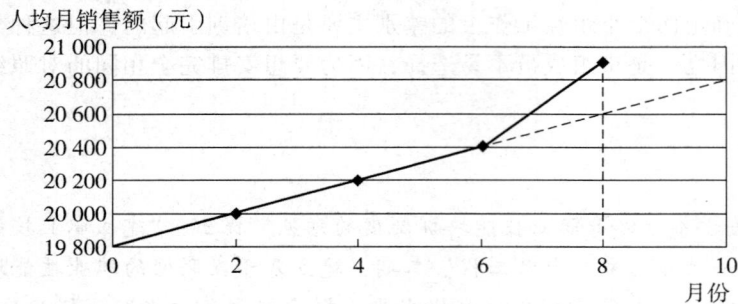

图5-2　人均销售数据趋势曲线分析图

二、训练任务

任丽假设这次培训的收益持续一年，请你替她计算这次培训的投资回报率。

三、企业实践参考

◆◆◆◆▆▆➤ 案例5-2

某零售公司是一家大型连锁公司，该公司请一家外部供应商对部分销售人员设计和实施了一项为期3天的互动式销售技能培训，参加该项培训的员工总数为48人。评价培训项目效果的方法是安排了一个未参加培训的对照小组，在挑选和确定对照小组时做到了对照小组与培训小组在商店规模、商店地点以及客流量方面尽可能相同。将数据转化为货币价值的方法是销售额增加后对利润的直接贡献。表5-3显示了培训结果的数据，采用了三个多月的后续跟踪法，即统计这两个小组在培训项目结束之后的每周的平均销售额情况，从财务部门获得的销售利润贡献率为2%。表5-4显示了按年率计算的培训项目效益，由于是短期培训项目，这里只计算第一年的培训效益。表5-5显示了培训项目的成本汇总。

表5-3　　　　　　　　　　　　　　　　每人每周平均销售额　　　　　　　　　　　　单位：元

实施培训项目之后的周	每人每周平均销售额	
	受训小组	对照小组
1	9 723	9 698
2	9 978	9 720
3	10 424	9 812
⋮		
13	13 690	11 572
14	11 491	9 683
15	11 044	10 092
第13、14、15周的平均值	12 075	10 449

　　（取第13、14、15周的平均值的理由：员工能够熟练应用培训的技能并产生效益往往需要几个月的时间。前面几周受训小组的销售额一直呈上升趋势，而第13、14、15周已经不再是单边上升，说明产生的效益已经进入逐步稳定的状态。另外，如果只取一周的销售额，可能会存在一些偶然因素的影响，取三周的平均数值，有助于减少偶然因素的影响，提高结果的可信程度）

表5-4　　　　　　　　　　　　　　按年率计算的培训项目效益　　　　　　　　　　单位：元

受训小组每周平均销售额	对照小组每周平均销售额	增幅	利润贡献（2%）	每周总体改进（×46）	每年总体效益（×48周）
12 075	10 449	1 626	32.5	1 495	71 760

　　注：三个月之后只有46位学员仍从事原来的工作。

表5-5　　　　　　　　　　　　　　　培训项目的成本汇总　　　　　　　　　　　　单位：元

讲课费	培训资料	用餐、休息	设施	学员工资加福利	协调、评估	总成本
11 250	1 680	4 032	1 080	12 442	2 500	32 984

$$投资回报率 = \frac{71\ 760 - 32\ 984}{32\ 984} \times 100\% = 118\%$$

▶▶ 相关知识

　　收集到的数据往往不能直接说明培训的效果，所以培训管理者还必须通过一定的分析方法来确定培训效果。

◆◆◆◆➡ **案例5-3**

某企业对一次培训的问卷调研汇总结果的分析

培训主题：团队拓展、职业心态、团队沟通

听课人数：22人　　　回收问卷：22份　　　有效问卷：22份

（一）您对这次课程的总体设计是否满意

很满意	满意	一般	不满意
6	16	0	0

一般、不满意的为0，表明参训学员对培训的总体安排设计认同，达到职业心态调整、全员无障碍沟通、团队提升的预期目的。

（二）您对培训课程的实用性是否满意

很满意	满意	一般	不满意
10	11	1	0

对于课程的实用性，选择一般的有1名学员，分析原因是其对课程的理解定位、针对性不满意。但总体来讲，整个课程过程中所提供的概念、工具方法都能够有效地指导现实工作，所以总体上该项结果良好。

（三）您对培训课程辅助资料及演练的提供是否满意

很满意	满意	一般	不满意
12	10	0	0

该项也是基本达到预期目的。在培训期间大家都很有热情，能够和讲师进行积极的互动，但是由于时间上的原因有些学员还没有充分地和讲师进行沟通。在培训后讲师已经将培训课件及相关培训资料交付客户方，请其代转给参训学员，以便日常学习之用，加强培训效果。

来自学员的个人建议：

1.需要实际性的案例、视频、图片解说。

2.再增加一些案例会更好，希望资料能提供给每个人。

3.希望和讲师进行多方面的接触。

4.适当地增加对各个层面有针对性的说明。

5.培训时间短，课程安排上相对零散。

（四）本次课程您觉得比较优秀的三个方面

课程内容	课程案例	活动体验	讲师	环境氛围	学员受关注度	训练营的组织方式
11	11	11	11	12	3	9

总体上，环境氛围、课程内容、课程案例、活动体验、讲师和训练营的组织方式排

在了学员评价的前三位，更值得注意的是，这次培训的整体效果，包括在课程内容、课程案例、活动体验、讲师等方面达到了一致的评价，说明这次培训的课程设计还是比较成功的。

也有学员提出应加强学员关注度，增加更多互动，给每个人展示的机会。这是本次培训需要改进的地方，也是一个很重要的课题，毕竟学员才是课程的主体受众，是我们首要关注的客户。如何满足客户需求，启发和引导大家是我们需要进一步完善的地方。

（五）对您来说，这些课程在理解和吸收上

太难	有些难	恰好	比较简单
0	2	18	2

对于课程的理解与吸收，有2个学员选择了有些难。这有两方面的原因：一是讲授内容和行业的结合不紧密；二是参与学员的年龄和阅历分层，使课程只能满足一部分人需求，仍然有一些人无法完全顾及，针对性相对差些。

（六）培训课程的一些基本概念和技能对您本人的帮助情况

很大	大	一般
8	14	0

大部分学员都能够从课程的学习中有所收获，对基本概念、技能有了全新的认识。

（七）本次训练与您的预期相比

相同	超出预期	达不到预期
5	17	0

超过半数的学员选择了"超出预期"。这也正是我们课程设计的目的。

一、培训效果评估数据的利润转化方法

如果因某个培训项目而引起业绩变化，那么通常可以利用企业的财务或经营记录来确定其增加的价值。对于营利性企业而言，这个价值通常就是额外生产的产品或额外提供的服务贡献的利润。经理人员经常利用边际成本报表和敏感性分析方法来计算与结果的变化相关的价值；如果没有这方面的数据，培训管理者必须创建或协助创建这样的数据。在非营利性机构中，通常是根据在相同输入的基础上额外实现的结果单位来累计增加数量，据此计算出培训的价值。例如，某政府办公室的签证科在没有增加成本的前提下，额外处理了一份签证申请，这个结果就相当于增加了与处理一份签证申请所需的成本相等的价值。

直接收益评估法用公式表示为：

培训收益 $= (E_2 - E_1) \times T \times N$

式中：E_1——培训前每个学员一年产生的效益；

E_2——培训后每个学员一年产生的效益；

N——参加培训的人数；

T——培训效益可持续年数。

二、培训的投资回报率分析

投入产出分析是一种培训效果的量化测定方法。培训的支出和收益是否平衡是开展培训工作的重要参照标准，特别是在资金缺乏、培训经费有限的情况下，怎样以最节约的途径最大限度地开展培训工作，是组织员工培训的一个重要原则。

投资回报率可以利用下面的公式来计算：

投资回报率=（收益−成本）÷成本×100%

（一）员工培训的成本

员工培训的成本包括直接成本和间接成本。培训成本的计算在设计和策划培训中已经进行了分析，这里不再重复。

（二）培训给组织带来的效益

培训给组织带来的收益包括提高劳动生产率、提高产品质量、扩大产品销售量、降低成本、减少事故、利润增长、提高服务质量等方面。培训的收益计算原理是由于提高了劳动者的技术熟练程度等，使同一劳动力可以在其他条件不变的基础上，增加组织的收益。

（三）趋势曲线分析

如果培训前后除了实施培训项目以外，影响业绩变量的其他事件没有发生任何变化，而且有历史数据可供使用，那么可以通过趋势曲线对培训效果进行分析。

这种方法是采用以往的工作成绩作为基础画出一条趋势曲线，然后将这条趋势曲线延伸到未来。经过培训后，可将实际的工作成绩与趋势曲线进行比较，超出预测趋势曲线的任何工作成绩改进均可被认为是培训的效果。虽然这并不完全准确，但它可以提供关于培训效果的合理估计。

趋势曲线分析方法的主要优点是简单、费用低，对人力和物力的耗费非常少。如果有历史数据可供使用，那么就能很快地绘制出一条趋势曲线并对差异进行分析。

（四）考虑季节因素的影响

如果培训前后，业绩因为季节存在差异，那么，评估培训效果时就要考虑季节因素的影响，通过季节系数调整业绩，这样才能减小培训效果评估的误差。

一般来说，商场销售收入的季节变化规律如图5-3所示。每年的2月，春节前后是销售的最高峰，8月份是一年当中销售的最低点。在淡季，我们可以开展培训。某商场在2020年8月对员工进行培训，11月培训效果已经显现出来，同时由于季节影响，每年11月份也会比8月份销售收入高。如果要分析这次培训的投资回报率，很重要的问题就是要预测商场如果没有开展培训活动，11月的销售收入 A'_{11} 是多少，用11月份的真实销售收入 A_{11} 减去推算的不培训的销售收入 A'_{11}，两者的差值就是培训产生的效果。

1. 如果 $B_{11}/B_8 \approx C_{11}/C_8 \approx D_{11}/D_8$，取 B_{11}/B_8、C_{11}/C_8、D_{11}/D_8 的平均值为季节系数 α，则 $A'_{11} = A_8 * \alpha$。

2. 如果 $B_{11}-B_8 \approx C_{11}-C_8 \approx D_{11}-D_8$，取 $B_{11}-B_8$、$C_{11}-C_8$、$D_{11}-D_8$ 的平均 β，则 $A'_{11} = A_8 + \beta$。

销售收入（元）

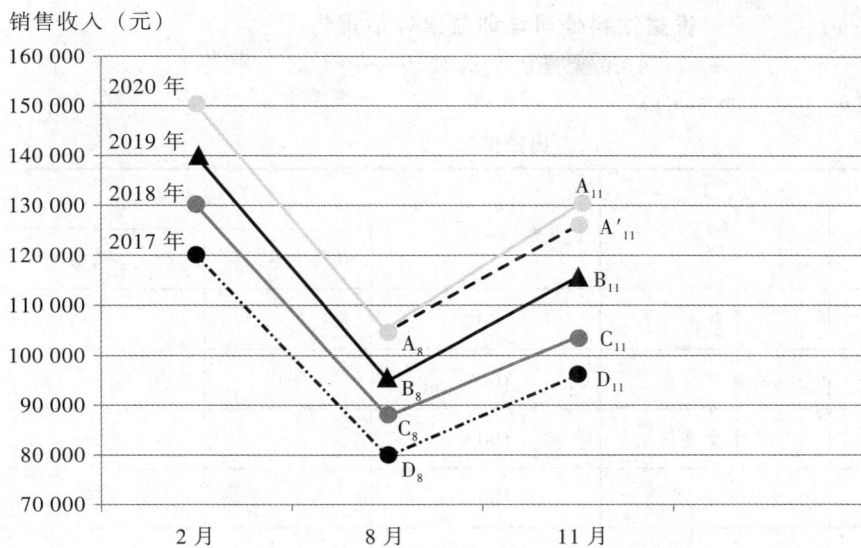

图5-3 人均销售数据季节变化图

利用季节系数
求解培训的投
资回报率

思政专栏 ▮▮▮▮

《国务院关于推行终身职业技能培训制度的意见》提出："建立以培训合格率、就业创业成功率为重点的培训绩效评估体系，对培训机构、培训过程进行全方位监管。"

点评：培训效果的评估不能局限于简单的定性评估，必须要用数据说话。数据分析能力薄弱是学生中存在的比较严重的缺陷，对学生毕业后的职业成长产生较大的阻碍。

任务3 撰写培训效果评估报告

▮▮▮▮➡ **学习目标** ▮▮▮▮

知识目标
了解培训效果评估报告的内容及撰写要求。

能力目标
能够起草培训效果评估报告。

思政目标
了解政府管理部门需要获取培训机构的培训效果评估报告的情况。

➤➤ **情境和任务**

一、学习情境

上周，香露饮料公司委托××培训公司对经理级以上人员进行了一项如何打造优秀团队的培训，任丽撰写了以下的培训效果评估报告递交给丁经理。丁经理看过之后觉得这份报告内容不够全面，有些问题没有说清楚，要求任丽修改后再上交。

香露饮料公司培训效果评估报告
——"打造优秀团队的秘诀——共赢"

（一）出勤情况（见表5-6）

表5-6　　　　　　　　　　　　　　　　　　出勤情况

序号	部门	培训执行率	缺勤情况	
			无故缺席	请假
1	总裁办	100%	—	—
2	法务审计部	100%	—	—
3	战略发展部	100%	—	—
4	人资中心	100%	—	8
5	行政中心	100%	—	—
6	财务中心	100%	—	3
7	信息中心	100%	—	2
8	营销系统	100%	—	18
9	××系统	100%	—	5
10	××系统	100%	—	7
11	××商品中心	100%	—	2
12	配件中心	100%	—	2
参加人数	107	实际参加人数	107	出勤率100%

（二）培训反馈综合统计（见表5-7）

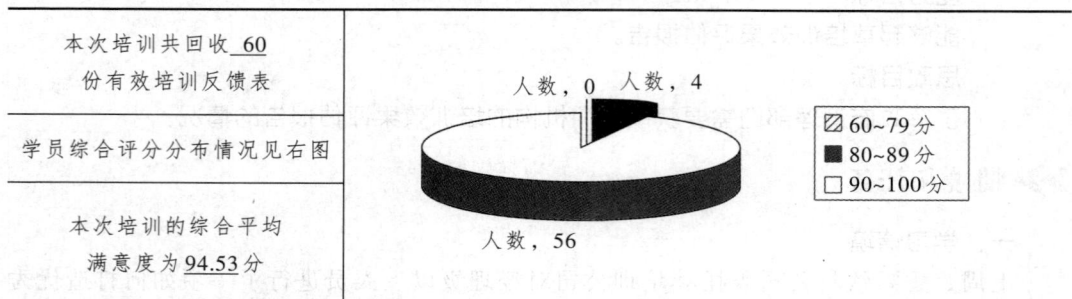

表5-7　　　　　　　　　　　　　　　培训反馈综合统计

本次培训共回收 60 份有效培训反馈表	人数，0　人数，4 人数，56 ☑ 60~79分 ■ 80~89分 □ 90~100分
学员综合评分分布情况见右图	
本次培训的综合平均满意度为 94.53 分	

（三）培训成果（见表5-8）

表5-8 培训成果

本次培训课程学员的收获或得到启发的情况	1.共赢的故事 2.思维、观念对工作、生活的本质作用 3.共赢的管理模式，中层管理者的角色地位 4.认识自己工作的价值，确定自己的目标，掌握过程，鼓励喝彩 5.松鼠的精神，海狸的方式，野雁的天赋 6.下君，尽己之力；中君，尽人之力；上君，尽人之智 7.授权分工明确，做事有计划、有目标 8.胜兵先胜而后求战，败兵先战而后求胜
学员认为可应用到工作中的要点	1.中层管理者的角色认知和执行力打造 2.设定共同目标，多鼓励 3.野雁的天赋——相互鼓励 4.工作中自我价值的认识，掌握过程，喝彩 5.松鼠的精神，海狸的方式 6.从领导和员工两个角度来思考问题
学员认为本次培训需改进之处	1.内容过于广泛，建议针对性剖析 2.可以考虑减少演讲内容以便深入讲解（以例子为主） 3.时间太长，影响消化，多次少量地进行知识传输 4.培训内容的逻辑需要更顺畅 5.建议播放中文版的短片
学员还希望提供哪些相关的培训课程及内容	1.管理类课程 2.如何做好时间管理 3.沟通能力提升、绩效管理、商务礼仪 4.提升管理能力和销售能力的培训 5.财务管理、运营等专业知识

（四）意见反馈及分析回复（见表5-9）

表5-9 意见反馈及分析回复

学员意见、建议反馈		分析回复	单项满意度
对培训组织过程的评价	1.下半节时间太长 2.会前通知充分，培训过程协调较好	针对第1点的回复：本次培训课程蕴含丰富的内容，为了使整个培训更具有连贯性，所以在后面耽误了大家一点时间，敬请谅解！感谢学员的宝贵意见，我们会在今后的培训中做好时间的把控 针对第2点的回复：本次培训组织，得到各方面的支持和配合，为培训能按时开展提供了保证	94.63
对讲师的评价	1.讲师具有个人魅力，讲课很用心 2.内容丰富，紧扣主题，互动性强	针对第1、2点的回复：肖博士在团队建设方面有着丰富的理论及实战经验。对于本次培训博士做了充分的准备，课程内容也是精挑细选的，目的是达到此次培训的最佳效果	94.43

（五）培训效果总结

1.本次培训在各方的通力配合下，顺利实现预期目标。

2.为确保培训效果，本次培训引入"四级"培训评估模式：根据本次培训的目的——对参训学员普及优秀团队的知识，提升对优秀团队的认识，确定本次培训效果评估适合导入第四级结果评估，即"衡量培训给公司的业绩带来的影响"。高管联盟计划旨在将课程内容与经营目标及计划相结合，与企业现状和未来发展需求相融合，因此培训评估应更多根据该计划年度执行效果进行综合性评估和战略意义考量。

3.本次培训针对公司经理级以上岗位组织进行。

人力资源本部

××××年××月××日

二、训练任务

假设你是任丽，请你修改这份培训效果评估报告。

三、企业实践参考

◆◆◆◆➡ 案例5-4

××公司培训效果评估报告

（一）导言

此次评估是对公司新入职员工企业文化培训效果的评估，目的是确定新入职员工企业文化的培训效果是否达到预期目标，企业文化培训是否对新入职员工后来的职业技能培训、岗位培训产生积极的影响，并且是否能对新入职员工的价值观和其对企业的认可度有很好的提升，有效衡量企业文化培训所做出的贡献。

我们此次采用了综合评估，即对照培训的目标，考察新入职员工对公司的价值观和经营理念的认知，重点分析企业文化培训对新入职员工行为的影响力。

（二）评估实施的过程和方法

采用自编与试题库结合的方法对新入职员工进行测试。自编的内容分为以下三个方面：

1.员工对企业文化具体的认知与理解：通过笔试的方法对员工进行测试，笔试内容包括对公司的历史背景、管理体制、人员关系、企业环境、国际地位与社会贡献等方面的测试。

2.员工所树立的价值观和品牌形象理念：带领新入职员工去全国各地工厂参观及去一线销售地区进行实战模拟演练，结合表现对其进行打分测评。

3.员工对自己与企业未来的发展规划的思考与认知：通过对公司以往晋升员工的案例分析和对企业战略发展规划的培训，组织新入职员工进行小组式讨论并进行书面规划，最后由高级培训师进行综合评估打分。

（三）评估结果的阐述

1.新员工对本次培训项目的实用性反馈较好。但是，不同的人员对培训的要求有所差异，对培训适用性及针对性非常满意的仅占一半多一些。

2.新增加的企业参观与实战演练能让新员工加强对企业文化的深层次认识。

3.符合成年人学习特点，授课形式丰富，授课过程中游戏、互动、影音视频等较多。

4.经过小组讨论及有效的头脑风暴能更好、更高层次地理解企业文化，加深员工对企业文化的印象，并全方位打开新员工对企业文化感知的新思路。

5.本次培训增强了企业文化，加强了组织的团结，塑造了和谐、融洽、温馨的企业环境与氛围，更利于企业的发展和新员工实现社会价值。

（四）评估结果的分析与建议

1.评估结果分析

此次新入职员工培训效果的评估，运用的是柯氏（Kirkpatrick）四层次经典模型（反应层、学习层、行为层、结果层）中的前三层。行为层评估反映了企业文化培训后新入职员工的意识改变，符合本次对新入职员工培训的目标。通过对新入职员工在培训后的评估，确认了新入职员工已经基本形成主人翁意识，具备了成为一个××人的自豪感以及强烈的团队归属感。取得良好效果的原因之一是及时宣传、贯彻培训目标，使受训人员的培训体会更加有针对性。

2.建议

（1）要及时强调培训纪律，建立纪律标准，采取相应的管理措施及考核方式，并由专人负责检查及考核。

（2）在检测培训效果时，还应该通过观察新入职员工在企业文化培训中的表现，填写课堂观察记录表，最后分析课堂观察记录表。在完成小组任务以及实战体验前，将结果反馈给培训小组成员，以便为后续的学习提供更有针对性的建议与指导。

（3）新员工的培训工作还在持续进行，各公司综合部需要对新员工培训进行持续的跟踪及评估。

（五）结论

本次评估通过对各个方面的分析，测试出这次培训的效果与质量，根据评估的结果分析制订更科学的企业文化培训方案。

从培训的实施来看，每次确立具体的培训目标可以有所侧重，由此，评估的内容和方式等也会有所不同。

资料来源　佚名．宝洁新员工培训效果评估报告［EB/OL］．［2020-07-29］．https：//www.docin.com/p-2417352962.html.有改动.

◆◆◆◆➡ 案例 5-5

"沟通理念与技巧"培训效果评估报告

本次培训效果评估是从知识层对"沟通理念与技巧"培训的效果进行评估。

第 1 题　沟通时，态度和技巧哪个更重要？　　［单选题］

选项	小计	比例
一样重要	7	25%
态度更重要（答案）	19	67.86%
技巧更重要	1	3.57%
内容最重要	1	3.57%

正确率：67.86%

第2题　提升沟通能力，需要掌握（　　）技巧。　［多选题］

选项	小计	比例
陈述技巧（答案）	26	92.86%
倾听技巧（答案）	27	96.43%
发问技巧（答案）	21	75%
反馈技巧（答案）	25	89.29%
化解分歧技巧（答案）	27	96.43%

正确率：75%

第3题　同事间存在不同的观点，那是因为沟通不够，多沟通几次就一定能够消除分歧。　［单选题］

选项	小计	比例
对	6	21.43%
错（答案）	22	78.57%

正确率：78.57%

第4题　高效的沟通需要（　　）。　［多选题］

选项	小计	比例
爱心（答案）	28	100%
关心（答案）	28	100%
细心（答案）	28	100%
虚心（答案）	28	100%
好奇心（答案）	27	96.43%

正确率：96.43%

第5题　沟通的内容包括（　　）。　［多选题］

选项	小计	比例
思想（答案）	23	82.14%
经历	16	57.14%
信息（答案）	27	96.43%
感情（答案）	28	100%

正确率：32.14%

结论：

1.前面四道题是关于如何理解应用的问题，回答正确率达到79.5%；

2.第五道题是属于概念记忆题，回答正确率只有32.14%，这说明员工对于概念性的东西不感兴趣，也难以记忆，他们更关心解决问题的办法。

3.总的来说，员工们较好地理解了培训师讲授的内容，这是一次比较成功的培训。

➤➤ 相关知识

一、培训效果评价报告的内容（人力资源共享服务1+X职业技能连通）

（一）导言

1.报告提要：对报告的要点进行概括，帮助读者迅速掌握报告要点。

2.被评估的培训项目的概况。

3.评估目的和评估性质。

4.评估结果的可比性：说明此评估方案实施以前是否有过类似的评估。

（二）概述评估实施的过程

解释评价方案的设计方法、抽样及统计方法、资料收集方法和评估所依据的量度指标等。说明评估实施过程是为了使读者对这个评估活动有一个大概的了解，从而为读者对评估结论的判断提供依据。

（三）阐明评估结果

根据评估过程所得到的信息，阐明培训项目的认知成果、技能成果、情感成果、绩效成果、投资回报率等。

（四）解释、评论评估结果和提供参考意见

评审培训费用；建议是保留还是取消被评估的培训项目；应该采取哪些措施改善培训项目等。

（五）附录

附录的内容包括收集和分析资料用的图表、问卷、部分原始资料等。加附录的目的是让别人可以鉴定研究者收集和分析资料的方法是否科学，结论是否合理。

二、撰写培训效果评估报告的要求

1.要尽量实事求是，切忌过分美化和粉饰评估结果。评估者不能为了证明培训的价值，夸大培训的效果。

2.必须以一种合理的方式论述培训结果中的消极方面，避免打击有关培训人员的积极性。

3.当培训效果评估方案持续一年以上时，评估者需要做中期评估报告。

4.要注意报告的文字表述和修饰。

三、培训效果评估报告的传递对象

1.受训员工，使他们了解培训的效果，以便在工作中进一步学习和改进。

2.受训员工的直接领导。

3.培训主管。他们负责培训项目的管理，并拥有员工人事聘用建议权。

4.组织管理层。他们可以决定培训项目的未来。

思政专栏

《国务院关于推行终身职业技能培训制度的意见》提出："要严格执行开班申请、过程检查、结业审核三项制度。鼓励地方探索第三方监督机制，委托有资质的社会中介组织对培训机构的培训质量及资金使用情况进行评估。"

点评：行政部门如果委托有资质的社会中介组织对培训机构的培训质量及资金使用情况进行评估，那么，接受委托的社会中介组织就应该向行政部门提交评估培训机构培训效果的报告。

知识掌握

一、选择题

1.对培训效果进行知识层评估时，不宜采用的评估方法是（   ）。

A.笔试法   B.心得报告   C.提问法   D.行为观察

2.培训效果的问卷调查评估法不适用于（   ）。

A.了解学员偏爱的学习方法

B.让学员清楚了解自己的差距和不足

C.检查培训目标与工作任务的匹配度

D.评价学员在工作中对培训内容的应用情况

3.层次评估法中知识层评估的方式不包括（   ）。

A.书面测验   B.模拟情境   C.投射测验   D.操作测验

4.培训后的评估内容不包括（   ）。

A.目标达成情况   B.培训环境

C.培训主管工作绩效   D.培训效果效益

5.柯克帕特里克培训评估模式中的反应评估一般都是使用（   ）收集满意度，有时也会进行抽样访谈。

A.观察法   B.测试法   C.问卷调查法   D.情景模拟

6.（   ）是最基本、最普遍的培训效果评估。

A.反应评估   B.学习评估   C.行为评估   D.结果评估

7.培训效果反应评估的具体方法有（   ）。

A.访谈法   B.问卷调查法   C.提问法

D.综合座谈法   E.观察法

8.培训评估报告一般包括（   ）。

A.培训评估人员的构成说明   B.培训背景说明与培训概况

C.培训评估信息的总结与分析   D.培训项目计划调整的建议

E.培训评估结果与培训目标的比较

9.培训效果的行为评估方法主要有（   ）。

A. 对照比较法   B. 面谈法   C. 问卷调查法

D. 观察法   E. 行动计划法

10.（   ）是指企业开展培训所获得的货币收益与培训总投入之间的比值。

A. 培训投资回报率   B. 培训项目收益率

C. 培训项目成本率   D. 培训效率

二、简答题

说明使用访谈法进行培训效果评估的程序和步骤。

（扫描二维码，查看模块5参考提示）

模块6　建立与管理培训体系

为了保证培训的效果，培训管理者需要规定测量培训中每个过程的有效性和效率的方法，并应用这些测量方法监控培训的各个阶段，确定每个阶段的有效性和效率；通过识别不合格问题，采取纠正和预防措施，改进培训管理体系。

任务1　起草培训管理制度

▶ 学习目标

知识目标

了解培训管理制度的基本内容及各项培训管理制度起草的要求和方法。

能力目标

能够提出培训制度的草案，编制培训制度涉及的各种表格。

思政目标

理解政府对企业建立健全职工培训的规章制度的要求。

▶▶ 情境和任务

一、课前任务

学生6~7人为一组，每组选出组长（轮流担任组长，组长负责记录，同时也是小组的陈述代表）。组长带领小组成员每人收集一个企业的培训管理制度。

二、学习情境

任丽所在的香露饮料公司原来已经制定了一个培训管理制度，但这个制度非常简单，缺乏对开展各项培训活动的指导作用。人力资源部经理要求任丽对原有的培训管理制度进行修订。

三、训练任务

如果你是任丽，请你起草各项具体的培训管理制度（入职培训制度、培训考核评估制度、培训奖惩制度、培训风险管理制度等）的基本内容。

四、企业实践参考

◆◆◆◆➡ 案例6-1

××公司培训管理制度

制定日期：××××年××月××日　　　编号：××××

制定者：人力资源部　　　　　　　批准：总经理

一、目的

为规范公司培训，加强培训管理，提高培训成效，特制定《××公司培训管理制度》（以下简称本制度），作为各级人员培训实施与管理的依据。

二、适用范围

凡本公司所有员工的各项培训计划、实施、督导、考评以及改善建议等，均依本制度办理。

三、权责划分

（一）人力资源部门权责

1.制定、修改全公司培训制度；

2.拟订、呈报全公司年度和季度培训计划；

3.收集、整理各种培训信息并及时发布；

4.联系、组织或协助完成全公司各项培训课程的实施；

5.检查、评估培训的实施情况；

6.管理、控制培训费用；

7.管理公司内部讲师队伍；

8.负责对各项培训进行记录和相关资料存档；

9.追踪考查培训效果；

10.研究拟订其他人才开发方案。

（二）各部门权责

1.呈报部门培训计划；

2.制定部门专业课程的培训大纲；

3.实施部门内部专业课程的培训；

4.收集并提供相关专业培训信息；

5.负责部门培训的实施和效果反馈、交流的工作；

6.确定部门内部讲师人选，并配合、支持公司培训工作。

四、政策与程序

1.培训的相关事宜，以人力资源部为主要权责单位，各相关部门具有提出改善意见的权利和配合执行的义务。

2.人力资源部负责安排、管理全公司的培训项目及参与、督导各部门的内部培训。各部门应把每月培训计划、培训大纲及培训内容提前报人力资源部备案，以便人力资源部进行监督与统一管理。

3.人力资源部将其制定的培训大纲与培训内容提前通报各部门，各部门应根据培训计划及员工的排班情况安排并通知员工参加培训，并把培训名单报人力资源部。员工应按所安排的时间参加培训。

4.每次课程结束后，人力资源部将安排考评。

5.岗位抽查，人力资源部就所讲授的课程内容是否被学员运用到实际工作中进行随机考核。

6.书面考评，根据考评情况给予评分：80分以上为优秀；60～80分为良好；60分以下为不及格。

凡每次考评不及格者，降一级工资。待重考合格后，恢复原工资。

考评优秀者将视情况予以奖励。

五、培训体系

（一）新员工入职（或转岗）培训

1.培训对象：所有新进（或转岗）人员。

2.培训目的：协助新进（或转岗）人员尽快适应新的工作环境，顺利进入工作状态。

3.培训形式：以内部授课方式进行。

4.培训内容：分常规类和专业技术类两项科目，具体内容可根据任职岗位的不同进行选择。

常规类科目：

（1）公司简介（包括公司发展史及企业文化、各部门职能等）；

（2）公司制度介绍；

（3）业务介绍与市场分析；

（4）销售管理体系；

（5）其他。

专业技术类科目：

（1）各个岗位的职责与工作流程；

（2）适合公司习惯的标准作业技巧；

（3）其他。

（二）内部培训

1.培训对象：全员。

2.培训目的：依靠公司内部讲师力量，最大限度地利用公司内部资源，加强内部的沟通与交流，在公司内形成互帮互助的学习氛围，并丰富员工的业余学习生活。

3.培训形式：在公司内部以讲座或研讨会、交流会的形式进行。

4.培训内容：涉及公司市场类、管理类、技术类的多个方面。

（三）外部培训

1.培训对象：全员。

2.培训目的：依靠外部专家力量，提升从业人员在本职工作中所应具备的专业知识、技能技巧，以增进各项工作的完成质量，提高工作效率。

3.培训形式：参加外部公开课、交流研讨会，或请外部讲师在公司内部授课。

4.培训内容：可分为三类。

常规实用性培训，涉及专业技术知识、销售技巧、管理方法、领导技能、经营理念等；

适合高层领导的培训，含企业战略性、发展性等内容；

个人进修方面的培训，如MBA、专业技术认证等。

（四）培训计划的拟订

1.结合公司整体战略目标及发展计划，由人力资源部依据对内部员工培训需求调查的结果，以及公司相关培训的政策、财务预算等，统筹各部门的需求，于每年年初拟订年度培训计划，并呈报审核。

2.各部门应根据各自业务发展的需要，确定部门培训需求计划，并报人力资源部统筹规划。

3.人力资源部可根据实际情况分解年度培训计划，拟订季度计划，编制培训课程清单并呈报。

六、培训实施

（一）新员工入职（或转岗）培训

1.每一位新入职（或转岗）的员工，在上岗前或上岗后最长不超过10个工作日之内，除特殊情况外，都必须接受新员工（或转岗）培训。

2.各培训科目由相应部门的内部讲师或负责人担任主讲，根据需要还应负责考察试卷的编写和审阅。

3.学员必须按时参加培训，严格遵守培训规范，并填写"内部培训反馈意见表"（见附录表A-1），客观公正地考评授课情况及讲师。

4.如有必要，可以以笔试的形式考核培训效果，成绩合格者方可顺利上岗；不合格者依具体情况，进行补修或重考。

5.补考仍不合格者，人力资源部将和相关部门经理协商后提出处理意见，并向总经理汇报。

（二）内部培训

1.充分挖掘公司内部可用资源，组建内部讲师团队。

2.不断充实和完善内部培训课程，形成重点课程的逐渐固定和循环开设。

3.培训参与人员应严格遵守培训规范。

4.学员课后需填写"内部培训反馈意见表"，交人力资源部存档。

5.根据课程需要对学员进行考核，考核结果将纳入员工绩效考核范围之内。

（三）外部培训

1.培训课程的选择应结合公司的内部需求和外部资源，并严格审批权限。

2.参加培训人员的选择应突出目的性、自愿性，结合个人的职业发展规划。

3.培训相关资料（包括教材、讲义（PPT）、证书等）必须在人力资源部备份存档。

4.受训学员须配合培训负责人填写"外部培训实施记录表"（见附录表A-2），提出培训效果的反馈意见，包括对培训课程、讲师及培训机构整体水平的评价等，并在人力资源部存档。

5.各部门相关人员应以适当的方式考察学员接受培训的效果，必要时可做长期追踪，人力资源部负责督促、跟进和记录的工作。

七、培训管理

（一）费用管理

1.由人力资源部依据培训计划对培训经费做统一预算，并根据实际实施情况定期调整。

2.培训费用的审批权限限制在总经理及营销总监手中。

3.所有培训费用的报销均需提供完整的"人员培训审批表"（见附录表A-3），作为报销凭证的附件。

4.人力资源部负责对培训费用发生前的审核，统一控制公司所有的培训开支；"人员培训审批表"上需有审核确认的签字，否则视此表为不完整。

5.人力资源部应每半年做一次培训投资分析并呈报。

（二）出勤管理

1.所有培训一经报名确认，受训人员须提前做好安排，除特殊原因外，应准时参加。

2.凡在公司内部举办的培训课（包括外部讲师的内部集训、内部培训讲座及各种内部研讨会、交流会等），参加人员必须严格遵守培训规范，课前签到；由专人负责记录，填写"内部培训考勤表"（见附录表A-4）；考勤由人力资源部比照《考勤制度》进行，并作为培训考核的一个参考因素。

3.业余时间参加培训，不以加班论。

（三）培训评估

1.对授课的评估，包括对外部培训机构的课程内容、讲师、效果等的评估，以及对内部讲师的课程内容、准备情况、讲授技巧等的评估。

2.对学员的评估，主要通过书面问卷结合口头问答及岗位抽查的方式进行。

（四）培训记录及总结报告

1.建立相关外部培训资源的详细信息记录，以便寻找更优惠的高质量课程。

2.建立"全员培训档案"，记录员工所接受的培训课程、考评成绩等。此培训考评结果将作为评选优秀员工、员工晋升、调整工资等的依据，并定期呈报。

八、其他

本制度由人力资源部制定、修改并解释，自公司批准之日起执行。

◆◆◆◆➡ 案例6-2

××公司入职培训制度

（人力资源部编写）

目　录

一、新员工培训目的

二、新员工培训程序

三、新员工培训内容和时间安排

四、新员工培训反馈与考核

五、新员工培训教材

六、新员工培训项目实施方案

七、新员工培训所需填写表格

一、新员工培训目的

见前文，略。

二、新员工培训程序（如图6-1所示）

```
┌──────────┐   ┌──────────┐   ┌──────────┐
│ 就职前培训 │──▶│ 部门岗位培训 │──▶│ 公司整体培训 │
└──────────┘   └──────────┘   └──────────┘
                     │              │
                     ▼              ▼
               ┌──────────┐   ┌──────────┐
               │ 反馈与考核 │   │ 反馈与考核 │
               └──────────┘   └──────────┘
```

图6-1　新员工培训程序

三、新员工培训内容和时间安排

1.就职前培训（部门经理负责）

入职前：

• 致新员工欢迎信（人力资源部负责）；

• 让本部门其他员工知道新员工的到来；

• 准备好新员工办公场所、办公用品；

• 准备好给新员工培训的部门内训资料；

• 为新员工指定一位资深员工作为新员工的导师；

• 准备好布置给新员工的第一项工作任务。

2.部门岗位培训（部门经理负责）

到职后第1天：

• 到人力资源部报到，进行新员工须知培训（人力资源部负责）；

• 到部门报到，经理代表全体部门员工欢迎新员工的到来；

• 介绍新员工认识本部门员工，参观企业；

• 介绍部门结构与功能、部门内的特殊规定；

• 介绍新员工工作描述、职责要求；

• 介绍新员工的第一项工作任务；

• 派老员工陪新员工到公司餐厅吃第一顿午餐。

到职后第5天：

• 一周内，部门经理与新员工进行非正式谈话，重申工作职责，询问工作中出现的问题，回答新员工的提问；

• 对新员工一周的表现做出评估，并确定一些短期的绩效目标；

• 设定下次绩效考核的时间。

到职后第30天：

• 部门经理与新员工面谈，评价试用期一个月来的表现，填写评价表。

到职后第90天：

• 人力资源部经理与部门经理一起讨论新员工的表现，是否适合现在的岗位，填写试用期考核表，并与新员工就试用期考核表现谈话，告知新员工公司绩效考核体系与要求。

3.公司整体培训

• 人力资源部负责——不定期；
• 公司历史与愿景、组织架构、主要业务；
• 公司政策与福利、相关程序、绩效考核；
• 公司各部门功能介绍、公司培训计划与程序；
• 公司整体培训资料的发放，回答新员工提出的问题。

四、新员工培训反馈与考核

• 新员工岗位培训反馈表（到职后一周内）；
• 公司整体培训当场评估表（培训当天）；
• 公司整体培训考核表（培训当天）；
• 新员工试用期内表现评估表（到职后30天）；
• 新员工试用期绩效考核表（到职后90天）。

五、新员工培训教材

• 新员工培训须知；
• 各部门内训教材；
• 公司整体培训教材。

六、新员工培训项目实施方案

• 在公司内部宣传"新员工培训方案"，通过多种形式让所有员工了解这套新员工培训系统及公司对新员工培训的重视程度；
• 每个部门推荐本部门的培训讲师；
• 对推荐出来的内部培训讲师进行培训讲师培训；
• 给每个部门印发"新员工培训实施方案"；
• 各部门从××××年1月开始实施部门新员工培训方案；
• 每一位新员工必须完成一套"新员工培训"表格；
• 根据新员工人数，公司不定期实施整体的新员工培训；
• 在整个公司内对新员工进行部门之间的部门功能培训。

七、新员工培训所需填写表格

• 新员工部门岗位培训表（见附录表A-5）；
• 新员工岗位培训反馈表（见附录表A-6）；
• 新员工试用期内表现评估表（见附录表A-7）。

➤➤ 相关知识

培训管理制度是指能够直接影响与作用于培训系统及其活动的各种法律、规章、制度及政策的总和。它主要包括培训的政令和法律、组织关于培训的具体制度两个方面。

一、培训管理制度的基本内容

一项具有良好的适应性、实用性和可行性的培训管理制度至少应包括以下几个方面的基本内容：

1. 制定企业员工培训制度的依据。
2. 实施企业员工培训的目的与宗旨。
3. 企业员工培训过程中各个环节的操作规范。
4. 企业培训制度的核准与施行（与公司制度相结合）。
5. 企业培训制度的解释与修订（本制度由本公司××批准后执行，修改时亦然，解释权归××部）。
6. 具体的培训制度。

（1）入职培训制度：上岗和任职前的培训规定。

入职培训制度的制定应该与其他各个部门的经理协商，以提高其合理性及可执行性。

（2）培训考核评估制度：考核培训对象和培训工作成效。

关于培训考核评估需要注意的是：培训评估考核不能只针对某一部分人，必须进行全员考核，而且要一视同仁，标准一致。

（3）培训奖惩制度：对培训效果进行奖惩。

培训奖惩制度应该使前面几项培训管理制度的顺利执行得到保障，应使得培训不再只是培训部的事，促使相关管理者履行配合的义务。

（4）培训风险管理制度：控制培训成本和培训风险。

在培训前，根据具体的培训活动情况考虑与学员签订培训合同，从而明确双方的权利义务和违约责任；约定学员的服务期限、保密协议和违约补偿等相关事项；根据"利益获得原则"，即谁投资谁受益，投资与受益成正比关系，考虑企业和学员培训成本的分摊与补偿。

二、培训管理制度的作用

企业培训管理制度的根本作用：将培训管理体系文件化，为开展培训活动提供一种制度性的标准框架和依据，保证培训每个环节的有效性和效率，降低培训的风险。

（一）分析产生培训风险的原因

培训风险是指企业培训过程及结果由于观念、组织、技术、环境等诸多方面的影响而对企业造成直接或潜在损失的可能性。培训对企业而言是一种重要的人力资本投资，同其他的资本投资一样，既有收益，也会有风险。由于其风险较大，很多企业不愿意冒这个风险。从其成因来看，培训风险可以分为培训的内在风险和外在风险。

1. 培训的内在风险。

培训的内在风险，是指由于企业没有对培训进行合理规划和有效的管理而导致培训的质量不高，使得培训目标难以达成，培训投资效益低下。它主要包括以下几种：

（1）培训方针制定和理解得不准确。

如果高层领导不能制定正确的培训方针或者受训员工对培训方针没有正确的理解，培训就难以达到预期的效果。目前，一些企业高层领导对培训存在着不正确的认识，如认为"培训会增加企业的运营成本""培训会使更多的员工跳槽，造成大量人才流失""企业效益好无须培训"等，这些无疑会影响培训的效果。作为直接参与人的受训员工，他们对培训的认知及参与态度也直接影响着培训的成败。例如，受训员工认为培训是"摆花架子"，搞形式主义，因而不能正确对待培训，导致培训流于形式。

（2）培训过程各环节实施质量不高。

有些企业在培训需求分析、制订培训计划及培训实施过程中，不能及时正确地做出判断和结论，由此导致培训失败。例如：培训需求不明确，培训需求调查不深入，没有与企业远期、近期目标结合起来；企业没有明确的素质模型或岗位需求，培训没有与员工的"短板"相结合；培训内容选择、形式选择、培训师选择偏离真正需要；培训缺乏针对性，达不到预期目标等。

2.培训的外在风险。

培训的外在风险是指虽然培训项目达成了预定目标，但由于各种外在因素导致企业遭受各种直接或间接损失。常见的培训外在风险主要包括如下几种：

（1）人才流失的风险。

经过培训后，员工的能力和素质得到提高，受训员工对知识和自我实现的追求提升，产生了更换工作环境的需求。哈佛企业管理顾问公司对离职原因调查后发现，"想尝试新工作以培训其他方面的特长"被列于众多原因之首。企业投资培训是为了增加企业人力资本存量，为本企业创造经济效益，而培训后的人才流失，必然使得本企业的这部分培训投资无法收回，造成损失。

（2）培养竞争对手的风险。

企业员工培训的目的就是为企业所用。如果人才流失，其所流向的企业大多数都是本企业的竞争对手，使其掌握本企业的"情报"和新知识技能的应用，这对本企业来说无疑是一种潜在威胁。

（二）明确防范培训风险的措施

虽然培训存在诸多风险，但培训仍然是必要的。我们要做的应该是将员工培训作为一个体系来理解和管理，用培训制度对培训管理加以规范，尽量降低培训的风险。

1.培训的内在风险源于培训本身，因此，需要通过培训管理制度完善培训管理体系，加强对培训的管理，提高培训质量，这是防范培训内在风险的关键。组织的培训管理制度应该对培训的方针和目标、培训主体的职责分配、培训过程中各个环节的操作加以规范。

2.合理运用法律手段防范培训的外在风险。

培训管理制度应根据现有法律和制度做出规定，限制不合理的人才流动。

（1）企业要选择好培训时机。

《中华人民共和国劳动合同法》规定，劳动者在试用期内，可以提前三天通知用人单位解除劳动合同。也就是说，只要是在试用期内，劳动者无论什么原因、什么情况向用人单位提出解除劳动合同的要求，用人单位不能以任何理由进行阻止。因此，企业不要在试用期内对员工进行费用较高的培训，最好缩短试用期或与之签订一项短期的劳务合同。

（2）与员工签订协议。

在激烈的市场竞争和从业者职业道德意识普遍不强的情况下，在对单位的核心层、骨干人才进行培训前，一定要充分考虑他们流失的可能性及由此带来的后果。对于费用较高的专业技术培训，企业应与学员签订培训协议，约定服务期。

（3）企业应当依法维护自己的正当权益。

对于违反培训协议的员工，企业可上诉至劳动争议仲裁委员会，若员工不履行劳动争议仲裁委员会的裁决，可向有管辖权的人民法院申请执行。

三、培训管理制度的推行与完善

正如企业的培训管理体系需要持续改进一样，企业的培训管理制度也需要通过实际运行不断地检验和完善，只有这样才能保证培训管理制度的科学性、合理性和可行性。培训管理者应该采取开放的态度，赋予每一个员工监督培训管理制度执行情况的权力，定期收集员工的意见和建议，对培训管理制度的某些条款做出适当的调整。

思政专栏

《中华人民共和国劳动法》第六十八条：用人单位应当建立职业培训制度，按照国家规定提取和使用职业培训经费，根据本单位实际，有计划地对劳动者进行职业培训。从事技术工种的劳动者，上岗前必须经过培训。

点评：政府要求企业建立健全职工培训的规章制度，根据本单位的实际情况对职工进行在岗、转岗、晋升、转业培训，对学徒及其他新录用人员进行上岗前的培训。

任务2　建立内部培训师队伍

学习目标

知识目标

理解建立内部培训师队伍的必要性；能够起草内部培训师队伍管理制度。

能力目标

能够设计建立内部培训师队伍的方案。

思政目标

理解国家对职业培训师资队伍建设的要求。

情境和任务

一、学习情境

香露饮料公司正处于成长期，生产和销售规模越来越大，人员不断增加，对人员培训的需求也越来越大，完全依赖外部培训师已经满足不了公司的培训需求。公司经过多年的发展，聚集了不少的人才，应该充分利用这些人才资源。人力资源部丁经理要求培训专员任丽借鉴其他企业的成功经验制订建立本公司内部培训师队伍的方案。

二、训练任务

请你站在任丽的角度，设计建立香露饮料公司内部培训师队伍的方案。

三、企业实践参考

◆◆◆◆➡ 案例6-3

长安汽车——建设精英型内部培训师队伍

针对引进外部培训师存在的不足，为快速建立起一支精英型内部培训师队伍，通过多年的深入分析、研究与实践探索，长安汽车开发出了一套操作性较强的内部培训师培养体系，它包括内部培训师速成"五步法"、分级管理法及"四维度"评价考核机制三部分（如图6-2所示）。通过该体系，长安汽车有战略、分步骤地为公司培养了一批职业化的内部师资队伍，有效地支撑了企业的员工培训。

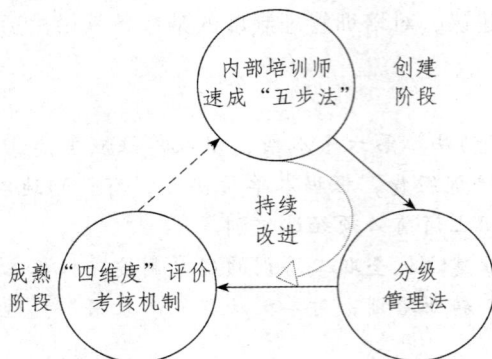

图6-2 内部培训师培养体系

（一）内部培训师速成"五步法"

内部培训师速成"五步法"（如图6-3所示）的具体内容为：第一步，培养对象筛选；第二步，示范课观摩；第三步，TTT培训；第四步，课程开发；第五步，试讲评审。

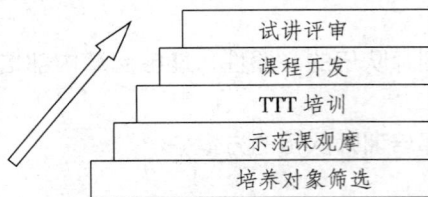

图6-3 内部培训师速成"五步法"

第一步：培养对象筛选。

公司规定培训师的基本条件，凡符合要求的员工，可以通过单位推荐或是个人自荐的方式进行申报。人力资源部根据年度总体培养计划，结合报名者的专业背景、工作岗位等，从众多的报名者中选出符合要求的培养对象。

第二步：示范课观摩。

为了更好地掌握讲课的方式及课程内容的设计，公司请外部的优秀培训师来授课，并让公司内具备培训师潜质的人员观摩学习，从讲师的角度去观察，了解授课的基本方法。

第三步：TTT培训（即培训师培训）。

这是内部培训师培养的关键环节。在这一环节中，公司主要分两个层级开展：一是理论培训；二是实战模拟。被选拔出的培养对象将参加两天的TTT培训，学习通用培训技巧、课程设计方法等。两天的理论培训结束后，要求每一名学员运用所学的培训技巧进行简短的模拟试讲，时间在5分钟左右，由专业培训师现场点评，并给出书面综合评价及评分。

第四步：课程开发。

TTT培训合格后，内部培训师接着要学习课程开发。由于他们还属于"入门者"，还不具备课程开发的技能，因此，公司设计了一系列课程开发模板和工具（见表6-1、表6-2、表6-3），这些模板和工具能够帮助内部培训师更为规范地进行课程开发。

表6-1   **课程设计分析表**

（一）课程名称	（二）现状/问题与期待目标	（三）课程目标
课程名称： 沟通实战训练 课程时数： 3.5小时 课程对象： 中、基层管理人员	现状/问题： 1.总是在沟通，但效果不好。 2.…… 期待目标： 树立沟通的信心，掌握与上、平、下级的沟通方法 验证课程目标达到的方法：……	1.掌握与上级沟通要有尊重之心 2.掌握与平级沟通要有关爱之心 3.掌握与下级沟通要有同理心

表6-2   **课程发展单**

课程名称	沟通实战训练	课程时数	3.5小时
课程对象	中、基层管理人员		
课程目标	掌握与上、平、下级的沟通方法		
培训方式	视频、分组讨论、讲授等		

授课内容

课程大纲	时数	讲师	备注
一、何谓沟通及沟通的重要性	0.3		
二、与上级沟通的方法	1	高××	布置小岛型会场，需要准备海报纸
三、与平级沟通的方法	1		（每组一张），白板笔（每组两支）
四、与下级沟通的方法	1		

表6-3   **单元教学教案**

课程名称	沟通实战训练	课程编码	K-001
单元名称	与平级沟通的方法	单元编码	D-01
单元目标	懂得用关爱之心去达成平级之间的相互沟通		

课程大纲/重点内容	时间	教学方法	教学资源/备注
1.平级之间沟通常遇到的问题	5分钟	讲授	
2.影片欣赏与心得分享——《亮剑》	5分钟	影片欣赏	视频
3.案例讨论与分享	20分钟	讲授/分组讨论	海报纸，白板笔
……	……	……	……

第五步：试讲评审。

试讲评审分为学员评审和专家评审。其中，学员评审团由各部门的基层人员担任，专家评审团由中层管理人员及外部专业培训师担任。学员评审团根据自己的接受水平和受益程度，对授课人进行授课评价。专家评审团重点考核授课人课程开发与教学设计、培训方法的运用、培训案例和教材编写等方面的能力。人力资源部门收集、统计专家和学员的评审意见，提出聘任建议，将结果上报评聘领导小组进行终审。经评聘领导小组批准后，由公司给内部培训师下发聘任文件并颁发聘书。

（二）分级管理法

速成"五步法"只是内部培训师培养的开端。在内部培训师培养体系中，重点和难点是后续工作，即如何对师资进行管理。

在对师资的管理方面，可以采用"分级管理法"。分级管理是将内部培训师由高到低分为四个层级，分别是资深培训师、一级培训师、二级培训师和三级培训师，每个级别规定了相应的胜任标准（见表6-4）。每一个内部培训师都要从最初级开始，即三级培训师，只有达到相应的晋升条件，才能往上升级，成为二级培训师，再到一级、资深培训师。一般情况下，不可越级评聘。针对每一层级的培训师，我们规定了不同标准的授课津贴以及不同规格的证书授权仪式。

表6-4　　　　　　　　　　　　　　　　各级内部培训师的胜任标准

级别 要求	资深培训师	一级培训师	二级培训师	三级培训师
工作年限、职务	具有副部级及以上中层管理人员工作经历	具有副处级及以上中层管理人员工作经历	具有室主任（班组长、工段长）及以上岗位工作经历	工作三年以上，熟悉本专业工作
课程开发	1.独立开发并讲授五门公司课程 2.每年开发并讲授两门公司课程 3.能够独立规划课程体系，指导部门设计培训体系	1.独立开发并讲授三门公司课程 2.每年开发并讲授两门公司课程 3.能够独立设计部门课程体系	1.独立开发并讲授两门公司课程 2.每年开发并讲授一门公司课程	在人力资源部协助下开发并独立讲授一门公司课程
授课时数	担任一级培训师累计授课80学时。担任资深培训师期间，年授课学时不低于20学时	担任二级培训师累计授课80学时。担任一级培训师期间，年授课学时不低于40学时	担任三级培训师累计授课40学时。担任二级培训师期间，年授课学时不低于40学时	年授课学时不低于20学时
考核分数	任职期间的培训综合考评不低于90分	任职期间的培训综合考评不低于85分	任职期间的培训综合考评不低于80分	任职期间的培训综合考评不低于75分
授课对象	能够面向公司总裁助理及以上人员授课	能够面向公司中层及以上人员授课	无	无

将内部培训师进行分级，可以让内部培训师有一个明确的职业发展方向，在一定程度上激励他们不断提升技能，向成为更高级别的培训师目标而努力。

（三）"四维度"评价考核机制

对内部培训师进行分级管理，需要有一套科学合理的评价考核机制来支撑。一方面，通过评价考核，使优秀的内部培训师得到相应的回报，而不合格的则被淘汰，从整体上保证了内部培训师队伍的素质。另一方面，由于内部培训师一般不具备较为丰富的培训经验，因此进行一定的考核和评估，能够提升他们的水平，帮助他们发现自身所存在的缺点和不足。

在评价考核的过程中，需注意以下几个问题：

一是要注重积累相关的评估资料。为了避免评估过于空泛和主观，平时要详细记录内部培训师的每一次授课情况，如授课内容、对象、人数、学时以及学员满意度等。

二是要明确评价的标准和尺度。评价的标准要合理而全面，不能局限在某一方面。既要对内部培训师的培训内容、方式等进行评估，又要通过学员受训后的收获进行评估，如学员的专业知识或者职业技能是否得到提高、工作态度是否有所改善等方面，从而得出真实的培训效果。

对培训师的总体考评，可以一年进行一次。针对以上所提出的评价考核中需注意的问题，我们采用"四维度"评价考核机制，它包含学员满意度、对工作绩效的贡献率、培训师的工作量以及培训部门的评价四个方面。其中，学员满意度是根据参训学员现场填写的"培训效果评估表"进行统计，并将最终的结果折算成百分制。对工作绩效的贡献率是指学员通过培训后，职业技能、工作态度或者课题直接指向的工作绩效提高的幅度。培训师的工作量直接用年度授课学时和承担的课程开发数量来衡量。培训管理部门的评价又分为培训师的授课态度和授课技能两方面。

通过统计上述四个方面的数据，可以绘制相应的四维坐标图（如图6-4所示）。其中，实线方框和虚线方框分别代表两名培训师的评价结果，实线区域大于虚线区域，表明实线代表者的综合评分更高。该四维坐标图形象直观，可以明显地看出每名培训师在哪方面较好，哪方面还需改进，从而便于我们做更深入的分析。

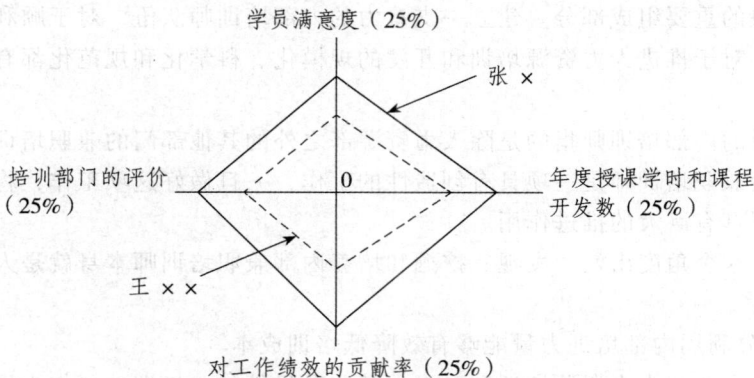

图6-4　"四维度"评价坐标

由于内部培训师都是兼职教师，需要利用业余时间来开发课程甚至讲授课程，所以应提供相应的激励措施来激发其工作热情。根据马斯洛的需要层次理论，可以从物质激励、精神激励以及职业生涯发展三个方面入手，从而充分调动内部培训师的积极性。

物质激励方面，主要是设立培训师津贴，支付课时费，对优秀的培训师发放奖金、礼品等；精神激励方面，企业可以对内部培训师给予一定的宣传、颁发相应的资格证书或聘书，教师节邀请公司领导给培训师发贺信或鲜花；职业生涯发展方面，企业应当为内部培训师优先提供各类国内外的培训机会，设置内部培训师职业通道，在选拔人才或晋升人员的过程中，应当优先考虑表现突出的内部培训师。

运用以上所述的内部培训师培养体系，经过三年的精心打造，长安汽车建立了一支专业化的培训师队伍。如今，这些优秀的培训师在公司各类培训中发挥着重要的作用，如新员工入职培训、新任中层干部培训、后备中层干部培训等。内部培训师已逐步取代外部培训师，在节省可观的培训经费的同时，更好地传承了公司的文化和公司内部有价值的方法、经验、技术等，为公司培训体系的构建与实施做出了阶段性贡献。

▶▶ 相关知识

如今，许多企业往往倾向于实行培训外包，而有意无意地忽视了内部培训资源力量的发挥。当确定了培训需求或完成培训计划后，就开始着眼于搜寻、筛选和考察培训机构，很少甚至没有意识到本企业内部存在着丰富的培训资源，从而也就没有去着力建立一支规范化的内部培训师队伍并充分利用。

一、建立内部培训师队伍的必要性

不是所有的企业都适宜建立一支培训师队伍，如果是一些小型企业，尤其是通用性较高的企业，可以不建立或是少量培养企业内部培训师。内部培训师队伍适宜在企业规模大、分支机构多、标准化要求高、行业特征明显的企业内部建立。

内部培训师是企业人力资源培训的重要资源之一，建立内部培训师队伍对于企业人力资源的培训与开发具有十分重要的意义和作用。

（一）建立内部培训师队伍是人力资源培训与开发体系的重要组成部分

在一套完善的企业内部人力资源培训和开发体系中，从其构架来讲，内部培训师队伍是不可或缺的重要组成部分。建立一支有力的内部培训师队伍，对于顺利、有效地实施培训计划，对于推进人力资源培训和开发的规模化、科学化和规范化都有举足轻重的作用。

这里所说的内部培训师指的是除人力资源部之外的其他部门的兼职培训师。从企业内部选拔聘用兼职培训师是一项具有创造性的工作，一旦做好这项工作，将对人力资源的开发和培训具有巨大的推进作用。

因此，从这个角度出发，发现、挖掘和培养内部兼职培训师本身就是人力资源开发和培训的行为。

（二）充分利用内部培训力量能够有效降低培训成本

现今许多企业把人力资源培训和开发的某些项目外包。培训外包作为培训和开发的有效途径之一是无可厚非的，但是，培训项目外包和充分利用内部培训资源二者相比，哪一个效益更高呢？

评价一个培训项目效益的好坏，其标准是培训效果与培训投入的比例。用公式表示如下：

培训效益=培训效果/培训投入

从这个公式可以看出，培训效益与培训效果成正比关系，与培训投入成反比关系。仅就后面这一关系来说，如果其他条件不变，培训投入越大，则培训的效益越小。

如今的顾问公司或者咨询公司一般都有专门给企业进行培训的业务。这种业务主要有两类：一类是自主组织的公开培训项目，收费以人数计，价格在每人近千元至几千元不等；另一类是派培训师到企业内部进行培训，即内训，收费以小时计，价格在每小时几百元至几千元不等。不管是哪类培训方式，收费都是相当高的。如果充分利用企业内部的培训资源，所需要的费用就远远低于这个数目；如果仅仅以直接成本核算，那么培训所需要的费用则更低。

因此，按照上述的公式，在培训效果相同的条件下，充分利用企业内部资源的效益比企业培训外包的效益更好，而利用企业内部培训资源一个很重要的途径就是建立内部培训师队伍并发挥其作用。

（三）利用内部培训力量能够有效增强培训的效果

企业实行培训项目外包，适合专业化运作的发展趋势，有利于管理，同时在一定程度上减轻了企业的负担。但是，培训的根本要求是其效果，也就是培训能不能改善员工的态度和行为，并最终提高其工作绩效。

决定培训效果的因素主要有三个：培训师、培训内容和培训方式。在这三个因素中，最主要的是培训师因素。这是因为：培训师是培训活动的主导者，直接决定着培训的现场效果，而且他还决定着培训内容和培训方式。

培训效果对这三个因素的要求分别是：

1.培训师具备熟练的培训技能和精湛的业务知识、技能；

2.培训内容具有量体裁衣的针对性和适用性；

3.培训方式具有强烈的操练性、互动性和感染力。

其中，第一个因素有两个方面。培训技能是培训的基本功，比如课堂组织和控制技巧、表达技巧、使用培训工具的技巧等。这种培训技能和培训风格对培训方式有直接的影响，而业务知识和技能是与培训内容紧密相关的。这种业务知识和技能必须是具体的、实务的，这样才能够以"专家"的身份把培训内容传授给学员并对他们进行训练。

若比较企业培训外包的培训师和内部培训师，前者的培训技能要略高一筹，但是在业务知识和技能，包括培训的内容方面，其针对性、适用性则一般不如后者。虽然有的培训项目外包的培训师在类似或相同的企业、岗位有过工作经历，但是不同企业在管理体制、企业文化等方面大相径庭。另外，培训项目外包的培训师在培训内容、培训方式上大都千篇一律，即使有的顾问公司或咨询公司做了培训前的调查工作，其培训的内容也基本上还是一种笼统抽象的说教，即使其培训内容有实用性的内容，也大都是隔靴搔痒，从而导致他们的培训效果和培训效益大都不让人满意。这正是内部培训师能够很容易克服的方面，并且能做得很好。因此，内部培训师所做的培训内容大都具有十分显著的个性，是真正针对管理体制、企业文化和培训需要而量身定做的，是典型的个性化培训。

内部培训师的培训技能和培训方式，虽然多不及外包项目的培训师那样专业化，但这些服务于培训内容的外在形式通过较短时间的培训和锻炼可有显著的改进。

可见，建立内部培训师队伍并充分发挥其作用，其培训效果明显好于项目外包的培训效果，这对于企业整体的人力资源培训与开发是十分必要的。

二、建立内部培训师队伍的过程

（一）进行工作动员

进行工作动员是建立内部培训师队伍的首要环节。因为这些培训师都是兼职的，本职工作是主要的，而培训工作是兼任的。做好这项工作，必须要在动员的基础上，争取其所在部门的支持，征得本人的同意。

1.公布兼职培训师的资格条件。一般地，这些资格条件要说明目前所从事的业务知识和技能、EQ（包括沟通能力、合作精神、奉献精神等）、培训技能等方面的标准。

2.要在企业高层管理者的支持下进行，可由高层管理者象征性地出席动员会或亲自举行动员会。这会使得选聘兼职培训师的工作更具有权威性，从而自上而下地获得各个方面的支持。

3.各个部门在本部门管理者的主持下自上而下地进行动员。

◆◆◆◆➡ **案例6-4**

关于招聘总公司内部培训师的通知

总公司广大骨干员工：

为全面提升总公司人力资源整体素质，确保一流管理团队建设，争创"六个一流"，使后勤服务更上一层楼，总公司人力资源部以完善培训体系为出发点，积极发挥职工业余学校的载体作用，计划组建一支总公司内部培训师队伍，从而担负起建设未来培训体系的重要使命。

一、招聘对象

总公司所有骨干人员。

二、招聘要求

凡在管理、业务、服务、专业技能等方面具有较为丰富的经验或特长，工作业绩突出，同时有较强的语言表达能力和感染力的人员；在总公司工作半年以上，具备良好的职业道德与团队精神等，可参加内部培训师选拔。

三、招聘时间

1.招聘活动自本通知下发之日起，截止时间为2×22年3月11日。

2.面试的试讲时间为15分钟，面试日期为2×22年3月18日。

四、面试课程

1.本次培训师选拔内容，重点以讲授总公司通识培训课程为主，分公司文化（总公司概况及文化）、职业礼仪、安全生产、心理健康四个基础课程，每人选择一项申报。

2.申报课程的讲授时间不低于1小时，课程材料内容完整，贴近实际，能起到传承公司文化、发扬精神、指导实践、提升素养的作用。

五、其他事项

1.内部培训师面试之前，将有一次培训师的培训指导课程，请各位报名的骨干员工做好各项准备，以提升上课质量。

2.内部培训师相关的奖励与考评等管理，依照总公司即将出台的内部培训师管理规定实施。

在此热切鼓励有志于培训事业、想通过培训工作锻炼自己的骨干员工积极参与！请将材料（见表6-5）报总公司人力资源部×××处，联系电话：×××××××。

人力资源部

2×22年3月5日

附：

表6-5　　　　　　　　　　**×××总公司内部培训师推荐（自荐）表**

填表时间：　　　年　　月　　日

姓　　名		性　　别		学　　历		照片
专　　业		职　　称		技术等级		
所在部门		岗　　位		入职时间		
联系电话		申报课程		申报等级		
个人简评						
培训提纲						
部门经理意见				负责人签字： 　　　　　年　　月　　日		
人力资源部意见				负责人签字： 　　　　　年　　月　　日		
总公司意见				负责人签字： 　　　　　年　　月　　日		
备　　注						

（二）筛选候选人

各个部门上报有资格的培训师候选人名单，培训部门对候选人进行筛选。

在前期动员工作完成后，人力资源培训部门就要着手实施选拔工作。

首先，整理上报的名单。对于那些更符合资格条件的人员，尤其是在职的管理人员、业务精湛及EQ高的员工，应纳入候选人的行列并予以重视。

其次，对候选人进行考试筛选。考试筛选可采用试讲、面谈的方式进行，考察其作为培训师的潜力，比如组织能力、表达能力、逻辑思维能力等，兼顾考察其他的素质和能力。

最后，初步确定培训师队伍组成人员。按照资格条件进行考察后，就可以按照一个部门或一类部门1～2个名额的原则进行人员的确定，并上报至高层管理者予以确认和认可。

（三）对候选培训师进行培训技能的培训

培训部门负责对候选培训师进行培训技能方面的培训，一般会邀请培训专家进行为期3天的封闭式训练，这是建立内部培训师队伍最重要的环节，主要针对心理压力、授课技巧、礼仪体态、课堂气氛掌控等环节，通过实践演练、学员互动评估、录像反馈等方式，使学员充分认识到自身存在的问题，从而进行比较全面的纠正、指导和训练。具体说来，第一天主要讲述企业培训的基本理念与方法，包括成人学习原理、学习类型分析、培训师角色定位、教案编写、培训效果的评估方法、讲台礼仪等；第二天主要帮助学员掌握有效的培训技巧，如发问答疑技巧、培训游戏的设计、肢体语言的运用、讲台威信的建立等。第三天是学员轮流上台演练，展示讲台风采；大家结合前两天所学知识和技巧，指出展示者的优点和需改进之处，培训专家再逐个进行归纳和总结，提出改善建议。

（四）安排课后演练

培训结束后，人力资源部让学员填写"课后行动计划"，每周组织一次"准讲师沙龙"。针对存在的共性问题，如心理紧张、语言拖沓、普通话不标准、表达不顺畅、肢体语言不妥当等，有针对性地进行专项训练和课程演练，完善有效表达的技巧，提升授课水平。每次沙龙，都要求准讲师们认真准备，并轮流做15分钟的课程发表。发表结束后，相互之间就课程结构、内容、培训方法的运用及具体表现等方面进行研讨，分析不足，寻找差距，积极思考解决办法，相互启发、激励，共同提高。

（五）为准讲师提供实战演练的机会

每次的新进员工培训应有意识地安排准讲师上台讲课。课后进行培训效果评估，听取新员工意见，并及时反馈，帮助准讲师们尽快提高培训技能。

（六）对培训合格的人员进行培训师的资格认定

培训结束一段时间后，再次邀请培训专家来公司对候选讲师进行指导、评审和检验。大家轮流上台进行15分钟的课程发表，培训专家对其授课水平进行考核打分。培训测试后，要对这些准讲师进行正式的资格确认。进行资格确认可由企业的高层管理机构或管理者出面，以开会颁发证书的方式进行公开确认和表扬，宣布培训师队伍的最终建立。

最后，人力资源部将其培训师资格归档并录入个人人事资料，成为绩效考核、晋升、薪酬评定等方面的依据。

上述过程，不仅使选聘兼职培训师的工作做得扎实，而且使培训理念、公司发展等公司文化风靡整个企业，十分有利于企业的健康快速发展，从而取得一箭双雕的效果。

三、建立内部培训师队伍的管理体制

因为内部培训师基本上都是兼职的，所以对他们的管理需要采用比较独特的方法。

（一）授予资格，并给予相应的鼓励

培训师的身份确认是以资格授予为标志的。因为他们有自己的本职工作，参与人力资源培训和开发的主讲或主持是他们的分外工作。因此，如何激发他们对分外工作的积极性和主动性，就是一个必须解决的问题。

要激发他们对于培训工作的积极性和主动性，除了进行颁发聘书或荣誉证书以授予资格外，重点还有物质上的激励，以认可、鼓励其所做的培训工作，比如提高薪酬、增加福利等。具体操作既可以按照本企业内部的薪酬设计标准进行，也可以按照项目培训的市场运作标准进行。当然，提供充足的职位晋升空间也是很重要的，无数实践和理论证明，此举的激励作用非同小可。

（二）双重管理

如何正确处理好培训师的本职工作与兼职工作之间的关系呢？这就需要从管理体制上着手进行。

遵照"分开管理、双重管理"的原则，对这些培训师的管理可从以下两个方面进行：

1.对于本职工作，由其所在的部门进行管理，人力资源培训部门"不必、不需、不要"予以干涉，而且要负责与其所在部门及其管理者沟通妥当，保证其本职工作能顺利圆满地完成。

2.对其所兼任的培训工作，人力资源培训部门要及时、经常地给予适当的指导和监督。人力资源培训部门和培训师之间是合作伙伴的关系，是业务指导与被指导的关系，而不是领导与被领导的关系。

（三）保持培训师开发、实施培训的相对独立性，但需及时协作、指导和监督

按照上述的管理原则，在具体的培训和开发人力资源的过程中，围绕培训的规划和目标，人力资源培训部门和兼职的培训师要共同处理好以下几个方面问题：

1.在课程开发、教材编写、培训活动的策划上，要尽量保证培训师基于本部门实际情况的相对独立的操作。人力资源培训部门支持和鼓励培训师根据实际情况所进行的培训开发，在必要时给予协作或帮助。

2.人力资源培训部门要把各个部门的培训师的培训开发课程纳入整个培训计划中，予以统筹安排。对于需要加以推广的课程，可以扩大受训对象范围。

3.在具体的培训实施过程中，人力资源培训部门要协助培训师，以便指导和监督培训的过程和质量。比如，在培训实施过程中，随时指导其培训的技巧和方式，把培训内容更好地传达给学员。

4.对于培训的跟踪评估，由人力资源培训部门承担。无论是对于培训现场的评估还是对于培训后的跟踪评估，人力资源培训部门都要亲自操作。这一方面是基于对培训的全局控制和监督的考虑，另一方面是由于培训师本身的专业化程度不高、本职工作的压力、工作时间受限等方面与评估工作的复杂浩繁之间的矛盾。

◆◆◆◆➤ 案例6-5

××公司内部讲师培训团队管理办法

为保证有效开展全员培训，提高全员综合素质，增强企业竞争力，保证企业健康持续发展，经公司研究讨论，决定建立内部讲师团队。现就内部讲师团队的管理制定以下办法：

1.适用范围

适用于公司全体员工。

2.内部讲师选拔

2.1选拔原则：公开、公平、公正；

2.2候选人推荐标准：候选人须在公司管理、业务管理、专业知识、技能等方面具备较为丰富的经验，同时有较强的语言表达能力和感染力。

3.选拔流程

3.1员工可以个人自荐或由部门主管推荐，申请人填写《内部讲师自荐/推荐表》，由部门主管汇总后上报至人力资源部；

3.2人力资源部收到《内部讲师自荐/推荐表》后，根据各部门的人员数量、申报人水平、公司的培训需求等情况与申请人所在部门协商，初步确定内部讲师名单；

3.3人力资源部将初步确定的内部讲师名单报总经理审核，以确定最终名单。

4.内部培训讲师管理办法及激励

4.1管理职责：人力资源部为内部培训讲师的归口管理部门，负责安排及公布讲师课程计划及日常管理。各部门主管协助人力资源部管理内部培训讲师，积极开展内部授课。各部门员工应积极协助与支持内部讲师的授课管理工作。

4.2内部讲师工作职责。

4.2.1参与课程的前期培训需求调研，明确各部门员工的培训需求，向人力资源部提供准确的培训需求资料；

4.2.2开发设计有关课程，如培训标准教材、辅助材料、案例及游戏、授课PPT演示文档、试卷及标准答案等，并定期改进以上资料；

4.2.3制订、落实培训计划，讲授培训课程；

4.2.4负责培训后的阅卷工作、后期培训跟进工作，以达到预期的培训效果；

4.2.5对其他讲师的授课技巧、方法、案例、课程内容等提出改进建议；

4.2.6协助人力资源部完善内部培训体系；

4.2.7积极学习，努力提高自身文化素质和综合能力。

5.课程考核

5.1所有被列入正式内部讲师名单的讲师必须在3个月内完成一门正式培训课程授课任务（包括课题确定、教材开发、教案准备、正式授课等），并由学员对其进行授课效果的评估，填写《内部讲师授课现场效果评估表》；

5.2内部讲师应严格遵守内部讲师工作职责，严格按培训规范操作流程开展授课，此项作为考核讲师的标准之一。

6.内部讲师的奖励

6.1授课津贴：技能培训300元/课；

6.2季度奖励：每季度由人力资源部根据考核标准对内部讲师进行考核，表现最为突出者，公司给予季度奖；

6.3政策支持：同等条件下，薪资调整、评优活动、升职等优先考虑内部讲师；

6.4发放时间：发放授课津贴的课程必须为人力资源部统一安排并经人力资源部考核合格的课程，以现金形式发放，发放时间为课程后期跟踪、总结完成后1个月内。由人力资源部负责统一申报至公司，由总经理审批后支付。

6.5 以下情况不属于发放授课津贴的范畴。

6.5.1 各类公司、部门会议、活动；

6.5.2 管理层、部门经理等对下辖部门及本部门人员开展的例行分享、交流、培训；

6.5.3 试讲、其他非正式授课；

6.5.4 本职工作职责要求的授课。

对于无法界定是否发放讲师授课津贴的课程，统一由人力资源部最后界定。

7. 其他

因授课需要，以下项目需提前经人力资源部审批后方可购买：

7.1 道具、小礼品等，未使用完的物品由公司人力资源部保管，下次备用；

7.2 课程需要的书籍和已经收取讲义及教案编撰费的课程材料，所有权归公司。

8. 执行日期

本办法经批准后生效实施。

特此通知！

人力资源部

××××年××月××日

思政专栏 ▶▶▶▶

《国务院关于加强职业培训促进就业的意见》要求：加强职业培训师资队伍建设，依托有条件的大中型企业和职业院校，开展师资培训，加快培养既能讲授专业知识又能传授操作技能的教师队伍，实行专兼职教师制度。

点评：筛选和建设一支高素质、专业化的培训师队伍，并有效管理和激励培训师，有利于提高技能型人才培养质量、完善现代职业培训体系、推动职业培训科学发展。

◇◇◇◇ 课外训练任务

培训管理表格设计

请根据上述培训管理制度的描述，设计内部培训反馈意见表、外部培训实施记录、人员培训审批表。

▰▰▰▶ 知识掌握 ▰▰▰▰

一、选择题

1. 管理培训体系的设计要有利于（　　　）。

A.企业总体目标的实现　　　　　　　　B.企业竞争能力的提高

C.企业获利能力的提高　　　　　　　　D.企业获利水平的提高

E.企业经营管理人员整体素质的提高

2. 制定和修订培训制度时，要从（　　　）的角度出发，为企业人才培养建立一个完善有效且严格的指导性框架，使培训与开发活动走向制度化和规模化。

A.社会　　　　　　B.企业　　　　　　C.目标　　　　　　D.战略

3. 企业允许、鼓励员工外出培训应当做好的工作包括（　　　）。

A.员工自己提出申请

B.签订员工培训合同

C.工作日外出学习的要提供学习考勤单

D.工作日外出学习的要提供学习成绩单

E.提倡外出全脱产学习以尽快完成培训

4.培训激励制度的主要内容包括（　　　）。

A.公平竞争的晋升规定　　　　　　　B.奖惩执行的方式方法

C.完善的岗位任职的资格要求　　　　D.以能力和业绩为导向的分配原则

E.公平、公正、客观的业绩考核标准

5.企业培训制度除了入职培训制度外，还包括（　　）。

A.培训服务制度　　　　　　　　　　B.培训激励制度

C.培训考核评估制度　　　　　　　　D.培训反馈制度

E.培训风险管理制度

6.内部培训师的培养方式包括（　　　）。

A.专门培训　　　　　　　　　　　　B.模拟授课

C.外部培训师助手制度　　　　　　　D.共同研讨

E.内部培训师俱乐部

7.为了保证培训取得预期的效果，必须对培训进行全程（　　　）。

A.监控和反馈　　　B.监控和评估　　　C.监控与规划　　　D.监控与协调

8.企业培训（　　）的根本作用在于为培训活动提供一种制度性框架和依据，使培训沿着法治化、规范化轨道运行。

A.制度　　　　　　B.模式　　　　　　C.方案　　　　　　D.目标

二、简答题

企业组建内部培训师队伍有何意义？

（扫描二维码，查看模块6参考提示）

主要参考文献

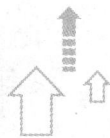

［1］张正堂，宋锟泰，王巧莲．人力资源共享服务（职业基础、初级）［M］．北京：高等教育出版社，2022.

［2］郗亚坤．员工培训与开发［M］．5版．大连：东北财经大学出版社，2022.

［3］董克用．人力资源管理概论［M］．4版．北京：中国人民大学出版社，2015.

［4］顾全根，刘轩．人力资源评价实务［M］．北京：高等教育出版社，2015.

［5］萧鸣政．人力资源开发的理论与方法［M］．3版．北京：高等教育出版社，2016.

［6］李文静，王晓莉．绩效管理［M］．3版．大连：东北财经大学出版社，2015.

［7］刘昕．人力资源管理［M］．2版．北京：中国人民大学出版社，2015.

［8］陈维政，余凯成，程文文．人力资源管理［M］．4版．北京：高等教育出版社，2016.

［9］付亚和，许玉林．绩效管理［M］．3版．上海：复旦大学出版社，2014.

［10］彭剑锋．战略人力资源管理：理论、实践与前沿［M］．北京：中国人民大学出版社，2014.

［11］秦志华．人力资源管理［M］．4版．北京：中国人民大学出版社，2019.

［12］姚裕群，杨俊青．人力资源管理［M］．5版．北京：中国人民大学出版社，2014.

［13］姚月娟．工作分析与应用［M］．3版．大连：东北财经大学出版社，2014.

［14］赵曙明．薪酬管理——理论、方法、工具、实务［M］．北京：人民邮电出版社，2014.

［15］中国就业培训技术指导中心．企业人力资源管理师（三级）［M］．3版．北京：中国劳动社会保障出版社，2020.

［16］姚月娟．人力资源管理［M］．4版．大连：东北财经大学出版社，2017.

［17］刘葵．招聘与录用实务［M］．2版．大连：东北财经大学出版社，2016.

附录一　增值阅读

模块3　任务2

成人学习风格测试问卷

测试结果可能为11a、9a、7a、5a、3a、a或者11b、9b、7b、5b、3b、b，以此类推。其中字母代表学习风格，a代表活跃型，b代表沉思型，c代表感悟型，d代表直觉型，e代表视觉型，f代表言语型，g代表序列型，h代表综合型。数字代表程度的差异，字母前的系数越大，表明程度越强烈。例如：得到"9a"，表明测试者属于活跃型的学习风格，且程度很强烈；如果得到"5b"，则表明测试者属于沉思型的学习风格，且程度一般；如果得到"1e"，表明测试者属于视觉型的学习风格，且程度非常弱；如果得到"3f"，则表明测试者属于言语型的学习风格，且程度较弱。

1.活跃型与沉思型

活跃型学习者倾向于通过积极地做一些事——讨论、应用或解释给别人听来掌握信息。沉思型学习者更喜欢首先安静地思考问题。

活跃型学习者比倾向于独立工作的沉思型学习者更喜欢集体工作。每个人都是有时候是活跃型的，有时候是沉思型的，只是有时候某种倾向的程度不同，可能很强烈或一般，抑或很轻微。

2.感悟型与直觉型

感悟型学习者喜欢学习事实，而直觉型学习者倾向于发现某种可能性和事物间的关系。

感悟型学习者不喜欢复杂情况和突发情况，而直觉型学习者喜欢革新，不喜欢重复。感悟型学习者比直觉型学习者更痛恨测试一些在课堂里没有明确讲解过的内容。

感悟型学习者对细节很有耐心，很擅长记忆事实和做一些现成的工作。直觉型学习者更擅长于掌握新概念，比感悟型学习者更能理解抽象的数学公式。感悟型学习者比直觉型学习者更实际和仔细，而直觉型学习者又比感悟型学习者工作做得更快、更具有创新性。

感悟型学习者不喜欢学习与现实生活没有明显联系的课程；直觉型学习者不喜欢那些包括许多需要记忆和进行常规计算的课程。

每个人都是有时是感悟型的，有时是直觉型的，只是有时候其中某一种的倾向程度不同。要成为一个有效的学习者和问题解决者，你要学会适应两种方式。如果你过于强调直觉作用，你会错过一些重要细节或是在计算和现成工作中犯粗心的毛病。如果你过于强调感悟作用，你会过于依赖记忆和熟悉的方法，而不能充分地集中精神理解和创新。

3.视觉型与言语型

视觉型学习者擅长记住他们所看到的东西，如图片、图表、流程图、图像、影片和演示中的内容，言语型学习者更擅长从文字的和口头的解释中获取信息。当通过视觉和听觉同时呈现信息时，每个人都能获得更多的信息。

在大学课堂上很少呈现视觉信息，学生都是通过听讲和阅读写在黑板上及课本里的材料来学习，但是大部分学生都是视觉型学习者，也就是说学生通过这种方式获得的信息量不如通过呈现视觉材料的方法获得的信息量大。

4.序列型与综合型

序列型学习者习惯按线性步骤理解问题，每一步都合乎逻辑地紧跟前一步。综合型学习者习惯大步学习，吸收没有任何联系的、随意的材料。

序列型学习者倾向于按部就班地寻找答案。综合型学习者或许能更快地解决复杂问题，或者一旦他们抓住了主要部分，就用新奇的方式将它们组合起来，但他们却很难解释清楚他们是如何工作的。

序列型学习者可能没有完全了解材料，但他们能据此做些事情，因为他们掌握的材料是逻辑相连的。另一方面，那些缺乏顺序思考能力的极端综合型学习者即使对材料有了大概的了解，但他们可能对一些细节还是很模糊，而序列型学习者对主题的特殊方面有很多的了解，但联系到同一主题的其他方面或不同的主题时，他们就表现得很困难。

模块6　任务1

表A-1　　　　　　　　　　　　　　　　内部培训反馈意见表

课程：

培训负责人、讲师：	时间：						
满意度调查7点量表	极低1	低2	稍低3	普通4	尚佳5	佳6	极佳7
1.关于课程内容							
A.对学习到的新知识、观念、技巧等内容的满意程度							

B.实用性、可操作性的程度							
C.对今后工作的启发程度							
D.对掌握更好地解决问题的方法的助益程度							
E.达到课程目标或个人需求目标的接近程度							
2.关于讲师							
A.与课程主题相关之专业能力							
B.课程的准备工作（PPT的质量）							
C.讲课条理性							
D.口语表达能力（如清晰、准确等）							
E.激发学员的参与和学习意愿能力							
F.对时间的掌握控制程度							
G.必要的回顾与总结							
H.鼓励提问并耐心解答							
3.学员的感受							
A.综合感觉							
B.收获							

详述（知识、观念、技能、技巧）：

C.启发或心得体会：

D.建议（如希望参加的培训类型、课程；推荐内部讲师、好的培训公司和课程；对培训组织形式及其他培训相关工作的建议等）：

填写人签名：	部门：	职位：	时间：

表A-2　　　　　　　　　　　**外部培训实施记录表**　　　　　　　编号：

课程名称：

类别：□专业技术类（ST）　　□营销类（MS）　　□一般管理类（CM）　　□人力资源类（HR）
　　　　□项目管理类（PM）　　□高层管理类（GM）

组织/主办单位：

讲师：

组织形式：□内部集训　　□外部公开课　　□进修课　　□研讨/座谈会

费用：　　　　　　　　　　　　　　合计：

时间：　　　　　　　　　　　　　　天数：

地点：

课程的主要内容：

对课程、讲师及培训机构的整体水平等的评价：

参加部门/人员：

部门	姓名	出勤情况	部门	姓名	出勤情况

总人数：

培训负责人：

记录人签字：　　　　　　　　　　　　记录日期：

表 A-3   **人员培训审批表**

受训人员：	所在部门：

培训时间：   至   ，共   天

培训地点：

培训内容：

部门经理意见：

营销总监意见：

总经理意见：

| 备注： | 培训费用： |
| | 人力资源部审核确认： |

表A-4　　　　　　　　　　　　　　**内部培训考勤表**

课程			地点	
培训负责人、讲师			时间	

签到栏

部门	学员姓名	签字	部门	学员姓名	签字

记录栏

出勤	拟定参训人数：	实际到场人数：	出勤率：
迟到	姓名及时间：		
早退	姓名及时间：		
缺席			
其他			
签字	培训负责人、讲师：	记录人：	

表A-5 **新员工部门岗位培训表**

（到职后第一周部门填写）

部门：

新员工姓名：

序号	培训内容	完成确认（负责人签名）
就职前培训	• 让本部门其他员工知道新员工的到来 • 准备好新员工的办公场所、办公用品 • 准备好给新员工培训的部门内训资料 • 为新员工指定工作导师	
1	经理代表全体部门员工欢迎新员工到来，介绍新员工认识本部门员工，参观××××	
2	介绍部门结构与功能、部门内的特殊规定	
3	新员工工作描述、职责要求，讨论新员工的第一项工作任务	
4	派老员工陪新员工到公司餐厅吃第一天的午餐	
5	一周内，部门经理与新员工进行非正式谈话，重申工作职责，谈论工作中出现的问题，回答新员工的问题。对新员工一周的表现做出评估。设定下次绩效考核的时间（30天后）	谈话记录：

部门经理签名：

日期：

表A-6 **新员工岗位培训反馈表**

（到职后新员工一周内填写）

部门：

新员工姓名：

1.你是否已了解部门的组织架构及部门功能？
是□ 否□

2.你是否已清晰了解自己的工作职责及岗位描述？
是□ 否□

3.你是否已熟悉公司大楼的情况？
是□ 否□

4.你是否已认识部门里所有的同事？
是□ 否□

5.你是否觉得部门岗位培训有效果？
是□ 否□

6.你今后在工作中遇到问题，是否知道如何寻求帮助？
是□ 否□

7.你是否已接受了足够的部门岗位培训，并保证可以很好地完成任务？
是□ 否□

8.在岗位培训中，可以改进的地方：

9.在今后的工作中，希望接受更多以下方面的培训：

表A-7　　　　　　　　　　**新员工试用期内表现评估表**

（到职后30天部门填写）

新员工姓名：

部门：

职位：

1.你对新员工一个月内的工作表现的总体评价：

优□　良□　一般□　差□

2.新员工对公司的适应程度：

很好□　好□　一般□　差□

3.新员工的工作能力：

优□　良□　一般□　差□

4.其他评价：

部门经理签名：

日期：

附录二　教师点评参考

模块1　任务1

（1）招聘广告对培训专员的职责描述与职务说明书对培训专员的职责描述不一定相同，招聘广告上的职责要求有可能反映了该公司对培训专员岗位职责的最新要求，提供了近阶段的工作重点，所以与该企业原有的职务说明书有一定的差别。

职务说明书中关于培训专员岗位职责的描述一般包含以下几个方面：

① 培训体系建设与制度管理；

② 培训需求分析；

③ 培训计划制订；

④ 培训项目组织与实施；

⑤ 培训经费核算与效果评估。

（2）不同企业的培训专员属于不同部门（或者不同的企业里培训专员所承担的岗位职责不一定相同）是由企业的规模和发展阶段决定的。

模块1　任务2

肯德基的员工培训系统主要介绍了培训主体中的培训机构和设计及策划培训课程体系，对如何确定培训需求、如何提供培训以及如何评估培训的效果并不清楚。学习情境中的案例把肯德基分门别类的课程体系当作整个培训系统，所理解的培训系统范围大大缩小了。

模块2　任务1

（1）从组织分析角度确定的培训需求：职业品质（人际关系上的相互协作和依赖）方面的培训。

（2）从任务分析角度确定的培训需求：新计算机系统使用、操作技术的培训。

（3）从个人分析角度确定的培训需求：几乎涉及商用零部件部门的所有雇员。

模块2　任务2

（1）培训需求的组织分析方面的信息可以采用高层管理者面谈的方式进行收集。由于高层管理者的人数不多，所需时间并不多；同时高层管理者对组织战略的理解比较深刻和全面，加上面谈法本身的优点，所获信息的质量很高。

（2）培训需求的个人分析和任务分析方面的信息主要通过对中层和基层管理者的问卷调查进行收集，可以参考培训需求调查表（见表B-1）。中层和基层管理者的问卷调查所获得的信息质量不如面谈法所获得的信息质量那么高，但效率很高。问卷调查对象没有将普通员工包含进来，这是因为普通员工人数太多，所需时间难以满足，如果强行要求在短时间内完成对普通员工的问卷调查，信息质量可能会很差，没有使用价值。

表B-1　　　　　　　　　　　　　　培训需求调查表　　　　　　　　　　部门：

岗位工作目标/绩效差距	应加强的能力	项目	需求课程名称	培训对象	培训形式	培训讲师或机构推荐	培训预算（元）
		1					
		2					
		3					
		4					
		5					
		6					

部门经理：

模块2　任务3

训练任务要求设计的调查问卷属于收集培训需求的个人分析的信息。

（1）格式是否规范：开始时调查的目的、答题方式是否解释清楚；结束时有没有致谢词；问题的陈述是否符合一般问卷设计的基本要求。

（2）问题的设计：从调查的目的出发设计问题。调查的目的，一是更好地为学生提供职业资格证书考试培训；二是引导学生将职业资格证书考试与专业学习结合。主要的问题应该包括，所选择的职业资格证书考试名称、选择该职业资格证书考试的原因、培训费用的承担能力、期望的培训时间安排、培训的组织形式及培训的方法等。

（3）步骤：设计好的问卷还需要进行测试和修改。

模块 2　任务 4

该训练任务没有标准答案，可以从任务的难度、重要性和执行频率三个角度综合分析，主观经验对培训需求的判断影响较大。

模块 3　任务 1

（1）态度培训的目标：让每一个使用新计算机系统的雇员形成"以顾客为中心"的意识。

（2）技术培训的目标：当系统投入运行时，员工们要掌握的技能。

（3）培训的组织成果目标：通过培训将系统运行可能引起的压力和混乱降到最低。

模块 3　任务 2

波音公司应该选择的培训方法与培训形式：

① 离岗培训。在安装新计算机系统之前，或新计算机系统安装过程中，对一些最关键的部门及人员进行集中的离岗培训，确保在引进新计算机系统的过程中不会失控，并为对其他员工进行在岗培训建立基础。

② 在岗培训。需要培训的人员较多，不易让大批员工接受离岗培训，因为货栈等工作不能停止；另一方面，培训主要是针对新计算机系统的引入进行的，采用在岗培训将更利于员工迅速掌握新系统，更快地将培训学到的新技能运用到实际工作中。

③ 自学。对那些受教育程度较高的人员提倡自学，可以节约成本和时间。

④ 由于培训内容涉及计算机知识与操作，甚至包括服务意识，培训中采用讲授法、模拟训练法和角色扮演法比较合适。

模块 3　任务 3

（1）培训效果评估中涉及教材，但课程设计中没有说明使用什么教材。

（2）课程评价的内容与课程目标的要求不相符。

（3）参训人员较多，没有说明教学组织形式。

模块 3　任务 4

互联网技术和傻瓜式软件的普及，使微课制作变得更加容易，利用微课，可以帮助企业降低培训的成本和改善培训的效果。

模块 3　任务 5

（1）课堂训练：违约责任约定得不够清楚；没有说明培训地点，场地费用由谁承担也没有约定。

（2）训练任务：因为一线业务经理马上要实战了，需要的主要是"技能"的借鉴与提高，那么，需要的是有多年行业经验并且市场场景基本类似，同时做过重要职位的总监级人物。而不应该选择以开拓思路、"授人以渔"的专家型讲师，这样的效果虽然长久，但不会有即时的效果。

模块 3　任务 6

表B-2　　　　　　　　　　　　　新业务经理培训预算　　　　　　　　　　　　单位：元

直接成本	交通费	800×2×10=16 000
	差旅补助	80×2×10=1 600
	住宿	150×5×4=3 000
	伙食费	［（30+20+10）×3+30+10］×10=2 200
	场地维护及水电费用	300
	资料费	200
间接成本	培训组织者及内训师工资及福利	（100×5+500×3）×1.3=2 600
	受训人员的工资及福利	120×10×5×1.3=7 800
总成本	—	33 700

模块 3　任务 7

（1）培训目的：新系统的成功运行。

（2）培训目标：使雇员掌握计算机系统的操作技术与形成"以顾客为中心"观念。

（3）培训对象：对整个部门700名员工实施全员培训。

（4）培训内容：①新计算机系统的操作技术；②"以顾客为中心"的观念。

（5）培训时间：在新系统运行之初，根据新计算机系统的安装进度进行培训。

（6）培训地点：选择公司内部较好。

（7）培训机构：由本公司培训部和外部咨询机构相互配合，共同完成培训任务。观念的培训由培训部完成，新计算机系统的操作技术培训由外部咨询机构完成。

（8）培训方法：综合运用讲授法、模拟训练法和角色扮演法等方法。

（9）培训方式：根据实际情况，进行分阶段的脱产和在岗培训，部分人自学。

模块 4　任务 1

（1）课堂训练：

培训通知应明确以下内容：

① 培训内容。

② 培训的作用：应该描述清晰，有吸引力。

③ 培训时间。

④ 培训地点。

⑤ 培训师介绍：帮助培训师树立威望。

⑥ 培训注意事项：说明是否自带纸笔等。

⑦ 培训的考核及奖励办法：只有考核办法是不够的，为了提高受训人员的积极性还应该设立奖励办法。

（2）训练任务：

① 落实场所与设施：在利用外借的培训场所时，必须对场地的大小、通风、噪音、

安全等做周全的检查。同时，对桌、椅、黑板、麦克风、笔记本电脑、投影仪等设施设备也要做好事前准备。

②备齐培训资料：包括购买教材、打印培训大纲、编排课程表、印学员名册和培训须知等；培训对象集中住宿时，要将宿舍内的配置、紧急出口位置的简图、钥匙的管理及进出门的时间等一并印在资料上。

③落实各种培训费用：包括培训师交通费、授课费、教材费等经费的落实工作。

④通知培训对象：通知学员上课时间、地点等须知事项，让培训对象对培训课程的意义、目的、内容等要点在事前有所了解，以便有充分的心理准备，可以避免培训对象的期望与培训目标不符，并使之能在培训前自觉地进行一些必要的调查研究；开课前两天，再次确认培训对象能否参加培训。

⑤联络培训师：把希望讲授的内容、培训要求，以及用何种方法授课明确地传达给培训师，并请培训师提供教学大纲。对培训师的教学大纲进行审核，主要看内容是否完整和重点是否突出，尤其要注意授课培训师之间的内容有无交叉，或者彼此之间有无遗漏的内容。接送培训师的时间及方法、食宿的安排、酬金的支付，以及培训师对教材、教室、教学器材、座位的安排等有何要求，这些都需要提前与培训师沟通好。

⑥起草员工培训协议：内审员的学习和考证费用较高，应减少受训者的流失。

模块4　任务2

（1）开发培训课程的技能

①课程开发的调查、资料收集及整理的技能；

②课程设计的技能。

（2）应用教育技术的技能

①使用计算机制作课件的技能；

②教学辅助设备的使用技能。

（3）实施教学活动的技能

①独立完成课前准备工作的技能，比如准备音乐、准备适合的服装、培训开始前适应培训场地和设备；

②把控课堂的技能；

③编写教案的技能；

④科学地选择培训方法以及优化教学过程的技能。

模块4　任务3

选择适合的"破冰游戏"主要应考虑以下几个方面：

（1）可操作性：道具能够找到，场地满足要求。

（2）趣味性：游戏结束后，学员的情绪越高越好。

（3）适宜性：符合参训者的身份特点。

（4）参与面：越多的人参与越好。

模块4　任务4

（1）参与性方面的优缺点

①学员参与性强。学员与教员之间的互动交流充分，可以提高学员培训的积极性。

学员知道怎样扮演指定的角色，是明确的有目的的活动。在扮演培训过程中，学员会抱有浓厚的兴趣，并带有娱乐性功能。

② 有时学员由于自身的原因不乐意接受角色扮演的培训形式，而又没有明确地拒绝，其结果是在培训中不能够充分地表现出他们自己。另一种情况是学员的参与意识不强，角色表现漫不经心。

（2）运用与控制方面的优缺点

① 角色扮演具有高度的灵活性。从培训的角度看，实施者可以根据培训需要改变学员的角色，与此同时，培训内容也可以做出适于角色的调整。在培训时间上没有任何特定的限制，视要求而决定长短。

② 如果没有精湛的设计能力，在设计上可能会出现简单化、表面化和虚假人工化等现象。这无疑会造成对培训效果的直接影响，使学员得不到真正的角色锻炼以及能力提高的机会。

（3）培训效果方面的优缺点

① 通过模拟后的指导，可以及时认识自身存在的问题并加以改正。

② 角色扮演是在模拟状态下进行的，因此学员在做出决策行为时可以尽可能地按照自己的意愿去完成，不必考虑在实际工作中决策失误会带来工作绩效下降或失败等问题，也没必要在意他人对你的看法，这有利于增强培训效果。

③ 角色扮演过程中，需要角色之间的配合、交流与沟通，因此可以增进学员之间的感情交流，培养人们的沟通、自我表达、相互认知等社会交往能力。

④ 角色扮演培训为学员提供了广泛地获取多种工作生活经验、锻炼能力的机会。因为在培训过程中，通过角色扮演，学员可以相互学习对方的优点，可以模拟现实工作，从而获得实际工作经验，发现本身能力的不足之处，使各方面能力得到提高。

⑤ 扮演中的问题分析限于个人，不具有普遍性。

⑥ 实际工作环境复杂多变，而模拟环境却是静态的、不变的。

⑦ 由于角色扮演时，大多数情况有第三者存在，这些人或是同时接受培训的学员，或是评价者，或是参观者，自然交互的影响会产生于这些人之间，这里的影响是很微妙的，但绝不能忽视。

模块4 任务5

场景1培训师引导：拿破仑说过："困难只是在检验一个人的伟大程度！"试想一下，在目前竞争日益激烈的市场上，企业的销售目标、财务目标、管理目标，哪一个不是很有难度呢？

场景2培训师引导：企业提倡创新，但创新并不等于破坏市场规则，如果企业想靠破坏规则来赢得竞争，迟早要自食恶果。安然、世通和安达信的结局就是最好的证明。

场景3培训师引导：团队开始出现领导，勇于承担责任，有强领导力的团队才能有高的工作效率。企业中有的部门或者班组由于领导者能力和素质较低，导致整个团队的运作效率低下。

场景4培训师引导：团队的运作方法同样重要，当市场打不开、成本居高不下、回款不利时，作为企业的管理者，您是否认真思考解决的办法是否正确？

场景5培训师引导：当企业出了问题，当销售状况不好、人员流动大、考核流于形式时，你是否认为都是别人的错？你自己有错吗？

场景6培训师引导：当企业遇到困难，谣言四起，人心惶惶时，企业领导是否能及时站出来澄清真相，坚定信心？

场景7培训师引导：企业的很多问题之所以越解决越麻烦，主要原因就在于没有把焦点集中在寻求解决方法上，而是为了推卸责任或者争取利益争论不休，请问您的企业是怎么做的？

场景8培训师引导：鼓励远比批评更能使员工更加努力改善自己的工作，鼓励使团队成员彼此开始信任，团队精神更加和谐。

场景9培训师引导：您的团队是否设立目标，将这些目标细分成阶段目标，并层层分解到个人，让个人目标成为团队目标的一部分，让每个团队成员都感觉在为一个团队工作，发挥每个人的最大效用。

场景10培训师引导：团队智商的高低取决于团队成员的和谐程度，和谐的团队为实现目标会尝试不同的办法，大家不再是互相抱怨，而是互相支持。

模块4　任务6

（1）培训内容类型分析：培训内容属于知识技能类，应选择相应的培训转化方法。

（2）培训前措施：选择合适的培训时间。

（3）培训后措施：

① 要求参训者的上司和参训者制定培训后的行动计划表。

② 要求参训者做部门内训，向其他同事汇报在培训中学到的知识。

③ 跟踪培训成果的转化过程，如有障碍，及时采取干预措施。

模块5　任务1

（1）培训过程中对学员进行问卷调查，了解学员对教师、教材、培训内容、后勤服务等是否满意以及有何建议。

（2）培训结束时运用角色扮演检验学员对培训内容的掌握程度。

（3）三个月之后对学员的上司和同事进行问卷调查加访谈，了解学员的行为变化。

（4）三个月之后收集学员培训前后的销售业绩数据和对照组的同期数据。

模块5　任务2

（1）培训前单位时间人均月销售额增长趋势分析：20 200-20 000=200（元）

20 400-20 200=200（元）

人均销售额增长趋势是每两个月增长200元。

推测不实施培训的情况下8月份的人均销售额：20 400+200=20 600（元）

（2）培训后人均月销售额增长幅度：20 900-20 600=300（元）

（3）投资回报率=（300×20%×12×50-10 000）÷10 000×100%=260%

模块5　任务3

（1）没有导言部分，培训项目概况和评估目的不明确。

（2）没有解释评估方案的设计方法，评估结论难以让人相信。

模块 6　任务 1

入职培训制度的内容：

（1）培训的目的；

（2）需要参加的人员界定；

（3）特殊情况不能参加入职培训的解决措施；

（4）入职培训的主要责任区分（部门经理还是培训组织者）；

（5）入职培训的基本要求标准（内容、时间、考核等）；

（6）入职培训的方法。

培训考核评估制度的内容：

（1）被考核评估的对象；

（2）考核评估的执行组织（培训管理者或部门经理）；

（3）考核的标准区分；

（4）考核的主要方式；

（5）考核的评分标准；

（6）考核结果的签署确认；

（7）考核结果的备案；

（8）考核结果的证明（发放证书等）；

（9）考核结果的使用。

培训奖惩制度的内容：

（1）制度制定的目的；

（2）制度的执行组织和程序；

（3）奖惩对象说明；

（4）奖惩标准；

（5）奖惩的执行方式和方法。

培训风险管理制度的内容：

（1）培训服务制度条款

① 员工正式参加培训前，根据个人和组织需要向培训管理部门或部门经理提出申请；

② 在培训申请被批准后需要履行的培训服务协议签订手续；

③ 培训服务协议签订后方可参加培训。

（2）培训协议条款

① 参加培训的申请人；

② 参加培训的项目和目的；

③ 参加培训的时间、地点、费用和形式等；

④ 参加培训后要达到的技术或能力水平；

⑤ 参加培训后要在企业服务的时间和岗位；

⑥ 参加培训后如果出现违约的赔偿；

⑦ 部门经理人员的意见；

⑧ 参加人员与培训批准人的有效法律签署。

模块6　任务2

（1）进行工作动员；

（2）筛选候选人；

（3）对候选培训师进行培训技能的培训；

（4）课后演练；

（5）为准讲师提供实战演练的机会；

（6）对培训合格的人员进行培训师的资格认定；

（7）制定内部讲师培训团队管理办法。